श्यामल घट अमृत-कलश

कन्हैया सिंह : जीवन और सृजन

सम्पादक

विनम्र सेन सिंह

प्रभात्यु प्रकाशन

55-डी वेल्वेडियर कम्पाउण्ड, मोतीलाल नेहरू रोड, एलनगंज
प्रयागराज-211002

प्रमथ्यु प्रकाशन
55-डी, वेल्वेडियर कम्पाउण्ड, मोतीलाल नेहरू रोड
प्रयागराज-211 002
ईमेल : pramathyuprakashan1@gmailcom

पहला संस्करण : 2022

ग्राफिक क्रिएशन
प्रयागराज द्वारा मुद्रित

लेजर-टाइप सेटिंग्स
सुपर क्रिएशन प्रयागराज

SHYAMAL GHAT AMRIT KALASH
by Dr Vinamra Sen Singh

ISBN : 978-81-950245-1-3

मूल्य: ₹ 450

अनुक्रम

भूमिका

आजमगढ़ जनपद का धरवारा गाँव। 1 अगस्त 1935 को यहीं कन्हैया सिंह जी का जन्म एक सामान्य कृषक परिवार में हुआ था। खेती-गृहस्थी करते हुए मिडिल तक की पढ़ाई गाँव से ही पूरी करके इन्होंने आगे की पढ़ाई के लिए आजमगढ़ नगर के एस.के.पी. इण्टर कॉलेज में दाखिला ले लिया था और वहीं से इण्टरमीडिएट उत्तीर्ण किया। छुट्टियों में घर आया जाया करते थे। किसान का बेटा खेती को कैसे नजर अंदाज़ कर सकता था। खुद उनकी पढ़ाई और भरे-पूरे परिवार की जिम्मेदारियों का बोझ हिलती-कांपती खेती पर ही टिका था।

स्नातक के लिए इन्होंने शिब्ली नेशनल कॉलेज में दाखिला लिया। वहीं छात्रसंघ के अध्यक्ष चुने गये। आगे की शिक्षा के लिए डॉक्टर साहब ने इलाहाबाद विश्वविद्यालय के हिन्दी विभाग में दाखिला लिया और सम्मानित अंकों के साथ योग्यता क्रम में पाँचवें स्थान के साथ स्नातकोत्तर की उपाधि प्राप्त की। इलाहाबाद विश्वविद्यालय से ही लॉ करते हुए इन्होंने विधि संकाय में प्रथम स्थान प्राप्त किया। आगे शोध के लिए गोरखपुर विश्वविद्यालय, हिन्दी विभाग के पूर्व-अध्यक्ष और हिन्दी के यशस्वी विद्वान गोपीनाथ तिवारी के निर्देशन में इन्होंने 'हिन्दी सूफ़ीकाव्य में हिन्दू संस्कृति' विषय पर शोध की उपाधि प्राप्त की।

कन्हैया सिंह जी को वीर बहादुर सिंह पूर्वाञ्चल विश्वविद्यालय के प्रथम डीलिट् होने का भी गौरव प्राप्त है।

इनकी मेधा और प्रतिभा के कारण विद्यार्थी जीवन की अलग-अलग कक्षाओं में चांसलर मेडल, लैम्स्डर्न गोल्ड मेडल, रामादेवी गोल्ड मेडल,

राजा राममोहन राय डे गोल्ड मेडल तथा सर हेनरी रिचर्ड गोल्ड मेडल से इन्हें अलंकृत किया गया।

कन्हैया सिंह जी ने सन् 1960 में शिक्षा पूर्ण करने के पश्चात आजमगढ़ के दीवानी न्यायालय में वकालत से अपने जीवन के दूसरे चरण की शुरुआत की। उसके बाद सन् 1961 से सन् 1962 तक जौनपुर के प्रतिष्ठित तिलकधारी महाविद्यालय में विधि-प्रवक्ता के रूप में कार्य करते रहे। परन्तु अपने स्वभाव और हिन्दी मन की खातिर सन् 1962 में आजमगढ़ के दयानन्द स्नातकोत्तर महाविद्यालय में हिन्दी प्रवक्ता के रूप में आ गये। इसी बीच में आगरा विश्वविद्यालय के 'कन्हैयालाल माणिकलाल मुंशी हिन्दी तथा भाषा विज्ञान विद्यापीठ' में प्रवक्ता के रूप में, भटौली बाजार महाविद्यालय, गोरखपुर में प्राचार्य के रूप में तथा डी.एवी.पी.जी. कॉलेज के हिन्दी विभाग में रीडर-अध्यक्ष के रूप में कन्हैया सिंह जी ने लम्बी सेवा दी।

कन्हैया सिंह जी का व्यक्तित्व बहुआयामी है। अकादमिक जगत में सक्रिय रहने के साथ ही वह सामाजिक क्षेत्र में भी पूर्ण सहभागिता करते रहे। एसकेपी इण्टर कॉलेज में अध्ययन के दौरान ही कन्हैया सिंह जी राष्ट्रीय स्वयंसेवक संघ के सम्पर्क में आए। राष्ट्रीय स्वयंसेवक संघ के संपर्क में आकर उन्हें सामाजिक जीवन में सक्रिय सहभागिता करने की प्रेरणा मिली। उन्होंने संघ के सामान्य स्वयंसेवक से लेकर शाखा कार्यवाह, विभाग कार्यवाह (आजमगढ़, मऊ, बलिया और गाजीपुर) तथा अन्य कई महत्त्वपूर्ण दायित्त्वों का निर्वहन किया तथा महज 36 वर्ष की युवा अवस्था में ही आजमगढ़ नगर पालिका के निर्विरोध अध्यक्ष चुने गये। सन् 1975 में जब देश में आपातकाल लगा तो पूरे आपातकाल तक कन्हैया सिंह जी मीसा और फिर डीआईआर बन्दी रहते हुए आजमगढ़ और नैनी सेण्ट्रल जेल (प्रयागराज) में रहे। अखिल भारतीय साहित्य परिषद, नई दिल्ली के राष्ट्रीय महामंत्री और राष्ट्रीय अध्यक्ष के पद को सुशोभित करते हुए वर्तमान में साहित्य परिषद के राष्ट्रीय संरक्षक का दायित्व निर्वहन कर रहे हैं। 1997 से 2001 तक वह उत्तर प्रदेश भाषा संस्थान के कार्यकारी अध्यक्ष भी रहे।

इतनी सामाजिक सक्रियता के बाद भी कन्हैया सिंह जी ने हिन्दी जगत

के ख्यातिलब्ध साहित्यकार के रूप में अपना स्थान बनाया। 40 से अधिक पुस्तकों के रचयिता कन्हैया सिंह जी हिन्दी के वरिष्ठ आलोचकों में से एक हैं। पाठ-सम्पादन जैसी विलुप्तप्राय विधा के एक मात्र अधिकारी विद्वान के रूप में आपकी ख्याति पूरे हिन्दी जगत में है। इस विधा की 'हिन्दी पाठानुसन्धान' और 'पाठ-सम्पादन के सिद्धान्त' इनकी अत्यन्त प्रतिष्ठित कृतियाँ हैं। हिन्दी साहित्य के मध्यकाल और खासकर सूफ़ी साहित्य पर इन्होंने बहुत ही महत्त्वपूर्ण कार्य किया है। कन्हैया सिंह जी की गम्भीर आलोचनात्मक दृष्टि सूफ़ी कवियों की सैद्धान्तिकी और उनके दर्शन पर भी पड़ी। सम्पूर्ण हिन्दी सूफ़ीकाव्य पर किस प्रकार से हिन्दू संस्कृति का प्रभाव पड़ा, इसपर विशेष महत्त्व का कार्य करते हुए कन्हैया सिंह ने जायसी और सूफ़ीकाव्य के अध्ययन को एक नई दिशा दी। इन्होंने जायसीकृत 'पद्मावत' का नए पाठ और नयी व्याख्या के साथ 'पदुमावति' नाम से सम्पादन किया। यह पुस्तक हिन्दी साहित्य के विद्यार्थियों और अध्येताओं के लिए अत्यन्त उपयोगी साबित हुई। भाषा-विज्ञान जैसे जटिल विषय पर भी कन्हैया सिंह जी ने अपनी लेखनी चलायी। इस विषय पर आपकी 'हिन्दी भाषा', 'हिन्दी भाषा, साहित्य और लिपि', 'मध्यकालीन अवधी विकास' और 'काव्याङ्ग-कौमुदी' जैसी पुस्तकें विशेष उल्लेखनीय हैं। आलोचना की स्वतन्त्र पुस्तकों में 'आलोचना के प्रत्यय : इतिहास और विमर्श', 'गोरखनाथ : जीवन और दर्शन', 'राहुल सांकृत्यायन', 'महाकवि अयोध्या सिंह उपाध्याय 'हरिऔध', 'साहित्य और संस्कृति', 'पूर्वी उत्तर प्रदेश के संत कवि' भी हिन्दी जगत में चर्चित और महत्त्वपूर्ण पुस्तकें हैं।

कन्हैया सिंह जी की कलम एक तरफ आलोचना के क्षेत्र में चलती रही तो वहीं दूसरी तरफ सृजनात्मक साहित्य भी उनकी कलम से अछूता नहीं रहा। आपातकालीन जेल के संस्मरण 'अँधेरे के अध्याय', 'संस्मरणों का आलोक', ललित निबन्ध संग्रह 'वेदना के संवाद', निबन्ध संग्रह 'साहित्यिक निबन्ध', कहानी संग्रह 'पत्थर की मुस्कान', यात्रा-वृत्त 'दक्षिणाञ्चल दर्शन' नाटक 'मीना बाजार का अन्त' भी इनकी अपने ढंग की अनूठी कृतियाँ हैं। उत्तर प्रदेश और खास तौर पर पूर्वी उत्तर प्रदेश की, 1857 के स्वतंत्रता संग्राम

में भूमिका को लेकर इन्होंने एक महत्त्वपूर्ण पुस्तक '1857 का स्वतंत्रता संग्राम', 'वीर कुँवर सिंह' लिखी। इसके अतिरिक्त इन्होंने 'आचार्य रामचन्द्र शुक्ल', 'राहुल सांकृत्यायन : समग्र अनुशीलन', 'रामचरित उपाध्याय ग्रंथावली' आदि अत्यन्त महत्त्वपूर्ण पुस्तकों का सम्पादन भी किया।

कन्हैया सिंह जी के इन्हीं साहित्यिक अवदानों के लिए उन्हें हिन्दी साहित्य सम्मेलन, प्रयाग का 'साहित्य महोपाध्याय', केन्द्रीय हिन्दी संस्थान, आगरा का 'सुब्रह्मण्यभारती' सम्मान, उत्तर प्रदेश हिन्दी संस्थान लखनऊ का 'साहित्य-भूषण' और 'पंडित दीनदयाल उपाध्याय साहित्य सम्मान', गुजरात हिन्दी विद्यापीठ का 'हिन्दी गरिमा', भोजपुरी साहित्य परिषद, लखनऊ का 'भोजपुरी शिरोमणि', उत्तर भारतीय संघ, मुंबई का 'गणपति सम्मान' आदि पुरस्कारों एवं सम्मानों से सम्मानित किया गया है।

कन्हैया सिंह की आयु के पचासी वर्ष पूर्ण होने पर उनके कृतित्व और व्यक्तित्व पर केन्द्रित एक महत्वपूर्ण पुस्तक 'काली मिट्टी पर पारे की रेखा' प्रकाशित हुई, जिसका संपादन प्रो नन्दकिशोर पाण्डेय (पूर्व निदेशक, केन्द्रीय हिन्दी संस्थान) ने किया। इस अभिनन्दन-ग्रन्थ का लोकार्पण और कन्हैया सिंह जी का वृहद् अभिनन्दन कार्यक्रम उत्तर प्रदेश के यशस्वी मुख्यमंत्री पूज्य योगी आदित्यनाथ जी के द्वारा उत्तर प्रदेश हिन्दी संस्थान और उसके कार्यकारी अध्यक्ष डॉ सदानन्द प्रसाद गुप्त के तत्वावधान में किया गया।

जीवन के छियासी वर्ष पूर्ण कर रहे कन्हैया सिंह जी साहित्यिक और सामाजिक दोनों ही क्षेत्रों में पूर्ण तन्मयता से सक्रिय हैं। देशभर में आयोजित होने वाली हिन्दी की राष्ट्रीय और अन्तर्राष्ट्रीय संगोष्ठियों में व्याख्यान और भाषण देने का कार्य अनवरत जारी है। लेखन के क्षेत्र में भी 'संस्मरणों का आलोक', 'आलोचना के प्रत्यय, इतिहास और विमर्श', 'गोरखनाथ : जीवन और दर्शन' इनकी सद्य: प्रकाशित पुस्तकें हैं। वहीं आलोचना की एक पुस्तक 'आचार्य चन्द्रबली पाण्डेय' और 'रामानन्द : जीवन और दर्शन' प्रकाशनाधीन है। उम्र के इस पड़ाव पर भी उनकी कलम न तो रुकी है, न ही थकी है। छियासी वर्षीय कन्हैया सिंह जी आज भी अपने हिमाद्रि (राहुल नगर, आजमगढ़ वाला आवास) में कुछ-न-कुछ लिखते-पढ़ते ही मिलेंगे।

आजकल एक संस्मरण की पुस्तक 'जन्म भूमि मम् परम सुहान' और 'आत्मकथा' लिख रहे हैं।

ऐसे ऋषितुल्य वरिष्ठ साहित्यकार और सामाजिक कार्यकर्ता कन्हैया सिंह जी के 86वें जन्मदिवस पर प्रकाशित यह पुस्तक वरेण्य साहित्यकारों और साहित्यानुरागियों का उनके प्रति आभार ज्ञापन और अभिनन्दन ही है। कन्हैया सिंह जी का यह साहित्यिक औदात्य ही है कि देश के विभिन्न विश्वविद्यालयों के आचार्यगणों और शोधार्थियों ने अपने आलेख से कन्हैया सिंह जी द्वारा रचित साहित्य से सहमति रखते हुए उनके प्रति शब्द-पुष्प अर्पित किये।

यह ग्रन्थ कन्हैया सिंह जी के अकादमिक यश का स्वरूप है। इसे उन्हीं के कर-कमलों में समर्पित करते हुए उनके दीर्घ और स्वस्थ जीवन की कामना करता हूँ। साथ ही उन सभी लेखकों के प्रति आभार प्रकट करता हूँ जिनके सहयोग से इस ग्रन्थ का यह सुन्दर स्वरूप निर्मित हो सका। उन सभी साहित्यानुरागियों के प्रति आभारी हूँ, जो किसी न किसी रूप में कन्हैया सिंह जी से जुड़े है।

—डॉ विनम्र सेन सिंह

गुरुपूर्णिमा
24/07/2021

पूज्य योगी आदित्यनाथ जी का उद्बोधन

सुविख्यात साहित्यकार और समाजसेवी कन्हैया सिंह जी के व्यक्तित्व पर केंद्रित पुस्तक 'काली मिट्टी पर पारे की रेखा' के इस लोकार्पण कार्यक्रम के अध्यक्ष व विधानसभा के हमारे अध्यक्ष श्री हृदयनारायण दीक्षित, वरिष्ठ साहित्यकार कन्हैया सिंह जी, उत्तर प्रदेश हिन्दी संस्थान के कार्यकारी अध्यक्ष डॉ सदानन्द गुप्त जी, हिन्दी संस्थान के निदेशक श्री श्रीकान्त मिश्रा जी व कार्यक्रम का संचालन कर रहे कन्हैया सिंह जी के पौत्र डॉक्टर विनम्रसेन सिंह जी, आज के समारोह में उपस्थित सभी महानुभाव! उत्तर प्रदेश हिन्दी संस्थान के तत्त्वावधान में आज यह कार्यक्रम यहाँ पर सम्पन्न हुआ है। मैं हिन्दी संस्थान को एक वरिष्ठ साहित्यकार का सम्मान और अभिनन्दन करने के लिए, सभी पदाधिकारियों का हृदय से अभिनन्दन करता हूँ व स्वागत करता हूँ। डॉक्टर कन्हैया सिंह जी से मेरा स्वयं का संवाद पिछले 27-28 वर्षों से है। यानी मेरे गोरक्ष पीठ में आगमन से ही जिन कुछ लोगों से मेरा प्रथम संवाद रहा था, उसमें कन्हैया सिंह जी भी हैं।

गोरख पीठ की परम्परा के अनन्य भक्त होने के साथ-साथ पिछले 6 दशकों से उनका वहाँ से जुड़ाव रहा है। वह केवल एक साहित्यकार ही नहीं हैं, एक समाजसेवी भी हैं और आजमगढ़ - जैसे जनपद में उन्होंने जिस क्षेत्र में कार्य किया है, अत्यन्त अभिनन्दनीय है। उनका व्यक्तित्व बहुआयामी है। अगर कन्हैया सिंह जी आज अपने पचासी वर्ष के वसन्त को पूरा करके 86 वर्ष में प्रवेश किये हैं, तो उन्होंने केवल साहित्य की उपासना का कार्य ही नहीं किया है, वे विधि-प्रवक्ता के रूप में अपने सार्वजनिक जीवन की शुरुआत करते हैं और बाद में हिन्दी-साहित्य के क्षेत्र में उन्होंने नये-नये पाठ पढ़ाते

हुए अपने आप को स्थापित किया और अपनी लेखनी से साहित्य क्षेत्र में एक नयी दिशा दी। लेकिन उससे पहले हम देखते हैं कि वे शिब्ली नेशनल कॉलेज के छात्रसंघ-अध्यक्ष भी रहे हैं, आजमगढ़ नगर पालिका के अध्यक्ष भी रहे, उत्तर प्रदेश भाषा-संस्थान के कार्यकारी अध्यक्ष के रूप में भी उन्होंने काम किया। इन्होंने अनेक साहित्यिक, सामाजिक और राष्ट्रीय चिन्तन की धारा को एक नयी दिशा देनेवाले सभी मंचों पर अपनी सशक्त उपस्थिति के माध्यम से कभी भी अपने आप को इन सभी गतिविधियों से, जिसको एक कालखण्ड के दौरान लोग छुपाते थे, अपनी पहचान छुपाते थे, उनके सामने कभी वह दृश्य नहीं रहा या कभी ऐसा मौका नहीं रहा कि वह कुछ छुपा सके। वे जैसे थे उसी रूप में उन्होंने अपने आप को प्रस्तुत किया। अपने आप को उसी रूप में रखने में किसी भी मंच में कोई संकोच भी नहीं किया। मुझे याद है, आज से 15 साल पहले जब हम लोग आजमगढ़ जाते थे, उस समय भारतीय जनता पार्टी और हमारे सांस्कृतिक संगठनों के लिए आजमगढ़ थोड़ा कटीली धरती हो गयी थी; और बड़ी चुनौती की स्थिति होती थी। उस समय आजमगढ़ में जो 2-4-6 चेहरे हम लोगों से मिलने के लिए आते थे और जिनसे मिलकर हम आनन्दित होते थे, जिनसे हम मुलाकात कर पाते थे, उनमें कन्हैया सिंह जी भी एक हैं।

विनम्रसेन सिंह जी ने मेरे सामने इस बात को रखा। स्वाभाविक रूप से किसी भी पौत्र के लिए यह सौभाग्य का क्षण होगा कि वह अपने दादा जी के अभिनन्दन ग्रन्थ को ढंग से जनता के सामने रख सके और उनकी कृतियों का भी विमोचन हो सके। इसलिए कई महीनों से इस विषय पर उधेड़बुन चल रही थी, जबकि मेरी इच्छा थी कि उनके 85वें जन्मदिन पर यह कार्यक्रम हो। पर कोरोना के कारण ऐसा न हो सका, कोरोना पर हम लोगों ने गाइडलाइन तय कर रखा था कि जो सबसे संवेदनशील कैटेगरी है, उन लोगों को घर से बाहर नहीं निकलना है। ऐसे में अगर मैं उस समय कन्हैया सिंह जी के अभिनन्दन का कार्यक्रम करता, तो लोग मुझे आलोचना के घेरे में ले लेते। इसलिए मैंने विनम्र से कहा कि थोड़ा इंतजार करिए और मैं उस कार्यक्रम में स्वयं भी शामिल होना चाहता था। मुझे मालूम है कि जब मुझे अपने पूज्य

गुरुदेव के अभिनन्दन-ग्रन्थ को प्रकाशित करवाना था, उस समय उस ग्रन्थ के लिए उतनी सामग्री, और सामग्री के साथ-साथ कैसे उस कार्यक्रम को आगे बढ़ाया जाए ? क्योंकि साहित्य मेरा विषय नहीं है। लेकिन उसमें कैसे एक अच्छा अभिनन्दन ग्रन्थ बने और उस अभिनन्दन-ग्रन्थ के कार्यक्रम को कैसे आगे बढ़ा सकें। उस समय कन्हैया सिंह जी सामने आये और उन्होंने कहा कि यह कार्यक्रम किया जाना चाहिए और जैसे भी कहेंगे, जहाँ भी कहेंगे और अगर मुझे गोरखपुर में कुछ समय रुकना भी पड़ेगा, तो मैं वहाँ रुक कर के सम्पन्न करने में योगदान दूँगा और सदानन्द गुप्त ने इस कार्य को अपने हाथों में लिया। उनके सहयोग और मार्गदर्शन के लिए जो चेहरा सबसे पहले सामने आया था, वह कन्हैया सिंह जी का था। मेरी हार्दिक इच्छा थी, मैंने एक कार्यक्रम गोरखपुर में किया था। उस समय कोरोना नहीं था और कार्यक्रम बड़ा था। मेरी इच्छा थी कि उस कार्यक्रम के समान ही कन्हैया सिंह जी के पचासीवें वसन्त के सम्पन्न होने पर एक बड़ा कार्यक्रम किया जाय। 85 वसन्त के बाद भी उनकी साधना निरन्तर चल रही है।

इस कार्यक्रम के साथ हमसब जुड़ जाते हैं और उस जुड़ाव के क्रम में ही हमसब यहाँ पर एकत्र हैं। हमसब यह जानते हैं कि पिछले 1 वर्ष से पूरा देश भी और पूरी दुनिया भी वैश्विक महामारी कोरोनावायरस से जूझ रही है। संक्रमण की रफ्तार काफी कम हुई है, लेकिन खतरा अभी टला नहीं है। इसलिए यह सतर्कता और सावधानी हमें आगे भी रखनी पड़ेगी और इसमें समाज की जागरूकता और बड़ी भूमिका के साथ सामने आयेगा और इसलिए हमारी जिम्मेदारी है कि कैसे हमको कोरोना को हराना है और इस कार्यक्रम को भी सम्पन्न कर सकें। मुझे प्रसन्नता है कि कन्हैया सिंह जी-जैसे वरिष्ठ साहित्यकार के अभिनन्दन ग्रन्थ के उद्‌देश्य से जो कार्यक्रम आयोजित हो, हम लोग अच्छे ढंग से प्रस्तुत कर सकें और उस अच्छाई का एक प्रयास आज प्रारम्भ हुआ है।

आज इस अवसर पर कन्हैया सिंह जी के अभिनन्दन के साथ-साथ उनकी साहित्यिक कृतियों का विमोचन यहाँ पर हुआ है। मैंने उनकी अनेक कृतियों को देखा है और अवलोकन किया है। उन्होंने जिस क्षेत्र में भी जाकर

काम किया है, पूरी तन्मयता के साथ लीन होकर के मधुमति स्थिति में जाकर के उत्साहित साधना के प्रति पूर्ण निष्ठा को व्यक्त करने में कोई भी संकोच नहीं किया है। आज जब उनके अभिनन्दन के लिए `काली मिट्टी पर पारे की रेखा' के अभिनन्दन ग्रंथ के साथ ही अन्य कृतियों का विमोचन आज यहाँ पर हो रहा है, इस अवसर पर मैं कन्हैया सिंह जी के स्वस्थ और और दीर्घ जीवन की कामना करता हूँ। ईश्वर इन्हें शतायु बनाएँ, इनकी साहित्य-साधना तेजस्विता के साथ आगे बढ़ती रहे, साथ-ही-साथ जो हमारे नये साहित्यकार आये हैं। उन सब का मार्गदर्शन करते रहें। उनकी जो कृतियाँ आज यहाँ पर विमोचित हो रहीं हैं, जिनमें एक कृति `गोरक्षनाथ जीवन और दर्शन' भी है और भी उनकी जो अन्य साहित्यिक कृतियाँ हैं, उसके लिए मैं उनका हृदय से अभिनन्दन और विश्वास व्यक्त करता हूँ कि उनकी साहित्यसाधना को कोरोना के दौरान काफी फुर्सत मिली होगी, इस उम्र में भी वे इधर-उधर जाते हैं, मेहनत करते हैं, भ्रमण का उनका कार्यक्रम लगातार जारी रहता है। चरैवेति-चरैवेति के सिद्धान्त पर आगे ही बढ़ रही है, लेकिन कोरोना-काल ने बहुत सारे रचनात्मक लोगों को एक जगह बैठकर के चिन्तन परम्परा को सृजित करने की एक नयी चेतना को आगे बढ़ाने का अवसर दिया है और उनकी साहित्यिक कृति इसी कालखण्ड के दौरान आयी है।

मैं उनका हृदय से अभिनन्दन करता हूँ और ईश्वर से उनके स्वस्थ और दीर्घायु जीवन की कामना करता हूँ। और विनम्रसेन सिंह जी को और उत्तर प्रदेश हिन्दी संस्थान के कार्यकारी अध्यक्ष सदानन्द गुप्त जी को धन्यवाद देता हूँ कि उन्होंने अभिनन्दन के लिए आज के इस आयोजन को यहाँ पर सम्पन्न किया। इसके साथ-ही-साथ इस पूरे आयोजन से जो जुड़े हुए हैं, उन सभी महानुभावों को, जिन्होंने इस आयोजन के साथ जुड़ करके कोरोना के प्रोटोकॉल का पालन किया है और साथ-ही-साथ कन्हैया सिंह जी के अभिनन्दन के सहभागी बने हैं, उन सब का हृदय से आभार व्यक्त करते हुए सब के प्रति अपनी शुभकामनाएँ देता हूँ। धन्यवाद। जय हिन्द।

मा मुख्यमंत्री

श्री हृदयनारायण दीक्षित जी का उद्बोधन

आदरणीय मुख्यमंत्री जी, हिन्दी संस्थान के अध्यक्ष सदानन्द जी और आज के कार्यक्रम में जिनकी चर्चा हम कर हैं, ऐसे श्रद्धेय कन्हैया सिंह जी। इस कार्यक्रम के तुरन्त बाद मुख्यमंत्री जी को दूसरे कार्यक्रम में जाना है, जिसकी जानकारी मुझे है, इसलिए मैं केवल कर्मकांड और अनुष्ठान के रूप में ही 2-3 मिनट में अपनी बात कहूँगा। पहली बात किसी देश की संस्कृति और मेधा वहाँ के साहित्यकारों और प्रतिष्ठित लोगों द्वारा होती है। सामान्यतया तो जिस देश की जनसंख्या बहुत बड़ी होती है ऐसे लोग कम होते हैं जो वहाँ की संस्कृति और सभ्यता के ध्वजवाहक बन जाते हैं लेकिन उस देश की सांस्कृतिक चेतना को झकझोरनेवाली और बार-बार झाड़-फूँक की दृष्टि से सर्जक अपना काम किया करते हैं और सर्जक जितना ही ज्यादा काम करते हैं, उतना ही ज्यादा उस देश की संस्कृति, देश की तर्कशक्ति, उस देश की जिजीविषा शक्तिशाली और ज्ञानसम्पन्न होती है।

हमारे देश में बहुत प्राचीनकाल से साहित्यसृजन की परम्परा है और इस परम्परा की विशेषता है कि वह केवल रसरंजन के लिए नहीं, वह साहित्य केवल आनन्दित करने वाला ही नहीं है, वह देश की परम्परा, संस्कृति, नीति, विचार सबको साथ लेकर चलता है इस दृष्टि से इस देश की नित्य परम्परा में लोग बैठे हुए हैं, जिसका अध्ययन बहुत जरूरी है। कन्हैया सिंह की इस परम्परा से मैं पहले से परिचित नहीं था; पर माननीय मुख्यमंत्री जी ने बताया था महीने पहले कि यह कार्यक्रम करना है और सदानन्द जी ने भी मिलकर बताया था। कन्हैया सिंह जी की किताबों को देखते हुए विविधता की तरफ ध्यान देना चाहिए। वह जायसी पर लिख रहे हैं, तो सूफ़ीवाद ले आते हैं, वह इतिहास की चर्चा करते हैं तो चन्द्रबली पाण्डे को ले आते हैं और राहुल

सांकृत्यायन को भी ले आते हैं। जबकि चन्द्रबली पाण्डे जी की और राहुल सांकृत्यायन जी की इतिहास-दृष्टि भिन्न है।

इसी तरह इनके पाठालोचन का काम उस सीमा तक जाता है, जहाँ पर भाषा-विज्ञान, अभिज्ञान अपनी सीमा के अन्त पर होता है, भाषा-विज्ञान के दुनिया के सबसे बड़े विद्वान् चोम्स्की माने जाते हैं, जो अमेरिका के रहनेवाले हैं। भारत में सत्यकृष्ण मिश्रा जी और रामविलास शर्मा जी ऐसे विद्वान् हैं। कन्हैया सिंह जी भी भाषा-विज्ञान के क्षेत्र में काम कर रहे थे यह मुझको नहीं मालूम था, अगर यह मालूम होता तो ज्यादा अच्छा होता। अपने यहाँ जो बहुत लिखते-पढ़ते हैं, काम का प्रचार-प्रसार उतना नहीं हो पाता, जोकि आवश्यक है। किसी देश की संस्कृति और सभ्यता के विकास के लिए साहित्य की भूमिका है और हमारे देश की संस्कृति और सभ्यता साहित्य से ही चलती है। दुनिया के अन्य देशों में ऐसे ग्रन्थ ऐसी किताबें नहीं हैं, जो साहित्य का भी और धर्म ग्रन्थ का भी आस्वाद कराएँ और साहित्य मार्ग भी हो, जैसे—रामचरितमानस सुने, इसमें कविता का आस्वाद है, इसमें शब्द के अर्थ का आस्वाद है और घर में किसी की तबीयत खराब हो तो अखण्ड रामायण पढ़वा दीजिए ठीक हो जायेगा। यह हमारे साहित्य के साथ लगातार जुड़ी हुई है। मैं यह किताबें पढ़ा होता, तो मेरा सौभाग्य होता। मैंने अपना सामाजिक जीवन निर्वहन करते हुए विभिन्न विषयों पर 20 किताबें लिखी हैं और हम जानते हैं कि एक किताब लिखने में कितना समय लगता है और हमारे वरिष्ठ जिनकी 40 किताबें हैं, 40 से अधिक और उनकी जवानी अभी ऐसी ही है वसन्त की तरह।

हमारी शुभकामनाएँ हैं कि खूब लिखें, पुनर्नवा शक्ति इनके भीतर रहे और हम लोगों का मार्गदर्शन करते रहें। मैं इनके प्रति ढेर सारी शुभकामनाएँ प्रेषित करते हुए इनके श्री चरणों में प्रणाम करता हूँ। इनकी शक्ति ज्ञान की, विज्ञान की, प्रज्ञान की मुझे भी मिले। सबको सादर प्रणाम।।

पूर्व अध्यक्ष
विधान सभा
उ प्र

सदानन्दप्रसाद गुप्त जी का उद्बोधन

मैं सर्वप्रथम आदरणीय महाराज जी के प्रति प्रणति निवेदन करता हूँ, जिनकी प्रेरणा और आशीर्वाद से यह आयोजन सम्भव हो सका है। यह कार्यक्रम 1 अगस्त को ही प्रस्तावित था, क्योंकि 1 अगस्त को कन्हैया सिंह की जन्म-तिथि पड़ती है। अभिनन्दन-ग्रन्थ की योजना बनने पर पूज्य महाराज श्री ने आशीर्वाद स्वरूप कन्हैया सिंह के सम्मान में संस्मरणात्मक आलेख भी दिया था और आयोजन के लिए सहज स्वीकृति प्रदान की थी। पर कोरोना नामक बीमारी के कारण सब आयोजन की गतिविधियाँ ठप हो गयीं जिसके कारण यह कार्यक्रम भी प्रभावित हुआ। यद्यपि कोरोना के प्रकोप से देश पूरी तरह मुक्त नहीं हो पाया है, परन्तु अब जनजीवन काफी सीमा तक सामान्य हो गया है और आयोजन होने लगा है।

माननीय मुख्यमन्त्री पूज्य महाराज जी की सक्रियता और व्यस्तता से हम सभी परिचित हैं, पर यह उनका कन्हैया सिंह के प्रति सम्मान ही है कि हम यह कार्यक्रम कर पा रहे, करने में सफल हो पा रहे हैं। महाराज जी ने कार्यक्रम के लिए समय निकाला, इसके लिए हमसब उनके प्रति कृतज्ञ हैं। आदरणीय विधानसभा-अध्यक्ष जी ने अपनी अस्वस्थता के बावजूद हिन्दी संस्थान के आमंत्रण को स्वीकार किया और यहाँ पधारे हैं, इसके लिए मैं व्यक्तिगत रूप से उनके प्रति हृदय से आभार प्रकट करता हूँ। यह अत्यन्त आह्लाद का विषय है कि कन्हैया सिंह जी की चार पीढ़ियाँ यहाँ विद्यमान हैं और इस सारस्वत समारोह में भागीदार हो रही हैं। यह सौभाग्य अत्यन्त विरल होता है। संस्थान के एवं उनके प्रति आत्मीयता रखनेवाले और कन्हैया सिंह के व्यक्तित्व और कृतित्व से सुपरिचित सुधीजन यहाँ उपस्थित हैं, जो संस्थान के लिए गर्व की बात है। ध्यातव्य है कि कन्हैया सिंह जी कई वर्षों से संस्थान की गतिविधियों से जुड़े रहे हैं। उत्तर प्रदेश हिन्दी संस्थान ने उन्हें 'साहित्य भूषण'

और 'पंडित दीनदयाल उपाध्याय साहित्य सम्मान' से सम्मानित भी किया है, एक बात और भी है जिसे मैं यहाँ कहना चाहता हूँ कि संस्थान से मुझे जोड़ने में उनकी सक्रिय भूमिका रही है। मुझे स्मरण है कि 1997 से 2000 के मध्य जब शरणबिहारी गोस्वामी हिन्दी संस्थान के कार्यकारी अध्यक्ष थे, तब कन्हैया सिंह के ही परामर्श से मैं संस्थान के सामान्य सभा का सदस्य मनोनीत हुआ था। जब महाराज श्री की प्रेरणा से मुझे शासन ने कार्यकारी अध्यक्ष का दायित्व सौंपा, तब हिन्दी संस्थान के वरिष्ठ सदस्य के रूप में कन्हैया सिंह के अनुभवों का लाभ मुझे बराबर मिलता रहा।

कन्हैया सिंह जी आजमगढ़ के पुरानी पीढ़ी के साहित्यकारों की परम्परा में आते हैं। आजमगढ़ हरिऔध, राहुल सांकृत्यायन, आचार्य चन्द्रबली पाण्डे, शांतिप्रिय द्विवेदी और रामचरित उपाध्याय-जैसे समर्पित साहित्यकारों की जन्मभूमि और कर्मभूमि रहा है। अपने अध्ययन, अनुशीलन और अन्वेषण की दृष्टि से कन्हैया सिंह ने उस परम्परा का पुनर्आख्यान और विकास किया है। डॉ सिंह का व्यक्तित्व बहुआयामी रहा है। वह राष्ट्रीय स्वयंसेवक संघ के निष्ठावान् कार्यकर्ता रहे हैं, इस कारण उन्हें 1975 के आपातकाल में मीसाबन्दी का पुरस्कार भी मिला है और उन्होंने आपातकाल में नैनी जेल में अपना जीवन व्यतीत किया है। जिसकी याद उनके रचनात्मक धरातल पर प्रगट हुई है 'अँधेरे के अध्याय' के रूप में। आपातकाल के दौरान हम लोग शोध-छात्र थे। हमें याद है कि आचार्य भवानीप्रसाद मिश्र ने संकल्प किया था कि वे रोज तीन कविताएँ लिखेंगे और उसका संकलन उन्होंने प्रकाशित किया था 'त्रिकाल संध्या' के नाम से। उसी समय महादेवी वर्मा ने बहुत ही निर्भीकता के साथ कहा था कि सारा देश आज कारागार हो गया है और अज्ञेय का निबन्ध हमको याद आता है 'चुप्पी की दहाड़' के नाम से।

मित्रों! डॉ सिंह की राजनैतिक गतिविधियों में भी सक्रियता रही है। यही कारण है वह 35 वर्ष की आयु में आजमगढ़ नगर पालिका के अध्यक्ष चुने गये, इतनी कम आयु में नगर पालिका का अध्यक्ष चुने जाने का रिकॉर्ड अभी भी बरकरार है। विभिन्न साहित्यिक संस्थाओं से जुड़कर उन्होंने उसे गति प्रदान की है। मुझे याद है कि अखिल भारतीय साहित्य परिषद् जो राष्ट्रवादी

परम्परा का वहन करती है, से आरम्भ से जुड़े रहे हैं और राष्ट्रीय महामंत्री के पद के दायित्व का निर्वहन किया है और कुछ समय तक कार्यकारी अध्यक्ष के रूप में भी कार्यरत रहे हैं। वह एक बड़े आयोजन पुरुष भी रहे हैं परन्तु उनकी प्रकृति भूमि-साहित्य की रही है।

अब तक उनकी 40 से अधिक रचनात्मक, सृजनात्मक, अनुसन्धानात्मक कृतियाँ प्रकाशित हो चुकी हैं। विभिन्न पुस्तकों का उन्होंने सम्पादन किया है। पर दो क्षेत्र उनके विशेष रुचि के रहे हैं। एक पाठानुसन्धान क्षेत्र है, जिसपर आजकल अध्यापकों की भी और विद्यार्थियों की भी रुचि थोड़ी कम हो गयी है। यह थोड़ी चिन्ता की बात है। दूसरा क्षेत्र- हिन्दी का मध्यकालीन-साहित्य विशेषकर सूफ़ी-साहित्य का है। पाठ-सम्पादन के सिद्धान्त और हिन्दी पाठानुसन्धान उनकी दो बहुत महत्त्वपूर्ण पुस्तकें हैं, जो देश के विभिन्न विश्वविद्यालयों में स्नातकोत्तर के पाठ्यक्रमों में स्वीकृत हैं। पाठ-सम्पादन के सिद्धान्त और पाण्डुलिपियों के पाठ-संशोधन का कार्य अत्यन्त दुष्कर कार्य है। हस्त-लेखन को पढ़ना और गहन अध्ययन और व्याकरणबोध तथा शब्दबोध और शब्दार्थबोध की माँग करता है, कन्हैया सिंह पाठ-अनुसन्धान के दुर्लभ विद्वान् हैं। इसका परिचय मुझे तब मिला था जब भगवतीप्रसाद सिंह जो मेरे गुरु भी थे, कन्हैया सिंह के साथ एक-एक शब्द पर गहन विमर्श करते हुए देखा था।यह बात 1977 - 78 की है। इसी गहन विमर्श का परिणाम है- पद्मावत का नया पाठ, जिसे पदुमावति नाम से विश्वविद्यालय प्रकाशन ने प्रकाशित किया है। जिस पर ध्यान विद्वानें का कम गया है और अभी अभीष्ट मूल्याँकन शेष है। इनके रचनात्मक और आलोचनात्मक अनुसन्धानपरक साहित्य का परिमाण बहुत अधिक है और सब की चर्चा यहाँ सम्भव नहीं है। उनके परिचय से सम्बन्धित पत्रक में रचनाओं की पूरी सूची दी गयी है।

कन्हैया सिंह जी के व्यक्तित्व और कृतित्व से केन्द्रित अभिनन्दन ग्रन्थ में, उनके सभी प्रकाशित साहित्य हैं। उनका जो जीवन वृत्त है, उनके व्यक्तित्व का जो विभिन्न पक्ष है उन सब पर प्रकाश डाला गया है। ग्रन्थ के शीर्षक पर मैं अवश्य दो शब्द कहना चाहूँगा - शीर्षक का चयन प्रिय विनम्र सेन के द्वारा अज्ञेय द्वारा सम्पादित चौथा सप्तक के कवि श्रीराम वर्मा के लेख से

किया गया है। कन्हैया जी के व्यक्तित्व और कृतित्व पर एक पुस्तक बहुत पहले प्रकाशित हुई थी जिसकी भूमिका लिखी थी श्रीराम वर्मा ने। जिन्होंने उसका शीर्षक दिया था 'काली मिट्टी पर पारे की रेखा'। शीर्षक का विषय लाक्षणिक है और इसमें व्यंजना भी है। शीर्षक इनके भौतिक, सांस्कृतिक व्यक्तित्व को समुचित ढंग से उजागर करने वाला है। आप सब जानते हैं कि आजमगढ़ में एक स्थान है निजामाबाद, जहाँ की मिट्टी काली होती है। विभिन्न आकृतियाँ वहाँ गढ़ी जाती हैं। जिसपर चाँदी के पानी से लिखा जाता है। प्रकृति ने कन्हैया सिंह के रूप में एक आकृति गढ़ी और उसपर पारे की चमक बिखेर दी जो उनके व्यक्तित्व के वैशिष्ट्य के रूप में प्रकट हुई है। मैं इसके लिए स्वर्गीय श्रीराम वर्मा जी को स्मरण करता हूँ और इस शीर्षक के चयन के लिए विनम्र सेन सिंह को बहुत साधुवाद देता हूँ। विनम्र बिन्दु परम्परा के योग्य उत्तराधिकारी हैं और सिद्ध होंगे, इसका मुझे विश्वास है। कन्हैया सिंह जी निरंतर सर्जन कर रहे हैं उनकी कोरोना वायरस के समय कई पुस्तकें प्रकाशित हुई हैं, हिन्दी संस्थान भी उनकी दो पुस्तकें प्रकाशित करने जा रहा है, एक आचार्य चन्द्रबली पाण्डेय के व्यक्तित्व और कृतित्व पर उनकी पुस्तक है और दूसरी पुस्तक स्वतंत्रता संग्राम के सेनानी बाबू कुँवर सिंह के जीवन वृत्त पर आधारित है।

कन्हैया सिंह जी को मैं एक ऐसे मनीषी विद्वान् के रूप में देखता हूँ, जिसके लिए जायसी की एक पंक्ति है - पंडित सो जो हाट न चड़ा। कन्हैया सिंह जी उसी पंडित की परम्परा में आते हैं। मेरी ईश्वर से प्रार्थना है कि वह जीवन में कर्मरत रहते हुए जीवन के सौ शरद देखें। हमारे यहाँ प्रार्थना भी यही है 'जीवेम शरदः शतम्'। एक बार पुनः आदरणीय मंच के प्रति कृतज्ञता ज्ञापित करते हुए आप सबके सहभागिता के लिए पुनः आभार व्यक्त करते हुए पुनः आप सब का स्वागत करता हूँ और अन्त में कन्हैया सिंह के लिए जायसी की ही पंक्ति उद्धृत करता हूँ - धन सोई जस कीरत जासु। बहुत-बहुत धन्यवाद।।

कार्यकारी अध्यक्ष

उ प्र हिन्दी संस्थान, लखनऊ

अपनी धरती अपनी माटी की तलाश

ओमप्रकाश सिंह

हिन्दी की साहित्यिक दुनिया में कन्हैया सिंह का नाम अपरिचित और अनजान नहीं है। ऐसा नहीं है कि वे चाँदी का चम्मच मुंह में दबाये पैदा हुए हों और यश-समृद्धि आदि उनके पास अनायास ही खींचे चले आये हों। अपने परिश्रम और अध्यवसाय के भरोसे उन्होंने आज का मुकाम हासिल किया है। हालाँकि उनके बारे में लिखने के लिए मुझे काफी पहले कहा गया था और टाल देने की मुद्रा में आकर मैं परम निश्चिंत हो गया था। इसी बीच लाकडाउन का दौर आ गया, पर विनम्रसेन सिंह, के बार-बार के आग्रह और तगादे से ही यह लेख सम्भव हो सका। कहाँ मेरा अल्पज्ञान और कहाँ कन्हैया सिंह का विराट व्यक्तित्व और रचना संसार। कन्हैया सिंह से मेरी पहली मुलाकात बनारस में हुई थी, महात्मा गांधी काशी विद्यापीठ में। मैं पीएच-डी की एक मौखिकी में गया हुआ था। कन्हैया सिंह भी दूसरी मौखिकी के लिए आये हुए थे। वहीं अध्यक्ष के कमरे में प्रो सुरेन्द्र प्रताप ने उनसे मेरा परिचय कराया। कन्हैया सिंह का नाम मैंने सुन रखा था, भाषा संस्थान, लखनऊ में अध्यक्ष के रूप में। हाँ, कभी ऐसा अवसर न आया था कि हम लोग नजदीक हुए हों। जैसा मेरा स्वभाव है, प्रथम परिचय के बाद भी मैंने उनके बारे में कुछ ज्यादा जानने की कोशिश न की। यह अवश्य लगा कि सामने बैठे व्यक्ति के व्यक्तित्व में ऐसा कुछ है जो आकर्षित कर रहा है। बात आयी गयी हो गयी।

कई सालों के बाद कन्हैया सिंह से मेरी दूसरी मुलाकात झाँसी में हुई। उस समय बुंदेलखण्ड विश्वविद्यालय के कुलपति प्रो सुरेन्द्र दुबे थे। उन्हीं के प्रयास से वहाँ पुस्तक मेला लगा हुआ था। मेले में दिल्ली के कई बड़े प्रकाशक शामिल हुए थे। वहाँ अब्दुल बिस्मिल्लाह की एक कहानी 'रफ

रफ मेल' का पाठ कहानीकार ने ही किया था। मुझे उस कहानी की समीक्षा का अवसर दिया गया था। कन्हैया सिंह भी बतौर वक्ता मंच पर उपस्थित थे। कन्हैया सिंह की पैनी आलोचना-दृष्टि से मेरा प्रथम परिचय हुआ। उस दिन मुझे पता चला कि लकदक खादी के कपड़ों में ढँका हुआ यह व्यक्ति केवल खादीधारी ही नहीं है, श्वेत कपड़ों से ढँकी हुई इस शरीर में एक उर्वर मस्तिष्क भी है। बातचीत के क्रम में मुझे पता चला कि कन्हैया सिंह कई पुस्तकों के प्रणेता और सम्पादक हैं। उनके व्यक्तित्व और कृतित्व पर कई सम्पादकीय पुस्तकें भी हैं। उस समय तक मैं इनके लेखन-संसार से कत्तई परिचित नहीं था। उसी समय यह जिज्ञासा हुई कि इनके रचना-संसार से न केवल परिचित हुआ जाय, बल्कि विश्लेषणात्मक ढंग से भी उनकी रचनाओं को पढ़ा जाय।

कन्हैया सिंह का जन्म उत्तर प्रदेश के आजमगढ़ जनपद के धरवारा ग्राम में 1935 ई में हुआ था। आजमगढ़ शहर तमसा नदीं के पावन तट पर बसा हुआ है। यह शहर उत्तर प्रदेश के पूर्वी भाग में है। यह जनपद आदिकाल से ही ऋषियों, मनीषियों, चिन्तकों साहित्यकारों, विद्वानों, स्वतंत्रता संग्राम सेनानियों की कर्मभूमि रहा है। कहा जाता है कि इस शहर की स्थापना सन् 1955 ई में हुई। आजमगढ़ शहर को विक्रमजीत के पुत्र आजम ने बसाया था। आजमगढ़ का एक परगना मेहनगर है जो पहले मेहाकोट के नाम से जाना जाता था। मेहाकोट वह स्थल है, जो 'गौतम' राजपूतों का आदिस्थान था। विक्रमजी गौतम राजपूत थे। उनकी इस्लाम पर भी आस्था थी। उनकी एक बीवी मुसलमान थीं। उससे दो पुत्र हुए थे- आजम और अजमत। आजम ने शहर और किले का निर्माण कर उसे आजमगढ़ नाम दिया। अजमत ने एक-दूसरे किले और बाजार का निर्माण किया, जिसे अजमतगढ़ नाम दिया। अजमतगढ़ आजमगढ़ के सगड़ी परगना में है।

कन्हैया सिंह की शिक्षा-दीक्षा गाँव के आसपास के विद्यालयों से प्रारंभ होकर इलाहाबाद, गोरखपुर और पूर्वांचल (जौनपुर) विश्वविद्यालयों में हुई। इलाहाबाद विश्वविद्यालय से इन्होंने एम ए और एल एल बी की उपाधियाँ प्राप्त की। एल एल बी के परीक्षा परिणाम में योग्यताक्रम के अनुसार वे पहले

स्थान पर रहे। एल एल बी की डिग्री हासिल करने के बाद कन्हैया सिंह ने लगभग दो वर्ष वकालत भी की। यह अलग बात है कि वे वकालत को अपना कार्यक्षेत्र न बना पाये। बनना तो उन्हें कुछ और था, वकालत कहाँ रास आती। वकालत छोड़कर कन्हैया सिंह अध्यापन और लेखन-कार्य से जुड़ गए। यह जरूर था कि इस क्षेत्र में भी उनका पदार्पण विधि प्रवक्ता के रूप में हुआ। वे 1961 में जौनपुर के मशहूर कालेज टी डी कालेज में विधि-प्रवक्ता के पद पर नियुक्त हुए और 1962ई तक कार्यरत रहे। 1962ई में ही वे डी ए वी कालेज, आजमगढ़ में हिन्दी, प्रवक्ता के रूप नियुक्त हुए। यही वह समय है, जहाँ से डॉ कन्हैया सिंह पूर्णरूपेण हिन्दी-साहित्य की दुनिया में सक्रिय हुए। हिन्दी के अध्ययन और अध्यापन के क्षेत्र में वे डी ए वी कालेज आजमगढ़ और आगरा विश्वविद्यालय, आगरा से जुड़े रहे। कुछ सालों 1978-1982 ई तक वे भटवली बाजार, गोरखपुर में एक महाविद्याालय के प्राचार्य भी रहे। इसी क्रम में वे उत्तर प्रदेश भाषा संस्थान, लखनऊ (1997से 2001 तक) के कार्यकारी अध्यक्ष रहे। इनकी अध्यक्षता के कालखण्ड में भाषा संस्थान, उखनऊ में अनेक सराहनीय कार्य हुए।

कन्हैया सिंह का साहित्यिक कर्म अनेक विधाओं और दिशाओं में फैला हुआ है। इनका कृतित्त्व पाठालोचन, भाषा और काव्यांग, आलोचनात्मक लेखन और सृजनात्मक लेखन आदि रूपों में उपलब्ध है। जहाँ तक इनके सृजनात्मक लेखन की बात है, उसमें इनके लिखे निबन्ध, संस्मरण, कहानी और जीवनी आदि मुख्य हैं। पाठालोचन साहित्य की एक गम्भीर और जरूरी प्रक्रिया है। यदि समय-समय पर पाठालोचन के माध्यम से हम पूर्ववर्ती रचनाओं के पाठ सुरक्षित न रख पायें, तो अध्ययन और अध्यापन के क्षेत्र में कठिनाइयों का सामना तो करना ही पड़ेगा, साहित्य रूप भी खंडित हो जायेगा। आज पाठालोचन पर कम ध्यान दिया जा रहा है। हमारी इसी प्रवृत्ति का परिणाम है कि हमारे वे लेखक-रचनाकार, जिनका लेखन रायल्टी से मुक्त हो चुका है, उनकी रचनाओं के पाठ में त्रुटियाँ आ गयी है। अतीत में बहुत दूर न जाकर हमें जयशंकर प्रसाद, निराला, प्रेमचंद और रामचन्द्र शुक्ल के लेखन में प्रकाशन गड़बड़ियों के कारण आयी गम्भीर त्रुटियों की तरफ

ध्यान देना चाहिए। हर्ष का विषय है कि कन्हैया सिंह ने हिन्दी-साहित्य की इस गम्भीर समस्या की ओर ध्यान दिया है। इस क्षेत्र में उनका प्रयास दो स्तरों पर है। उन्होंने अपनी दो पुस्तकों पाठ-सम्पादन के सिद्धान्त और हिन्दी पाठानुसन्धान- के माध्यम से पाठालोचन सैद्धांतिकीपरक गम्भीर चर्चा की है। केवल इतना ही नहीं, एक स्वतंत्र पुस्तक में उन्होंने पद्मावत के मूल पाठ पर विचार करते हुए उसकी व्याख्या की है। अपनी उस पुस्तक का नाम उन्होंने पदुमावति रखा है। इसी सन्दर्भ में उनके द्वारा सम्पादित 'रामचरित उपाध्याय ग्रन्थावली' की भी चर्चा होनी चाहिए।

जिस तरह से आज पाठानुसन्धान की महती आवश्यकता है उसी तरह से हमें भाषा और काव्यांग के विविध पक्षों पर भी गम्भीर विमर्श की जरूरत है। मुझे यह कहते हुए संकोच नहीं कि इधर भाषा और लिपि पर विचार करने की परम्परा क्षीण हुई है। शायद हम यह समझ बैठे हैं कि यह क्षेत्र तो केवल भाषा वैज्ञानिकों का है। उन्हें ही इन समस्याओं पर विचार करना चाहिए। यदि हम आज से कुछ पहले के साहित्यकारों को देखें, तो उनके यहाँ भाषा और लिपि पर गम्भीर विमर्श मौजूद है। आचार्य महावीर द्विवेदी तो न जाने कितने प्रतिष्ठित साहित्यकारों की भाषा का परिमार्जन किया करते थे। 'सरस्वती' के सम्पादनकाल में उसमें लिखने वाले साहित्यकारों की भाषा परिमार्जन के क्रम में उनके द्वारा किये गये प्रयास को नागरी प्रचारिणी सभा काशी में सुरक्षित रखा गया है। वहाँ 'सरस्वती' की मूल पांडुलिपि मौजूद है। पांडुलिपि में आचार्य महावीरप्रसाद द्विवेदी द्वारा किये गये भाषा परिमार्जन पर हमें ध्यान देना चाहिए। इस क्षेत्र की ओर कन्हैया सिंह का ध्यान गया और उन्होंने पर्याप्त प्रयास किया। उनकी यह एक महती उपलब्धि है।

मैं पहले भी लिख चुका हूँ कि कन्हैया सिंह की साहित्यिक यात्रा कई विधाओं में फैली हुई है। यह ध्यान देनेवाली बात है कि उनकी यह साहित्यिक यात्रा अनायास नहीं है। जहाँ कहीं भी लेखन की आवश्यकता थी और साहित्य के जिस कालखण्ड के रचनाकारों पर विशेष ध्यान देना था, उनकी दृष्टि वहीं रूकी है। इस क्रम में राहुल सांकृत्यायन,अयोध्या सिंह उपाध्याय 'हरिऔध', रामचन्द्र शुक्ल और चन्द्रबली पाण्डेय पर किये गये उनके कार्य

विशेष उलेखनीय हैं। अपनी पुस्तकों के माध्यम से डॉ सिंह ने उक्त रचनाकारों के अदृश्य पक्ष पर रोशनी डालने का कार्य किया है। कहना न होगा कि ये पुस्तकें अपने आकार-प्रकार की वजह से महत्त्वपूर्ण न होकर उनमें उठाए गये मुद्दों के कारण महत्त्वपूर्ण हैं। केवल इतना नहीं,कन्हैया सिंह ने सम्पादन और आलोचक के अलावा सृजनात्मक लेखन भी किया है। सृजनात्मक लेखन के लिए उन्होंने खास तौर से कहानी, संस्मरण, यात्रावृत्तान्त, जीवनी और निबन्ध विधा को चुना है। इन विधाओं पर उनकी स्वतंत्र पुस्तकें हैं। बीसवीं शताब्दी के उत्तरार्ध में हमारा देश आपातकाल के दौर से गुजरा। इस दौर में भारतीय जन-मानस को अनेक प्रतिबन्धों का सामना करना पड़ा था। ये प्रतिबन्ध जीवन के किसी एक क्षेत्र से ही न थे, इनसे व्यक्ति हर तरह से प्रभावित हुआ था। साहित्यकारों और साहित्य पर लगा प्रतिबन्ध इनमें से एक था। आपातकाल पर लिखी गयी डॉ सिंह की संस्मरणात्मक पुस्तक 'अँधेरे के अध्याय' इसी कालखंड के अंधेरों से टकराने का एक साहसपूर्ण प्रयास है। यात्रा तो हम सभी करते हैं पर साहित्यकार की यात्रा आम यात्राओं से कुछ अलग होती है। भारतवर्ष के दक्षिण प्रदेश पहले से ही हिन्दी-साहित्यकारों का ध्यान आकृष्ट करते रहे हैं। वहाँ का जनजीवन, रहन-सहन,खान-पान और प्राकृतिक सौन्दर्य उत्तर भारत के लोगों को आकर्षित करता रहा है। डॉ कन्हैया सिंह द्वारा की गयी दक्षिणांचल की यात्रा पर केन्द्रित उनकी पुस्तक है- 'दक्षिणांचल दर्शन'। इसी तरह भारतीय स्वतंत्रता संग्राम (1857) में उत्तर प्रदेश की क्या भूमिका रही, इसको रेखांकित करते हुए डॉ सिंह ने जो पुस्तक लिखी है, उसका शीर्षक है- 'उत्तर प्रदेश : 1857 का स्वतंत्रता संग्राम।' यह कहना अतिशयोक्ति नहीं है कि 1857 के भारतीय स्वतंत्रता-संग्राम में उत्तर प्रदेश की विशेष भूमिका थी। इसे रेखांकित करते हुए इतिहासकारों और साहित्यकारों ने अनेक पुस्तकें लिखी हैं। साहित्यकारों ने तो इस संग्राम की अनेक विधाओं में रचना की है। न जाने कितनी कहानियाँ, कितने उपन्यास और कितने संस्मरण इस कालखण्ड को और स्वाधीनता आंदोलन से जुड़े हुए पक्षों का रेखांकित करने के क्रम में लिखे गये हैं। कन्हैया सिंह की पुस्तकें जिस तरह के सवालों को उठाती हैं, उसमें दो पुस्तकों की ओर

आपका ध्यान ले जाना चाहूँगा। पहली पुस्तक है- 'गदर के फूल' और दूसरी पुस्तक है- 'कहानी सीताराम सूबेदार की'। केवल यही दो पुस्तकें महत्त्पूर्ण नहीं है। हाँ, इन दोनों पुस्तकों को मैं डॉ सिंह की पुस्तक से अधिक नजदीक पाता हूँ। 'पत्थर की मुस्कान' डॉ सिंह का कहानी संग्रह है। तमाम विधाओं में फैला हुआ उनका साहित्य हमें उनके व्यक्तित्व के बहुआयामी पक्ष की सूचना देता है।

कन्हैया सिंह ने सूफ़ी-साहित्य का गहन अध्ययन किया है। इसी अध्ययन का परिणाम है सूफ़ी-साहित्य और दर्शन पर लिखी गयी उनकी तीन पुस्तकें- 'युगद्रष्टा महाकवि मलिक मुहम्मद जायसी', 'सूफ़ी काव्य : सांस्कृतिक अनुशीलन' और 'उदर इस्लाम का सूफ़ी चेहरा'। कन्हैया सिंह के रचना-कर्म में मैं इन तीनों पुस्तकों को उनके सर्वाधिक महत्त्वपूर्ण कार्य के रूप में रेखांकित करना चाहूँगा। मुझे यह कहने में संकोच नहीं है कि सूफ़ी-साहित्य पर लिखी गयी ये तीनों पुस्तकें कन्हैया सिंह के रचना संसार की सर्वश्रेष्ठ पुस्तकें हैं। इन पुस्तकों में वे हिन्दी के सूफ़ी-सन्तों और उनके अध्येताओं भी से तो टकराते ही हैं, फारसी और अंग्रेजी के सूफ़ी अध्येता भी उनकी दृष्टि से बाहर नहीं हैं। यही कारण है कि वे सूफ़ी-साहित्य पर गम्भीर विमर्श प्रस्तुत करते हैं। और अपनी स्थापनाओं के लिए तर्कसंगत और पुष्ट प्रमाण भी प्रस्तुत करते हैं।

सर्वविदित तथ्य है कि जायसी के रचना-संसार की खोज आचार्य रामचन्द्र शुक्ल ने की थी। वे ट्रेन द्वारा लखनऊ से बनारस लौट रहे थे। रायबरेली स्टेशन पर ट्रेन में भीख माँगनेवाले एक भिखारी से उन्होंने यह दोहा सुना-

यह तन जारौं छारि कै, कहौं कि पवन उड़ाव।
मकु तेहि मारग उड़ि परै, कंत धरै जहँ पाँव।।

शुक्ल जी को यह दोहा झकझोर गया। उन्होंने भिखारी को अपने पास बुलाया और पूछा कि इस दोहे को तुमने कहाँ सुना है। भिखारी से उन्हें मालूम पड़ा कि ऐसी तमाम पंक्तियाँ जायस और आसपास के लोग गाते रहते हैं। शुक्ल जी उसी भिखारी के साथ जायस स्टेशन पर उतर गये और इस दोहे के रचनाकार की तलाश में जुट गये। जायस में उन्हें 'पद्मावत' की फारसी

प्रति भी प्राप्त हुई। अब शुक्ल जी के सामने साहित्य का एक नया अध्याय खुल गया। जायस, मिर्जापुर और बनारस से उन्हें जायसी की रचनाओं की कई पाण्डुलिपियाँ मिलीं। इन्हीं पाण्डुलिपियों के आधार पर उन्होंने 'जायसी ग्रन्थावली' का सम्पादन किया जिसका प्रकाशन नागरी प्रचारिणी सभा, काशी से हुआ। इसी ग्रन्थावली की भूमिका 'मलिक मुहम्मद जायसी' शीर्षक से अलग पुस्तकाकार भी छपी। जायसी की काव्य-कला की सम्यक् जानकारी के लिए आज भी यह पुस्तक अपरिहार्य आवश्यकता के रूप में याद की जाती है। जायसी ग्रन्थावली के सम्पादन से ही शुक्ल जी सन्तुष्ट नहीं हुए। उन्हें जायसी के सन्दर्भ में और अधिक सूचनाओं की उम्मीद थी। यही कारण है कि उन्होंने अपने योग्य शिष्य चन्द्रबली पाण्डेय को जायसी पर शोध-कार्य के लिए प्रेरित किया, योग्य आचार्य के योग्य शिष्य की भूमिका का निर्वहन चन्द्रबली जी ने किया जिसका प्रमाण जायसी पर किये गये उनके कार्य हैं।

कन्हैया सिंह ने अपनी पुस्तक में स्वीकार किया है कि उन्होंने पाठालोचन पर माताप्रसाद गुप्त जी की परम्परा और सूफ़ी तत्त्व चिन्तन पर चन्द्रबली पाण्डेय जी की परम्परा को आगे बढ़ाने का कार्य किया है। डॉ सिंह की यह स्वीकारोक्ति अनेक अर्थों में सही है। दरअसल जायसी साहित्य के तत्त्व चिन्तन पर कन्हैया सिंह की तीनों पुस्तकों के पूर्व चन्द्रबली पाण्डेय, रामपूजन तिवारी और विजयदेव नारायण साही की पुस्तकों पर पर्याप्त चर्चा हो चुकी थी। आलोचकों ने इन पुस्तकों की सामर्थ्य और सीमा पर पर्याप्त चर्चा भी की थी। डॉ सिंह के सामने जायसी-साहित्य के तत्त्वालोचन की एक सुदृढ़ भित्ति थी और उन्हें इन्हीं भित्तियों से टकराना था। यही कारण है कि वे उक्त आलोचकों के अवदान की बात करते हुए उनकी उन स्थापनाओं से असहमति व्यक्त करते हैं जो उन्हें ग्राह्य न थीं। उदाहरण के लिए यहाँ केवल एक- दो प्रसंगों की चर्चा ही पर्याप्त होगी। साही ने जायसी को 'सुजात सूफ़ी' कहा था। कन्हैया सिंह उनकी इस स्थापना से असहमत हैं। उनकी मान्यता है कि जायसी सूफ़ी थे। बेशक वे स्वतंत्र सूफ़ी थे। उनपर भारतीय परम्पराओं का दबाव था और वे उनके साहित्य में परिलक्षित भी होती हैं। इस तथ्य के मद्देनजर वे उन्हें 'कुजात सूफ़ी' नहीं कहना चाहते।

चन्द्रबली पाण्डेय ने सूफ़ी कविता पर स्वतंत्र आलोचनात्मक ग्रन्थ लिखने की इच्छा जाहिर की थी। उनका यह कार्य पूर्णता न पा सका। उनकी इसी इच्छा की चर्चा करते हुए और उसे पूर्णता की ओर पहुँचाने के प्रयास के रूप में डॉ सिंह ने अपने शोध प्रबन्ध 'हिन्दी सूफ़ी काव्य में हिन्दू संस्कृति का चित्रण निरूपण' जिक्र किया है। कन्हैया सिंह का यह शोध प्रबन्ध अब पुस्तक के रूप में 'सूफ़ी काव्य : सांस्कृतिक अनुशीलन' शीर्षक से उपलब्ध है, उनकी स्पष्ट मान्यता है कि हिन्दी सूफ़ी काव्य काव्यात्मकता की दृष्टि से जो महत्त्व रखता है उससे कहीं अधिक अपने सांस्कृतिक चित्रण के नाते महत्त्वपूर्ण है। हिन्दुओं और मुसलमानों की एकता और पारस्परिक उदारता ही राष्ट्र और राष्ट्रजीवन को मंगलमय बना सकती है। हिन्दी सूफ़ी कवियों ने अपनी कविता में जो आदर्श स्थापित किया है और जिस प्रकार के वातावरण का चित्रण किया है, उस दृष्टि से जायसी की कविता सूफ़ी-साहित्य की सिरमौर है। कन्हैया सिंह का मुख्य उद्देश्य सूफ़ी साहित्य पर लिखी गयी अपनी पुस्तकों के माध्यम से इन महान रचनाकारों की पहचान और उन्हें एक स्वस्थ दृष्टि प्रदान करना है।

दरअसल हिन्दी सूफ़ी-साहित्य के अध्ययन में कई तरह की बाधाएँ हैं। इन बाधाओं से टकराने के लिए फारसी सूफ़ी काव्य परम्परा का समुचित ज्ञान और हिन्दी सूफ़ी काव्य परम्परा से उनके विभेद को जानना-समझना जरूरी है। केवल इतना ही नहीं, इस क्रम में इस्लाम का समुचित ज्ञान भी आवश्यक है। इन दोनों की समझ और पहचान के बिना हिन्दी सूफ़ी-साहित्य के वैशिष्ट्य को रेखांकित कर पाना असम्भव है। इस दृष्टि से कन्हैया सिंह की सूफ़ी-साहित्य पर लिखी गयी तीसरी पुस्तक 'उदार इस्लाम का सूफ़ी चेहरा' विशेष महत्त्वपूर्ण हो उठती है। इस पुस्तक में उन्होंने नौवीं सदी के बाद इस्लाम में आये परिवर्तन की विस्तृत चर्चा की है। गौरतलब है कि भारतीय-सूफ़ी काव्य को समझने के लिए इस्लाम के नये रूप का बोध अपरिहार्य। हालांकि चन्द्रबली पाण्डेय ने भी इस स्थिति को स्पष्ट करने का प्रयास किया है, पर डॉ सिंह के अनुसार शैली की दुरूहता के कारण उनकी पुस्तक 'तसव्वुफ अथवा सूफ़ीमत' से इन सबका सम्यक् बोध नहीं हो पाता।

डॉ सिंह ने पुस्तक त्रयी के माध्यम से भारतीय सूफ़ी-साहित्य के अनेक अनछुये पहलुओं को छूने का प्रयास किया है और उपलब्ध हिन्दी-अंग्रेजी और उर्दू आलोचनात्मक साहित्य के माध्यम से इन्हें स्पष्ट करने की सफल कोशिश की है। उनका यह प्रयास निश्चय ही सूफ़ी-साहित्य के अध्येताओं का मार्ग प्रशस्त करेगा।

कन्हैया सिंह के स्वस्थ और रचनारत जीवन की कामना करते हुए मैं उनसे ऐसे ही कुछ और महत्त्वपूर्ण कार्यों की उम्मीद करता हूँ।

भारतीय भाषा केन्द्र
जवाहरलाल नेहरू विश्वविद्यालय
नयी दिल्ली 110067

मध्यकालीन अवधी का विकास

त्रिभुवननाथ शुक्ल

मध्यकालीन अवधी का विकास' शीर्षक से लिखी गयी कन्हैया सिंह की पुस्तक हिन्दी में अत्यल्प हो रहे व्याकरणिक अध्ययन की संजीवनी है। कारण कि यदि हिन्दी में एक हजार पुस्तक प्रकाशित होती है तो उसमें मुश्किल से एक पुस्तक व्याकरण की होगी। व्याकरणिक अध्ययन एवं शोध की गति रुक सी गयी है। ऐसी स्थिति में इस प्रकार के अध्ययनों का महत्व स्वयंमेव बढ़ जाता है। इस कृति के लेखन का कुछ खास प्रयोजन रहा है, जैसाकि प्राक्कथन में लेखक ने लिखा है, पाठालोचन के क्षेत्र में कार्य करते हुए प्राय: 'पदुमावति' और `रामचरितमानस' के भाषा रूपों से जूझना पड़ता था।

इस उद्देश्यपरक एक वाक्य का मात्र एक शब्द 'जूझना' ही बहुत महत्वपूर्ण हैं। यही एक शब्द इस पूरी पुस्तक की पक्ति है।'प्रोक्ति' भाषाविज्ञान का पारिभाषिक शब्द है। इसका अर्थ है—उद्देश्य कथन यह प्रोक्ति एक शब्द की भी हो सकती है। एक वाक्य और एवं पूरे परिच्छेद (पैरा) की भी और पूरी पुस्तक की भी। उदाहरण के लिए यदि कोई पूछे की रामचरितमानस की 'प्रोक्ति' क्या है? इसके उत्तर में मैं एक शब्द में कहना चाहूँगा कि 'मंगल' कहने का तात्पर्य यह है कि 'मंगल' शब्द ही रामचरितमानस की प्रोक्ति है। इसीलिए हमारे यहाँ कहा गया है बुधै: वैयाकरण अर्थात् विद्वान् तो वैयाकरण ही होता है। ऐसे ही उसके स्वभाव के बारे में कहा गया है— 'अर्द्धमात्रा लाघवेन वैयाकरण: पुत्रोत्सव मन्यन्ते' अर्थात् व्याकरण के सूत्रों को बनाते समय यदि उसमें 'आधी' मात्रा कम (संक्षेप) हो जाए तो वह वैसे

ही प्रसन्न होता है, जैसे कोई पुत्र के उत्सव में प्रसन्न होता है। व्याकरण में लाघव का बड़ा महत्व होता है। मेरे कहने का तात्पर्य यह है कि व्याकरणिक कार्य में जूझना पड़ता ही है। यह उसकी प्रथम शर्त है। अवधी व्याकरण पर ऐसे ही जूझने वालों की एक लम्बी सूची है। फिर भी अभी जूझना शेष है। कौन कितना जूझा है। यह अलग विषय है। 'जायसी' और 'तुलसी' कितना जूझे हैं इन दोनों को लेकर कन्हैया सिंह कितना जूझे हैं, इसी की पड़ताल करना मेरे लेख का मुख्य प्रयोजन है।

डॉ सिंह के प्राक्कथन का एक और वाक्य महत्वपूर्ण है "मेरी दृष्टि में गोस्वामी तुलसीदास अवधी शब्दावली को केंद्र में रखकर एक सर्वग्रहण राष्ट्रभाषा का निर्माण करना चाहते थे।" यह बात सोलह आने सही है। कारण कि मैंने 'रामचरितमानस' के शब्दों का अर्थतात्त्विक अध्ययन (1982 ई), अवधी का स्वनिमिक 'अध्ययन' (1985 ई), 'मानस व्याकरण' (2015 ई), जैसे अपने प्रकाशित ग्रंथों में इसे एक तात्त्विक रूप देने का कुछ प्रयास किया है।

डॉ सिंह की इस पुस्तक पर बच्चन सिंह का एक बहुत छोटा सा अभिमत है। उसका एक उद्धरण है— "कन्हैया ने प्राक्कथन में लिखा है मेरी दृष्टि में गोस्वामी तुलसीदास अवधी शब्दावली को केंद्र में रखकर एक सर्वग्राह्य भाषा का निर्माण करना चाहते थे। खड़ी बोली हिन्दी को और भी व्यापक, सर्वग्राह्य और व्यंजक बनाने के लिए गोस्वामी तुलसीदास और जायसी की अवधी का आधार ग्रहण कर अवधी का एक प्रामाणिक व्याकरण तो तैयार किया ही जा सकता है। मुझे आशा है कि अपने ही विद्धतापूर्ण कार्य की पृष्ठभूमि में लेखक अवधी का एक प्रामाणिक व्याकरण भी प्रस्तुत करेंगे।

यह पुस्तक सन् 2000 में प्रकाशित हुई थी। बीस वर्ष हो गये और लेखक आयुवृद्ध भी हो चुके हैं, अस्तु उनके द्वारा अवधी का प्रामाणिक व्याकरण कदाचित ही सम्भव हो सके। खैर भावभूमि के इस विश्वास के साथ मैं कह सकता हूँ कि उत्पस्यते हि गम कोडिप समान धर्म कालोहिडम निरवधि:विपुला च पृथिवी' के फलितार्थ `अवधी व्याकरण' कालगर्भ में सीझ

रहा है। यह व्याकरण भले ही न बन पाया हो, पर इस दिशा में अन्य कोणों से कई महत्वपूर्ण कार्य अवश्य हुए हैं। इन कार्यों से इसे सुगम एवं सुफल बनाया जा सकता है।

विवेच्य ग्रन्थ के महत्त्वांकन के पूर्व एक पीठिका के रूप में इस दिशा में हुए कार्यों का संक्षेप में विवेचन अपेक्षित होगा।

रामायणी व्याकरण (नोट्स आन दी ग्रामर आव रामायन आव तुलसीदास)— एडविनग्रीम्स की यह पुस्तक मुझे देखने को तो नहीं मिली परन्तु अनुमान लगा सकता हूँ कि इसके द्वारा रामचरितमानस के भाषारूपों की व्याकरणिक संरचना पर प्रकाश पड़ा होगा। प्रारम्भिक कार्य होने के कारण इसका अपना महत्व है। शोध प्रवंध 'तुलसी की भाषा'।

अवधीभाषा का विकास— यह बाबूराम सक्सेना का शोध प्रबन्ध है। इसमें अवधी के अन्य कवियों की भाषा के क्रमिक विकास में रामचरितमानस की भाषा का भी विश्लेषण किया गया है। प्रथम कार्य होने के कारण और विषय-विश्लेषण की प्रक्रिया के कारण भी यह कार्य आगे कार्य करने वालों के लिए एक आधारभूत ग्रन्थ के रूप में उपयोगी रहा है। मैं जब भी इस ग्रन्थ के यथा समय और यथाप्रसंग देखता हूँ तो मेरे सामने बाबूराम सक्सेना की छवि दो कारणों से उपस्थित हो उठती है। एक तो वे 1980 में मेरे व्याख्याता (लेक्चरर) की चयन समिति में एक विशेषज्ञ थे और इनके विरोध के वाजजूद जबलपुर विश्वविद्यालय के हिन्दी विभाग में मेरी पहली नियुक्ति हुई। दूसरे वे मेरे गुरु उदयनारायण तिवारी के भी गुरु थे। 'तुलसी की भाषा' देवकी नन्दन श्रीवास्तव का शोधकार्य है। यह ग्रंथ बाबूराम सक्सेना के बाद दूसरा महत्वपूर्ण कार्य है। यह कार्य पारम्परिक पद्धति पर होने के कारण भाषा विश्लेषण की अपेक्षा साहित्य की सीमा का अधिक स्पर्श करता है फिर भी आदाकरता है।

रामचरितमानस-भाषा-रहस्य— अम्बा प्रसाद सुमन का भाषा के विविध पक्षों पर किया गया एक महत्वपूर्ण कार्य है। इसमें तुलसी की भाषा संबंधी अनेक गुत्थियों को सुलझाने का अच्छा प्रयास किया गया है।

तुलसी की भाषा (अवधी: तात्त्विक अध्ययन)— जनार्दन सिंह का सन्

1966 में पूर्ण किया शोधप्रबंध है। इसमें तुलसी की भाषा का भाषाविज्ञान की दृष्टि से सम्यक विवेचन किया गया है। इस दृष्टि से आधुनिक भाषाविज्ञान की दृष्टि से खासकर संरचनात्मक भाषाविज्ञान की पद्धति पर सम्पन्न किया गया एक महत्वपूर्ण कार्य है।

मानस व्याकरण— मध्यप्रदेश के सतना जिले में मानस संघ श्रीराम से प्रकाशित है। इसमें पंडित रामनरेश त्रिपाठी ने रामचरितमानस की भाषा का व्याकरणिक विवेचन किया है। यह ग्रंथ संरचना की दृष्टि पूर्ण नहीं लगता।

मानस व्याकरण— विजयानन्द त्रिपाठी का यह ग्रन्थ मुझे अभी तक प्राप्त नहीं हो सका है। कन्हैया सिंह की विवेचन पुस्तक की सूची में इसका उल्लेख किया गया है।

रामचरितमानस के शब्दों का अर्थतात्त्विक अध्ययन— त्रिभुवन शुक्ल का पीएचडी उपाधि के लिए लिखा गया शोधप्रबंध है। इसी भूमिका में महावीरसरन जैन ने लिखा है—व्याकरणिक दृष्टि से महत्त्वपूर्ण 'आबद्धरूपों' का विवेचन करते समय 'मानस' में प्रयुक्त पूर्वव्युत्पादक, पर व्युत्पादक आबद्धरूप, विभक्ति प्रत्यय, परसर्ग एवं निपात शब्दों की अर्थतात्त्विक विवेचना की गयी है।' 'अवधी का स्वनिमिक अध्ययन' त्रिभुवननाथ शुक्ल का एम ए भाषाविज्ञान,नागपुर विश्वविद्यालय के लिए लिखा गया लघु शोधप्रवंध है। रमेशचन्द्र महरोत्रा ने इसकी भूमिका में लिखा है। पूर्व में हुए कार्यों के पुरस्कार करने हेतु आज से कार्य करने की आवश्यकता इस दशा में किया गया यह एक सफल प्रयास है एवं इसमें अवधी में हुए सबसे प्रमुख दो कार्यों—'अवधी का विकास' और प्रारंभिक अवधी का अध्ययन को रचनानिमित अध्ययन के क्षेत्र में आगे बढ़ाया है। ग्रंथ का वैशिष्टित्त है—अवधी की रचन प्रक्रिया रचनाविन्यासात्मक अध्ययन तथा विशिष्ट शब्दावली।'

मानस-व्याकरण (2015, विकास प्रकाशन, कानुपर)— यह त्रिभुवननाथ शुक्ल की कृति है। इसमें वर्ण विचार, के 89 नियमों, शब्द विचार—संज्ञा, लिंग, वचन, कारक, सर्वनाम, विशेषण, क्रिया, और काल आदि पर विचार किया गया है।

उपर्युक्त सभी कार्य कहीं-न-कहीं तुलसी और मध्यकालीन अवधी की

भाषीय संरचना को गति देती ही हैं। यह गति और आगे बढ़े इस प्रयोजन से अपनी पाठालोचन की समस्या के साथ कन्हैया सिंह का अपना कार्य, जिसके सहयोगी अनिल कुमार तिवारी भी हैं, एक महत्वपूर्ण कार्य है, चूँकि विषय व्याकरण का है, इसलिए इसके प्रत्येक पहलू पर विचार किये बिना किसी निष्कर्ष पर पहुँचना असम्भव है। अस्तु, इसके सभी पक्षों पर विचार करना अपेक्षित है। इसका विषय क्रम है—1 अवधी : स्वरूप और संरचना, 2 ध्वनि-संरचना, 3 शब्द-विचार, 4संज्ञा, 5सर्वनाम, 6विशेषण, 7 क्रिया, 8 अव्यय, परिशिष्ट 1 मानस के विशिष्ट भाषित प्रयोग 2 सन्दर्भ ग्रंथ सूची।

1 अवधी : स्वस्थ और संरचना— अवधी के स्वरूप और संरचना में लेखक की अपनी स्थापनाए हैं—

लोकभाषा को, और काव्यभाषा को सामाजिक स्वीकृति के लिए व्याकरण के नियमों का बंधन स्वीकार करना पड़ता है। इसलिए कहा गया है कि व्याकरण शब्दानुशासन है और शब्द पर लोक का शासन रहता है। (पृ 1)

इसमें दो बातें बहुत महत्त्वपूर्ण हैं— एक है `सामाजिक स्वीकृति' और दूसरा है `शब्द पर लोकशासन रहता है।' 'सामाजिक स्वीकृति' के बिना कोई भी कथन प्रामाणिक नहीं हो सकता, इसी को यादृच्छिक (Arbitraj) कहा जाता है। बिना यादृच्छिकता के अर्थबोध हो ही नहीं सकता। जितना भी संज्ञाएँ हैं सभी व्याकरणिक अनुशासन में बँधकर ही सामाजिक अभिस्वीकृति (Acknowledgoment) प्राप्त करती हैं। दूसरा कथन 'शब्द पर लोक का शासन रहता है— यह कथन महाभाष्य के 'पश्पसाहित' से प्रमाणित होता है, जिसमें सूत (रथचालक) और एक वैयाकरण पर शब्द को लेकर संवाद चलता है। सूत कहता है कि आपका यह कथन प्रामाणिक नहीं लगता। इसपर निर्णय होता है कि इसका सही उत्तर हमें लोक (समाज) से प्राप्त होता है। स्पष्ट है कि सबकुछ लोकोद्भूत है और लोक ही उसका उद्गाता भी है। इसी अर्थ में 'लोक' शास्त्र का भी मूल हो जाता है, अर्थात है ही। लोक से अर्थ ग्रहण करके अथवा आधार (संजीवन) लेकर अपनी यात्रापूरी करता है।

—'हिन्दी भाषा और साहित्य के विकास-क्रम को समझने के लिए अवधी के विकास-क्रम को समझना अत्यन्त मूल्यवान है (पृ1)

डॉ सिंह की यह टिप्पणी अत्यन्त व्यापक है। कारण कि अवधी और ब्रज मध्यकालीन की दो प्रमुख काव्यभाषाएँ थीं। इनका संस्पर्श किये बिना साहित्य के विकास क्रम को गति मिल ही नहीं सकती। अवधी में तुलसी और ब्रज में सूर इसके केंद्रीय प्रस्थान हैं। इसके साहित्य में काव्यभाषा के सभी उपादन गछे हुए हैं। गछने की यह सामर्थ्य कवियों को अपनी लोक संस्कृति के गहनानुभूति से आती है। और यहीं से साहित्य का प्रतिमान खड़ा होने लगता है। तुलसी के इन्ही शाश्वत साहित्यिक प्रतिमानों की ओर लेखक का संकेत है। काशी इसी की सूत्र परम्परा के विद्वान् हैं। अत: थोरे हि महँ सब कहउँ बुझाई (मा आ 174) की शैली में अपना पक्ष रखते हैं।

वे अवधी के विकास की अभी तक स्थिति से बहुत सन्तुष्ट हैं नहीं। इसीलिए वे लिखते हैं—

"अब तक इस दिशा में अनेक गम्भीर प्रयत्न हुए हैं और विद्वानों ने बहुविध योगदान किया है। फिर भी अवधी के विकास का एक निश्चित क्रम आज तक आरेखित नहीं किया जा सका है" (पृ 1)

लेखक की यह चिन्ता स्वाभाविक है और इस दिशा में और भी ठोस कार्य करने की आवश्यकता है।

डॉ सिंह ने इस विकास क्रम को ठीक से रेखांकित करने का प्रयास किया है। इनका यह प्रयास इस दिशा में आगे कार्य करने वालों को नयी दृष्टि और दिशा प्रदान कर सकेगा। वे लिखते हैं—"ईसा की सोलहवीं शती तक आते भारतीय आर्यभाषाएँ अपभ्रंश के प्रभाव हो चुकी थी और स्वतंत्र भाषिक अस्तित्व वाली मौलिक रचनाएँ भी होने लगी थीं। इस प्रकार यह अनुमान करना अनुचित न होगा कि ये मान्यता प्राप्त आधुनिक भारतीय आर्यभाषाएँ बोली के रूम में जनमानस में सदियों पहले ही अपना बीजवपन कर चुकी थीं। अपभ्रंश का उत्कर्ष काल बारहवीं शती तक दिखता है और उसी समय सम्भवत: ये बोलियाँ जनभाषाओं के रूप में प्रचलन में आईं। उसके बाद दो-तीन शताब्दियों में ही तीव्रता से विकसित होने के कारण इन जनभाषाओं का स्वतंत्र अस्तित्व कायम हो गया (पृ 2)

अपने इस कथन की पुष्टि के लिए उन्होंने उदयनारायण तिवारी को उद्धृत किया है—उदयनारायण तिवारी के मत में बारहवीं शती से प्रंद्रहवीं शती के बीच की रचनाओं में संक्राति की स्थिति स्पष्ट या देखी जा सकती है, जिसमें भारतीय आर्यभाषा धीरे-धीरे अपभ्रंश की स्थिति को छोड़कर आधुनिक काल की विशेषताओं से युवा होती जा रही है। हिन्दी भाषा का उद्भव और विकास पृ 141)

लेखक ने अवधी के अध्ययन की सबसे बड़ी कठिनाई प्रामाणिक सामग्री का अभाव माना है। वे लिखते हैं—''अवधी विशेषत: पूर्वकालीन अवधी के अध्ययन सबन्ध सबसेका उपलब्धता तथा उपलब्ध सामग्री की प्रामाणिकता का संदिग्ध होना है। पहली बार अवधी का विस्तृत अध्ययन करने वाले बाबूराम सक्सेना के समय से अबतक यह समस्या कमोवेस बनी हुई है'' (पृ 2)।''

डॉ सिंह ने अवधी के अध्ययन में सहायक अबतक ज्ञात सामग्री का विवरण दिया है—

1 पिपरहवा, सोहगौरा, सारनाथ, रुम्मनदेई एवं खैरागढ़ के अभिलेख (200 ईपू से 200 ई के मध्य)

2 कुवलयमाल (उद्योतन सूरि, 8वीं शती)

3 प्राकृत पैगलम (संकलन, 900-1400 ई के मध्य)

4 राउरबेल (रोडाकवि, 12वीं शती)

5 उक्ति व्यक्ति प्रकरण (पं दामोदर, 12वीं शती)

6 गुरु अन्यास (शिवनारायण, 1233 ई)

7 नूर सिपेहर (अमीर खुसरो, 1312 ई)

8 कीर्तिलता (विद्यापति, 14वीं शती)

9 हेमचन्द की रचनाएँ (14वीं शती)

10 चंदायन (मुल्लादाउद 1375 ई)

11 हरिचरित-विराटपर्व (लखनसेनि, 1424 ई)

12 मैनासत (साधन, 1480 से 1505 ई)

13 अरील (बुरहान, साधन के समकालीन)

14 छन्द बारहमासा (बक्सन, साधन के समकालीन)

15 डंगवै पुराण अथवा डंगवै कथा तथा चक्रव्यूह कथा (भीमकवि)

16 रामजन्म (सूरजदास, 15वीं शती का अंतिम चरण)

17 स्वर्ग रोहिणी (ईश्वरदास, 1588 ई)

18 सत्यवती कथा (ईश्वरदास, 1501 ई)

19 भरत विलाप या भरत मिलाप (ईश्वरदास या सूरजदास, 1489 ई से 1517 ई के मध्य)

20 अंगद वैज या रुकुमाँगद कथा (ईश्वरदास या सूरजदास, 1489 ई से 1517 ई के मध्य)

21 एकादशी कथा या एकादशी माहात्म्य (ईश्वरदास या सूरजदास, 1489 ई 1517 ई के मध्य)

22 जैमिनी पुराण (पुरुषोत्तम दास, 1501 ई)

23 मृगावती (कुतुबन, 1503-4 ई)

24 हितोपदेश (चन्द, 1506 ई)

25 हरिचरित (लालच दास, 1528 ई)

26 विष्णुपुराण (लालच दास, 1528 ई)

27 हरिचरित भागवत दशम स्कन्ध भाषा (लालच दास, 1503 ई)

28 पदुमावति (1540 ई) एवं जायसी की अन्य कृतियाँ।

29 मध्यमालती (मंझन 1545 ई)।

30 दंगव पर्व (बलवीर, 1552 ई)।

31 श्रीरामचरितमानस (1575 ई) एवं तुलसी अन्य रचना

32 माधवानल कामकंदला (आलम 1585 ई)

33 बरवै नायिका भेद (रहीम, कविमानस, 1574 ई)

34 चित्रावली (उस्मान, 1616 ई)

35 रसरतन (पुहुकर, 1618 ई)

36 ग्यानदीप (शेखनवी, 1618 ई)

37 अवधविलास (लालदास गुप्त, 1643 ई)

38 महाभारत सभापर्व (धर्मदास, 1846 ई)

39 भक सका का झगड़ा, (रचनाकार अज्ञात, 1647 ई)

40 मूलकदास की रचनाएँ (कवि जीवनकाल 1574 ई से 1682 के मध्य)।

41 पश्चिमी (मथुरादास, कवि जन्म समय 1583 ई)

42 कुंडलिया रामायण (स्वामीअग्रदास, जन्म 1600 ई)

43 ध्यान मंजरी (स्वामी अग्रदास, जन्म 1600 ई)

44 कर्ण पर्व (श्रीपति, 1662 ई)

45 पुहपावती (दुखहरनदास, 1669 ई)

46 सत्यप्रकाश एवं प्रेम प्रकाश (धरनी दास, जन्म 1656 ई)

47 नरमचरित (कुँवर मुकुन्द, 1711 ई)

48 प्रहलादचरित (सहजराम, 1732 ई)

49 रघुवंश दीपक (सहजराम, 1732 ई)

50 चरनदास की रचनाएँ (कवि समय 1703 से 1782के मध्य)

51 गुरु भक्तिप्रकाश (रागरूपजी, चरनदास के शिष्य एवं समकालीन)

52 भक्तिजयमाल (शिवराम 1730 ई)

53 हंसजवाहर (कासिमशाह 1743 ई)

54 कृष्णचरितामृत (छेमकरन, 18वीं शती मध्य 55 इन्द्रावती (नूरमुहम्मद, 1751 ई)

55 इन्द्रावती (नूरमुहम्मद, 1751 ई)

56 शब्दावली (दूकनदास, 1751 ई)

57 श्रीरामायण (झामदास, 1761 ई)

58 ऊषाचरित (कवि कुंज, 1774 ई)

59 हरिचन्द कथा (बेनीवक्स 1779 ई)

60 सगुन बिलास (उदयनाथ 1784 ई)

61 यूसुफ जुलेखा (शेख निसार 1790 ई)

62 नलदमयंती चरित (सेवाराम, 1796 ई)

63 कथा चार दरवेश (भूपनारायण, 1727 ई)

64 नल दमयंती कथा (नरपति व्यास, 1805 ई)

65 उपाख्यान विवेक (पहलवान दास, 1808 ई)

66 बैताल पचीसी (भवानी शांकर, 1814 ई)

67 सुमन मन (गंगा दास द्वारा गुलिस्ताँ का अनुवाद 1822 ई)

68 सियाराम रसमंजरी (जानकी चरण, 1824 ई)

69 शब्दावली (तोंवरदास, 1830 ई)

70 प्रेम चिनगारी (अलीशाह, 1845 ई)

71 नूरजहाँ (ख्वाजा अहमद, 1905 ई)

72 भाषा प्रेम रस (शेख रहीम, 1915 ई)

73 यूसुफ जुलेखा (कवि नसीर, 1917 ई)

74 ईसायण (एस मार्शनील, 1938 ई)

75 कृष्णायन (द्वारकाप्रसाद मिश्र, 1947 ई)

76 विविध खोज रपटों द्वारा सूचित अवधी की अन्य रचनाएँ।

लेखक ने यह क्रमिक सूची बाबूराम सक्सेना : अवधी का विकास, डॉ

अध्ययन, परिशिष्ट, एवं विस्तार के लिए द्रष्टव्य त्रिभुवननाथ शुक्ल, अवधी साहित्य की भूमिका से तैयार किया है।

लेखक ने अवधी के सम्यक् विकास के लिए पूर्व में जो चिन्ता व्यक्त की है, वह इन ग्रन्थों के अध्ययन एवं विश्लेषण से पूरी हो सकती है। इसपर स्वतंत्र रूप से शोधकार्य की आवश्यकता है। इस दिशा में प्रो. त्रिभुवनाथ शुक्ल की जयभारती प्रकाशन इलाहाबाद से प्रकाशित पुस्तक अवधी साहित्य का आलोचनात्मक इतिहास को आधार बनाया जा सकता है।

ध्वनि-संरचना

तुलसीदास, जायसी की अवधीसंरचना पर विचार किया गया है। तुलसी द्वारा प्रमुख स्वर तीन वर्गों में रखे जा सकते हैं— मूल स्वर, संयुक्त अनुनासिक स्वर।

डॉ सिंह ने स्वरों का आधार बाबूराम सक्सेना के अनुसार स्वीकार किया है। लेखक की यह स्थापना सर्वथा समीचीन है कि पद्मावत एवं मानस में इन ध्वनियों के लिए 'ऐ' तथा 'ओ' लिपि चिह्न भी प्रयुक्त हुए हैं। यदाकदा

'अइ' तथा 'अऊ' का प्रयोग भी मिलता है। (पृ 37)। इसपर आगे प्रकाश डालते हुए डॉ सिंह ने लिखा है—पद्मावति में ओ केवल आदि और मध्य में प्रयुक्त है। अन्त में ही प्रयुक्त है। मूल स्वरों का प्रयोग दोनों ही कृतियों में समान रूप से हुआ है। (पृ 38) सभी ध्वनियों की तीनों स्थितियों आदि, मध्य और अन्त के उदाहरण दिये गये हैं। विस्तार भय से यहाँ इन्हें नहीं, दिया जा रहा है।

'ऋ' ध्वनि

देवकी नन्दन श्रीवास्तव (तुलसी की भाषा, पृ 181) ने मूल स्वरों में 'ऋ' को भी स्थान दिया है। वस्तुत: 'ऋ' का उपयोग तुलसी में है—

1 'ऋ' के रूप में— 'लोग पढ़न इच्छा ऋचा ऋषिराज विराजे (पृ 1-6)

2 'रि' रूप में—सुनु खगेस नहि कछु रिषि दूषन— (मा 07/113/1)

किन्तु वह केवल लिपि के स्तर पर है। ध्वनि के स्वर पर वह सर्वत्र 'रि' ही है। जैसा कि उपर्युक्त उदाहरण से स्पष्ट है कि तुलसी में इसका प्रयोग 'ऋ' और 'रि' दोनों रूपों में है।

लेखक का मत है कि पदुमावति की अपेक्षा है के मात्रिक लिपि चिह्न (2) का प्रयोग अधिक मिलता है। दोनों कृतियों में परम्परागत उच्चारण-प्रवृति के कारण 'ऋ' के स्थान पर 'रि' का प्रयोग हुआ है (पृ 410)

संयुक्त स्वर

संयुक्त स्वर संस्कृत में सब गुरु होते हैं, परन्तु गोस्वामी जी ने छंद की सुविधा के लिए 'ए' और 'ओ' को कई जगह लघुरूप में प्रयोग किया। जैसे- पिय बिनु तियहि तरनिहुतो, लोभी लोलुप कल कीरति चहई, इत्यादि स्थलों में 'ते' में 'ए' का और लोभी, लोलुप, शब्दों में ओ का लघुरूप में प्रयोग हुआ है। यही कारण है कि इस बात को न समझने के कारण कुछ लोगों ने इनके पाठकों क्रमश: पिय बिनु वियहि तरनिते और लोभी लोलुप कीरति चहइ' इस प्रकार बदल दिया है। परन्तु वे लोग यदि विचार पूर्वक देखेंगे तो उन्हें मालुम होगा कि मानस तथा गोस्वामी जी के अन्य ग्रन्थों 'ए' और 'ओ' का लघुरूप प्रचुरता के साथ प्रयोग किया गया है।

'ऐ' और 'ओ' के स्थान पर कहीं-कहीं उच्चारण साम्य से क्रमश: 'अइ' अथवा और 'अउ' अथवा 'अव' का प्रयोग किया गया है- जैसे 'मैत्री' के स्थान में मयत्री, बैर के स्थान पर बयर, वैश्य के स्थान में वयस का प्रयोग हुआ है।

व्यंजन वर्णों में गोस्वामी जी ने ङ् , ञ, ण और अंशत: य, व और श का एक प्रकार से बहिष्कार ही कर दिया है, जो प्राकृत के नियमों के अनुकूल है। 'य' और व के स्थान में शब्दों के आदि में कहीं-कहीं अन्त में क्रमश: 'ञ' और 'व' का प्रयोग किया गया है- जैसे जौवन को यौवन 'वनिता' रवि को रबि और ब्रह्मचर्य को ब्रह्मचरज लिखा गया है। मूल शब्द के पूर्व में यदि किसी उपसर्ग का प्रयोग हुआ हो अथवा समास के अन्तर्गत कोई दूसरा पद उसके पहले आ गया हो तब भी 'य' के स्थान पर 'ज' और 'व' के स्थान पर 'ब' का प्रयोग हुआ है- जैसे संयोग के स्थान में संजोग संवाद के स्थान पर संबाद, रघुवीर के स्थान में रघुबीर और हर्षयुत के स्थान पर हरषजुत शब्दों का प्रयोग हुआ है।

डॉ सिंह ने अपना मत देते हुए लिखा है—आलोच्य दोनों कृतियों में संयुक्त स्वरों का प्रयोग आदि, मध्य और अन्त तीनों स्थानों में हुआ है। (पृ 41) इस सन्दर्भ में मेरा पक्ष है कि मानस में संयुक्ताक्षरों को तोड़ने के कई नियम मालूम होते हैं। एक प्रकार यह कि संयुक्त वर्णों को तोड़कर उनमें से पहले वर्ण को सस्वर बना दिया जाता है। जैसे `प्रपंच' को परपंच' 'प्रधान' को परधान और स्नेह को सनेह आदि। दूसरा प्रकार यह है कि संयुक्त वर्ण के पूर्व जो स्वर है, वहीं स्वर संयुक्त वर्णों में से पहले वर्ण के साथ जोड़ दिया जाता है। इस प्रकार मुक्ति के स्थान में 'मुकुति' युक्ति के स्थान में जुगुति, शत्रुहन के स्थान पर 'शत्रुघन' 'गुप्त' के स्थान में 'गुपुत' और लुब्ध के स्थान में लुबुधा हो गया।

अनुनासिक स्वर

डॉ सिंह ने इसे स्पष्ट करते हुए ठीक ही लिखा है—अवधी में स्वरों के अनुनासिक रूप को लिपिबद्ध करने के लिए चंद्रबिन्दु के अतिरिक्त अनुस्वार

( ) का भी व्यवहार होना होता है।आलोच्य दोनों महाकाव्य में प्राय: सभी स्वरों का अनुनासिक रूप भी तीनों स्थानों पर मिलते हैं (पृ 42) लेखक ने इसी प्रकार से व्यंजन ध्वनियों—सभी व्यंजन ध्वनियों— नासिक्य व्यंजन, व्यंजन संयोग, दवित्व व्यंजन, वर्णलोप व्यंजन, व्यंजनलोप, वर्णगम, वर्णविपयर्य, वर्णपरिवर्तन समीकरण, विषमी करण, घोपी करण, अघोपीकरण अल्पप्राणी करण, महाप्राणी उष्मीकरण, अनुनासिकीकरण, मात्रा भेदसमाक्षर लोप और संधीकरण को सोदाहरण स्पष्ट किया है। लेखक ने इतनी बारीकी से सभी उदाहरणों को प्रस्तुत किया है, इससे उसकी भाषीय सूक्ष्म ज्ञान का अंदाज लगाया जा सकता है।

शब्द विचार

यह ग्रन्थ का तीसरा व ध्यान है। इसमें पदुमावति और रामचरितमानस दोनों रचनाओं के शब्द रचना विधान को निरूपित किया गया है। यह वर्गीकरण ऐतिहासिक दृष्टि से किया गया है। इस दृष्टि से इसका विभाजन चार दृष्टियों से किया गया है-

(1) संस्कृत के शब्द-(क) तत्सम (ख) तद्भव

(2) प्राकृतापभ्रंश के शब्द- (क) मूल रूप में, (ख) विकसित रूप में

(3) विदेशी भाषाओं के शब्द

(4) ग्रामभाषा के देशज शब्द

डॉ सिंह ने दोनों आलोच्य कृतियों से सभी कोटियों के शब्दों पर विस्तार से प्रकाश डाला है। इस सन्दर्भ में लेखक का अपना अभिमत है। प्राय: सभी उच्चकोटि के साहित्यकार नवीन शब्दों की रचना में अपनी प्रतिभा का परिचय देते हैं। सभी भाषाओं के साहित्यकारो में यह प्रवृति लक्षित की जा सकती है, किंतु पदुमावतिकार जायसी और उनसे भी बढ़कर मानस के प्रणेता गोस्वामी तुलसीदास इस क्षेत्र में अन्य कवियों से काफी आगे हैं। इन दोनों में, और विशेष रूप से तुलसी ने यथाशक्य सर्वाधिक नये शब्दों का निर्माण किया है। अन्य कवियों और जायसी ने जहाँ प्राय: भाव- वाचक संज्ञा विशेषण या क्रिया विशेषण आदि का ही निर्माण किया है, वहीं तुलसी द्वारा व्यक्तिवाचक

संज्ञाओं एवं क्रियाओं के निर्माण नये शब्दों के निर्माण कौशल के परिचायक है। (पृ 86)

संज्ञा रूप रचना

संज्ञाए भी व्याकरण के अनुसार चार विभागों में बांटी जा सकती हैं- 1, व्यक्तिवाचक संज्ञा, 2, जातिवाचक संज्ञा , 3, समुदाय वाचक संज्ञा 4, भाववाचक संज्ञा। इनमें से जाति वाचक संज्ञाओं के संबंध में कुछ कहना नहीं है। शेष तीन प्रकार की संज्ञाओं के संबंध में दो चार बातें निवेदन करनी है। व्यक्तिवाचक संज्ञाएँ मानस की बहुत सी ऐसी हैं जिन्हें हम एक प्रकार से गुणवाचक कह सकते हैं क्यों कि वे अभिधेय व्यक्ति के गुणों को लेकर बनी हैं और एक गुणवाचक शब्द के अनेक पर्याय होने के कारण एक व्यक्ति के अनेक नाम मिलते हैं। जैसे रावण के दससीस, दसकंधर , दसानन, दसमुख, दसमीय, दसकंधर , दसमौलि आदि।

सीता के जानकी, जनकसुता, वैदेही, मिथिलेसकुमारी, आदि। मेघनाथ के मेघनाद, वारिदनाथ आदि। राम के रघुबर, रघुबीर, रघुपति, रघुराई, सीतापति, रावनारि रघुकुलकेतु आदि। शत्रुहन के रिपुदवन, रिपुसूदन, मनोज, वारिचरकेतु, क्षणकेतु, जलचलकेतु, मनोभव आदि नाम मिलते हैं। यह संस्कृत के कवियों की शैली और उसी कवि संप्रदाय के अनुयायी होने के नाते गोस्वामी जी ने इसे अपने ग्रंथों में अपनाया है। समुदायवाचक संज्ञाएँ कहीं-विशेषण के रूप में भी प्रयक्त हुई है। जैसे-भुवन निकायपति (समस्त ब्रह्मांडों के स्वामी) गन, समूह परिवार, समाज आदि शब्द समुदायवाचक संज्ञाएँ हैं। भाववाची संज्ञाएँ तत्सम शब्दों से और कहीं-कहीं तद्भव शब्दों से भी 'त्व','ता', 'य' आदि तद्धित प्रत्यय लगाकर बनाई गयी हैं जैसे- प्रभुता उपरोहित्य आदि अधिक शब्द संज्ञा विशेषण शब्दों के पीछे 'आयी' 'पन', 'प', 'ई', 'अ' तथा `पौ' प्रत्यय लगाकर बनाये गये हैं।- जैसे 'मीत से मिताई' 'बली (बलवान) से बरिआयी (जबर्दस्ती) बड़ से 'बड़ाई', 'भ' से 'भलाई', 'नीच' से 'निचाई' 'गरुअ' से 'गरुआयी, करुण से 'करुआयी', 'कादर' से 'कदराई' 'कुटिल' से 'कुटिलाई',

'बिधवा' से 'बिधवापन' 'सिसु' से 'सैसव', 'पुरुष' से 'पौरुष' और अपना से अपनापौं उपर्युक्त उदाहरणों से स्पष्ट होगा कि जिस शब्द के पीछे 'आयी' प्रत्यय जोड़ा जाता है, उसका प्रथम स्वर यदि दीर्घ हो तो उसे ह्रस्व कर दिया जाता है।

इसी प्रकार जिस शब्द के आगे 'पौ' अथवा 'पन' प्रत्यय लगाया जाता है, उसके पदान्त का स्वर यदि दीर्घ हो तो उसे हस्व कर दिया जाता है जिसके आगे 'अ' प्रत्यय लगाया जाता है, उसके प्रथम स्वर की बृद्धि कर दी जाती है, अर्थात 'अ' को 'आ' 'इ' को 'ई' 'ऐ' और 'उ' 'ऊ' को 'औ' कर दिया जाता है। कहीं-कहीं भाववाचक तथा समुदायवाचक संज्ञाओं के आगे भी पादपूरण के लिए 'ऊ' 'ई' अथवा 'ई' प्रत्यय जोड़ देते हैं। जैसे-'रजा' से 'रजाई' 'सजा' से 'सजाई' प्रभुता से 'प्रभुताई, 'कटक' से 'कटकाई' आदि क्रियाओ से भी 'अन' 'अनि' आदि कृदंत प्रत्यय लगाकर भाववाचक संज्ञाएँ बनाई गयी हैं- जैसे सिखावना, रहनि आदि। जहाँ तक आलोच्य ग्रन्थ का प्रश्न है इसमें लेखक ने उदाहरण सहित सभी संज्ञा रूपों का उल्लेख किया है। जैसा कि उनका मत है- पदुमावति एवं मानस में बहुत सी मूलत: अकारांत संज्ञाओं में अंत्य स्वर इ अथवा उ मिलता है और यही इकारांत और उकारांत शब्द जब चरणौत में पड़ता है, विशेषत: मानस में तो ईकारांत और ऊकारांत भी हो जाता है (पृ 81)।

लिंग-विधान

आजकल की हिन्दी की भाँति मानस की भाषा में भी दो लिंग होते हैं—पुल्लिंग और स्त्रीलिंग। गोस्वामी जी ने लिंग के मामले में बड़ी स्वतंत्रता बरती है। मानस में ऐसे शब्द बहुत मिलेंगे जो देखने में पुल्लिंग से मालूम होते हैं, परन्तु गोस्वामी ने स्त्रीलिंग बना दिया है। उदाहरणत: 'साप', 'बरूथ', 'दल', 'बपु', 'उर' आदि। इसके विपरीत उन्होंने जटा, 'लाट' गाह (गाथा) 'बिदा' आदि शब्दों को जो देखने में स्त्रीलिंग से मालुम होते है। पुँलिंग में प्रयोग किया है।

मानस में संज्ञा शब्दों के लिंग का निर्णय करने में हमें विशेषणों तथा

क्रिया ओं में बहुत मदद मिलती है। इसके अतिरिक्त भी लिंग निर्णय के कुछ नियम ये हैं—

1 अकारांत पुल्लिंग शब्दों के प्रथमा और कहीं कहीं (जहाँ विभक्ति चिह्न नहीं दिया गया है) द्वितीया विभक्ति के एक वचन में पदांत के 'अ' को 'उ' आदेश हो जाता है, जैसे— `जबतें रामु ब्याहि घर आये', `बसउँ रघुबर बिमल जसु, इत्यादि।

2 अकारांत स्त्रीलिंग शब्दों को कहीं-कहीं इकारांत कर दिया गया है जैसे—बयार के लिए बयारि आदि।

3 'ज' `विदा', `गाहा' आदि कुछ शब्दों को छोड़कर तथा उन शब्दों को छोड़कर जो अकारांत होते हुए भी छन्द के अनुरोध से अकारांत बना दिए गये हैं अन्य शब्द आकारांत संज्ञा शब्द खासकर तत्सम शब्द प्राय: सभी स्त्रीलिंग में प्रयुक्त हुए हैं।

4 अकारांत शब्दों में भी जो मूलत: आकारांत होते हुए भी छन्द के अनुरोध से अकारांत बना दिए गये हैं, वे सब स्त्रीलिंग है। जैस— 'सरित', 'आस', 'सेज' (शय्या), 'सीम', 'रुज', 'बेर' (बेला) आदि।

5'प' प्रत्यय लगाकर जो भाववाचन संज्ञाएँ बनाई गयी हैं वे स्त्रीलिंग में प्रयुक्त हुई हैं—जैसे 'भायप', 'सयानप' आदि।

6 'पन' तथा 'मन' प्रत्यय लगाकर जो भाववाचक संज्ञाएँ बनाई गयी हैं, वे पुँलिंग में ही प्रयुक्त हुई हैं—जैसे 'विधवचना', `सिखावन' आदि

7 आकारांत शब्दों में से कुछ शब्द संस्कृत में पुँलिंग अथवा नपुंसकलिंग होने पर भी मानस में स्त्रीलिंग में अनुमानत: इसलिए प्रयुक्त हुए हैं कि उनके प्रसिद्ध पर्याय स्त्रीलिंग में प्रयुक्त होते हैं—जैसे तूल (रूई), तरंग (लहर), अनीक (सेना) आदि।

8 'श्राप' तथा 'सराप' शब्द पुल्लिंग में प्रयुक्त हुआ है और 'साप' शब्द स्त्रीलिंग में दोनों 'शाप' के ही बिगड़े हुए रूप हैं और एक ही अर्थ में प्रयुक्त हुए हैं

9 इकारांत तथा ईकारांत शब्द अधिकांश स्त्रीलिंग में ही प्रयुक्त हुए हैं।

10 उकारांत तथा ऊकारांत शब्द प्राय: सभी पुल्लिंग में प्रयुक्त हुए हैं।

आलोच्य कृति में डॉ सिंह ने लिंग विधान के अन्तर्गत लिखा है—अवधी में दो प्रकार के प्रयोग मिलते है—1 पुल्लिंग तथा 2 स्त्रीलिंग।

पदुमावति एवं श्रीरामचरितमानस में प्रयुक्त प्रत्येक प्राणि एवं प्राणिवाचक संज्ञा या तो पुल्लिंग हैं या स्त्रीलिंग। संज्ञाओं के लिंग निर्धारण में अकरांत और उकारांत और सज्ञाएँ प्राय: पुल्लिंग हैं, जबकि मानस में प्राय: इसके अन्तर्गत अकारांत और ऊकारांत संज्ञाएँ आती हैं। इकारांत तथा ईकारांत संज्ञाएँ प्राय: दोनों हैं। कृतियाँ में स्त्रीलिंग के अन्तर्गत आती हैं, किंतु अनेक स्थलों पर अपवाद भी सरलता से उपलब्ध हो जाते हैं। जैसे पदुमावति एवं मानस में प्राय: उकारांत संज्ञाओं के पुल्लिंग होने पर भी अनेक स्थलों पर ये स्त्रीलिंग रूप में उपलब्ध होते हैं। (पृ0 89-90)

वचन-विधान

अधुनिक हिन्दी की भाँति पदुमावति और मानस में भी दो ही वचन हैं—एकवचन और बहुवचन। संज्ञाओं के एकवचन और बहुवचन के रूपों में बहुत कम भेद रखा गया है। दोनों कृतियों में वचन की स्थिति इस प्रकार है—

1 अकारांत स्त्रीलिंग शब्द में प्रयोगो में बहुवचन में पदांत में 'अ' के स्थान पर 'एँ' आदेश हो जाता है। जैसे—चौकें इत्यादि।

2 किसी-किसी अकारांत पुल्लिंग शब्द के भी प्रथमा बहुवचन में पदांत के 'अ' के स्थान में 'ए' आदेश हो जाता है, जैसे 'बाजन' से 'बाजने' (बाजे वाद्य) और 'पाहुन' से पाहुने।

3 वाकारांत पुल्लिंग शब्दों के प्रथमा बहुवचन में 'वा' के हो जाता है जैसे बधाता (बधाई) से बधाएँ हो गया।

4 'रिषि' शब्द के बहुवचन में गोस्वामी जी ने प्रथमा विभाक्ति में 'रिषय' शब्द का प्रयोग किया है जो संस्कृत के 'ऋषय:' का बिगड़ा हुआ रूप है।

5 ईकारांत स्त्रीलिंग शब्दों के प्रथमा बहुवचन में पदांत के 'ई' को अनुनासिक कर दिया गया है—जैसे नदी, नारी इत्यादि।

6 जातिवाचक संज्ञा शब्दों के आगे 'निकर', 'गन', 'समुदाई' लिकाय

आदि समुदाय वाचक शब्द लगाकर बहुवचन का काम लिया गया है।

7 संज्ञा तथा विशेषण शब्दों के पीछे 'हु' प्रत्यय लगाया गया है। जैस— भाइहु (भइयो), 'सठहु' (दुष्टों) इत्यादि।

8 तृतिया एवं सप्तमी विभाक्ति के एकवचन में दोनों लिंगों के शब्दों के पीछे 'हि' अथवा 'ई' प्रत्यय जोड़ दिया गया है अथवा अंतिम वर्ण को सानुनासिक कर दिया गया है—

जैसे `मनहिं' (मन से), `सपनें' (सपने में) आदि।

9 प्रथमा को छोड़कर अन्य सभी विभक्तियों के बहुवचन में लिंगों के संज्ञा शब्दों के पीछे अकेले अथवा संबंध बोधक अव्ययों के पूर्ण 'न', 'नि', 'न्ह' अथवा 'न्हि' प्रत्यय लगाया गया है— दविजह, बालकन्हि, मातन्ह, सासुन्ह आदि।

डॉ सिंह के अनुसार, पदुमावति एवं मानस में दो वचनों का व्यवहार मिलता है— 1 एकवचन और 2 बहुवचन। सामान्त: 'न्ह' 'न्हि' अथवा न जोड़कर बहुवचन बनाया गया है। स्त्रीलिंग अकारांत मूल संज्ञा का बहुवचन बनाते समय प्राय: ए अथवा कहीं-कहीं ऐ जोड़ा गया है। कहीं-कहीं अकारांत संज्ञाओं का बहुबचन एँ जोड़कर बनाया गया है। (पृ0 92)

कारक-विधान

संस्कृत-व्याकरण के अनुसार हिन्दी में भी कर्ता, कर्म, करण, संप्रदान, अपादान और अधिकरण ये छह कारक माने गये हैं। संबंध और संबोधन को मिलाकर कुछ लोग आठ कारक मानते हैं। इन आठ कारकों के द्योतन हेतु संस्कृत में सात विभाक्तियाँ मानी गयी हैं। कर्ता और संबोधन के लिए प्रथमा, कर्म के लिए द्वितीया, करण के लिए तृतीया, संप्रदान के लिए चतुर्थी अपादान के लिए पंचमा,संबंध के लिए षष्ठी और अधिकरण के लिए सप्तमी, विभक्ति का प्रयोग होता है। संबोधन को स्वतंत्र विभक्ति मानने से आठ विभक्तियाँ हो जाती हैं।

कर्मवाच्य की क्रियाओं के साथ कर्ता के लिए और कर्म के लिए प्रथमा विभक्ति का प्रयोग होता है। अवधी में 'हि' प्रत्यय लगाने के पूर्व आकारांत

शब्दों को प्राय: अकारांत कर दिया जाता है—जैसे 'सीतहि' 'राजहि, और 'विधताहिं' आदि। तृतीया विभक्ति के एक वचन के रूप कहीं-कहीं शब्दों के अंतिम वर्ण को सानुनासिक करके कहीं शब्द के आगे 'हि' प्रत्यय लगाकर तथा कहीं-कहीं 'ते' ('अथवा ते') से, सो 'सम' 'पहिं' करि आदि प्रत्यय लगाकर बनाये जाते हैं।

पंचमी विभक्ति में भी तें सैं, सों चाहि आदि अव्ययों का प्रयोग होता है। षष्ठी विभक्ति में 'कर', 'केर', 'का', 'करि', 'केर', 'कै', 'की', 'के' आदि अव्ययों का प्रयोग होता है। संबंध तथा पुल्लिंग एकवचन होने पर 'का', 'कर', 'केर', 'को', पुंल्लिंग बहुवचन होने पर 'केर' और 'के' तथा स्त्रीलिंग होने पर दोनों बचनों में 'करि', 'के', 'के' तथा 'को' का प्रयोग होता है। जैसे—'केवट के बैन', 'रघुपति के करनी' आदि।

सप्तमी विभक्ति के एक वचन में भी तृतीया विभक्ति की भाँति अंतिमवर्ण को सानुनासिक कर दिया जाता है अथवा शब्द के आगे 'हि' प्रत्यय लगा दिया जाना है। बहुत बार 'महि', 'महँ', 'मो', माहिं','माझ', 'मझारी', 'मध्य', 'पहि', 'पाहिं', 'पर' `उपरि' आदि अव्यय लगाकर सप्तमी विभक्ति का काम लिखा जाता है।

संबोधन के बहुवचन में शब्दों के आगे 'हु' प्रत्यय लगाया जाता है—जैसे 'भाइहु' रहे भाइयों! एक वचन में कहीं-कहीं संस्कृत के अनुसार, `ए' देखने को मिलते हैं जैसे— `राजन्' `सीते' `पुत्रि', `देखे' इस समय बहुत बार संज्ञा शब्दों के पीछे कोई विभक्ति-चिह्न नहीं लगाया जाता। ऐसे स्थानों में अर्थ से ही विभक्ति का पता लगाया जाता है।

समस्त पदों में भी बीच के पदों का विभक्ति चिह्न लुप्त रहता है और गोस्वामी जी ने अपने ग्रंथों में संस्कृति की भाँति पदों का प्रचुरता के साथ प्रयोग किया है।

लेखक ने पदुमावति की संज्ञाओं में कारक संरचना के मुख्य रूप से तीन आधारों को स्वीकार किया है—

(क) प्राय: सभी कारकों में निर्विभक्तिक पद का प्रयोग।

(ख) अपभ्रंश काल में प्रयुक्त विभक्तियों का ज्यों का त्यों कुछ ध्वन्यात्मक हास के साथ प्रयोग।

(ग) अपभ्रंश के परसर्गों का प्रयुक्त होना तथा नये परसर्गों की रचना।

सामान्यत: यही स्थिति मानस के लिए भी स्वीकार की जा सकती है। सानुपातिक निर्विभक्तिक पदों का प्रयोग सर्वाधिक है तथा परसर्ग सहित पदों की संख्या सबसे कम एकवचन में `हि' तथा बहुवचन- `न्ह' विभक्ति प्राय: सभी कारको में व्यवहृत हुई है। (पृ 94)

लेखक के कुछ अन्य निष्कर्ष भी महत्वपूर्ण हैं—

(1) सामान्य रूप से कर्ता कारक के लिए पदुमावति और मानस में निर्विभक्तिक पद-मात्र का प्रयोग हुआ है, परन्तु पदुमावति में इसका आधिक्य है। जैसे—

—दीन्ह असीस मुहम्मद (पृ 131)15

—लखन कहा हँसि हमरे जाना (पृ 272)1

(2) किंतु कहीं-कहीं मानस के एक वचन कर्ता कारकीय मूलरूपों में अनुनासिकता 'हि' कारकीय विभक्ति का प्रयोग मिलता है यथा—

— कौसल्या अब काह विगारा। (अयो 49)15

(3) पदुमावति में भी ईकारांत स्त्रीलिंग संज्ञाओं के अंत्य स्वर में यत्र-तत्र अनुनासिकता की प्रवृत्ति मिलती है यथा—

पदुमावति सौ कहहिं सहेलीं। (पृ 60)4

इसमें सभी कारकीय रूपों पर प्रकाश डालते हुए अम्बा प्रसाद के भाषा रहस्य के परिशिष्ट को देखने का आग्रह है। (पृ 5)

सर्वनाम—

अँगरेजी व्याकरण के अनुसार सर्वनाम पाँच वर्गो में विभक्त किये जा सकते हैं। 1 व्यक्तिवाचक सर्वनाम 2 प्रश्नवाचक सर्वनाम 3 संबंधवाचक सर्वनाम 4 संकेत वाचक सर्वनाम 5 अन्य प्रकार के सर्वनाम। व्यक्तिवाचक सर्वनाम में तीन पुरुष होते हैं— उत्तम, मध्य एवं अन्य। उत्तम

पुरुष के सर्वनाम 'मैं' और 'हम', मध्यम पुरुष के 'तू' और तुम और अन्य पुरुष के 'सो' और ते हैं इनके एक पुल्लिंग और स्त्रीलिंग में समान होते हैं।

आलोच्यकृतियों में सर्वनाम के ये सभी रूप उपलब्ध होते हैं। लेखक ने सभी के मूल एवं विकारी रूपों को सोदाहरण स्पष्ट किया है। इस सन्दर्भ लेखक का अपना अभिमत है—

मूलरूप—

प्राय: 'मैं' प्रयोग भूतकालिक कृदन्तीय क्रिया अथवा भविष्यकालिक क्रियाओं के कर्ता के रूप में मिलता है, यथा—

—घर कैसे बैठक मैं छँ छै। (पृ 75)13

—मैं पुलिगयउँ बँधु संग लागा। (पृ 6) 4

विकारीरूप—

'मो' का प्रयोग किसी-न-किसी परसर्ग के साथ हुआ है, यथा—

—अब मो कहँ को पूछ (कि)

—अवगुन कौन नाथ मोहि मारा (कि 9)12 (पृ 110-111)

संयुक्त सर्वनाम की रचना सब, सबु, जो, कोउ, कछु आदि अनिश्चय वाचक सर्वनामों तथा अधिकांशत: विशेषण के समान रूपों के योग से हुई है। किंतु दोहरे सर्वनामों के निर्णय में दोनों रूप सर्वनाम ही हैं। (पृ 134)

विशेषण—

विशेषण के संबंध में डॉ सिंह का अभिमत है—

1 संज्ञाओं की ही भाँति विशेषण भी प्रमुखत: दोनों कृतियों में अकारांत ही मिलते हैं। आ, इ, ई, उ तथा ऊ अंत्य स्वर युक्त विशेषण भी गौणरूप में मिलते हैं। पदुमावति में इनमें से अधिकांशत: अंत्य स्वरों का स्वरूप विशेषण के विकारी रूप में उपलब्ध होता है।

2 मानस में संस्कृत प्रभाव के कारण कहीं-कहीं 'आ' के योग से भी

स्त्रलिंग रूपों की रचना हुई है—

—त्रिजटा नाम राक्षसी एका (सु 11)1

—प्राय: दोनों ग्रंथों में अन्य स्वरांत विशेषणों में लिंग आदि के भेद के कारण कोई परिवर्तन लाक्षित नहीं होता।

क्रिया—

संस्कृत में जिस प्रकार क्रियाओं के दो रूप होते हैं—

(1) तिङन्त (2) कृदंत उसी प्रकार रामचरितमानस में भी क्रियाओं के दो रूप मिलते हैं। पदुमावति में इनका प्रयोग प्राय: नहीं हुआ है।

लेखक ने विस्तार पूर्वक संस्कृत, अपभ्रंश, लोकभाषा, अरबी, फारसी के क्रियाओं द्वारा विस्तार से प्रकाश डाला है। निष्कर्ष रूप में कहा गया है—'इस प्रकार पदुमावति और मानस के क्रिया रूपों, को देखकर कहा जा सकता है कि दोनों ही रचनाएँ अवधी में किया गया है।

पदुमावति में संज्ञा पद, विशेषण आदि में जिस प्रकार से ग्राम्य अवधी का प्रयोग देखा गया है, वही स्थिति क्रिया पदों में भी हैं जबकि मानस में क्रियारूपों में भी संज्ञा-विशेषण की भाँति संस्कृत निष्ठता अधिक है।

अव्यय—

अव्यय के भावमानस सन्दर्भ में लेखक ने स्पष्टत: कहा है—

पुरुषलिंग में प्रयुक्त अव्ययों को चार भाग में विभाजित किया जा सकता है—(क) क्रिया विशेषण, (ख) संबंध वाचक (ग) समुच्चय बोधक और (घ) विस्मयादि बोधक। लेखक का यह वर्गीकरण पं कामताप्रसाद गुरु 'हिन्दी व्याकरण, पृ 58 के आधार पर किया है।

अर्थ की दृष्टि से इसके चार उपभेद किये जा सकते हैं—

(अ) स्थान वाचक (आ) काल वाचक (इ) परिणाम वाचक (ई) रीतिवाचक।

लेखक ने इन सभी भेदों के आधार पर आलोच्य कृतियों का मूल्याँकन किया है।

ग्रंथ के अन्त में मानस के विशिष्ट भाविक प्रयोग के अन्तर्गत लिंगविपर्य और अनुनासिकता का संक्षेप में विवेचन किया गया है।

पदुमावति और रामचरितमानस के आधार पर मध्यकालीन अवधी के विकास को स्पष्ट करने का एक वैज्ञानिक प्रयास करने वाला यह ग्रंथ बहुत सार्थक एवं उपयोगी प्रयास है। कन्हैया सिंह जी के इस ग्रंथ से इन दोनों महाकाव्यों के अध्ययन में सूक्ष्म एवं जटिल समस्याओं के समाधान में सहायता मिलती है।

पूर्व आचार्य एवं अध्यक्ष
56 अशोक नगर, अधारताल
जबलपुर—482004

कन्हैया सिंह और हिन्दी पाठानुसन्धान इतिहास और विकास

श्रुति

'जो रचना जितनी लोकप्रिय होती है, उसकी उतनी ही अधिक प्रतिलिपियाँ होती हैं और उनके पाठ उतने ही अधिक उलझनपूर्ण होते हैं। प्राचीन हस्तलिखित प्रतियों के आधार पर कवि के मूल पाठ का अनुसन्धान 'पाठानुसन्धान' कहलाता है या साहित्यिक क्षेत्र में 'पाठानुसन्धान' इस बात की विवेचना करता है कि `किसी साहित्यिक कृति के संदिग्ध अंश का मूल पाठ वास्तव में क्या रहा होगा।' पारिभाषिक शब्दावली में पोस्टगेट के अनुसार 'किसी रचना के मूल पाठ के स्वरूप- निर्धारण के प्रसंग में स्वीकृत, निपुण तथा विधि-विहित प्रक्रिया को 'पाठानुसन्धान' कहते हैं।'पाठ' से हमारा तात्पर्य किसी भाषा में रचित ऐसे अर्थपूर्ण ग्रन्थ से है,जो अन्वेषक को न्यूनाधिक रूप में ज्ञात है और जिसके विषय में निश्चयात्मक रूप से कुछ कहा गया हो, या कहा जा सकता हो।' ऐसे में पाठ अनुसन्धानकर्ता के समक्ष उत्पन्न होने वाली समस्याओं के निराकरण के लिए भारत में जिस काल में पाठ निर्मित होते थे, उस काल से अबतक के इतिहास को जानना अनिवार्य है। हस्तलिखित ग्रन्थों के अध्ययन से यह ज्ञात होता है कि मुद्रण-कला के आविष्कार के पूर्व भी विभिन्न स्रोतों से प्राप्त प्रतिलिपियों के आधार पर 'पाठानुसन्धान' का कार्य होता था, जो मुद्रण कला के आविष्कार के पश्चात् प्राचीन ग्रन्थों के मुद्रण के साथ-साथ चला, यद्यपि प्राचीन प्रतियों का संग्रह और उनको प्राप्त करने की कठिनाई इसमें सदा ही बाधक रही।

सुविदित है कि प्राचीन प्रतियों के समुचित संग्रह एवं सूचीकरण का प्रथम प्रयास सन् 1900 में नागरी प्रचारिणी सभा द्वारा प्रारम्भ हुआ था। बाद में अनेक संस्थाओं ने इसे आगे बढ़ाया; किन्तु अभी भी अनेक प्राचीन हस्तलिखित प्रतियाँ इन संस्थाओं के साथ-साथ निजी संग्रहालयों में सुरक्षित हैं। इसलिए विभिन्न विद्वानें द्वारा समय-समय पर 'पाठानुसन्धान' का कार्य किया जाता रहा, जिसमें कन्हैया सिंह का नाम महत्त्वपूर्ण है। उन्होंने 'पाठानुसन्धान' के इतिहास को प्रारम्भ से लेकर अबतक पाँच भागों में विभक्त किया है2 –

1 मुद्रण पूर्व- काल (1800 ई से पूर्व)

2 प्रारम्भिक मुद्रण- काल (1801 ई से 1888 ई)

3 ग्रियर्सन- काल (1888 ई से 1910 ई)

4 ग्रियर्सनोत्तर- काल (1910 ई से 1941 ई)

5 वर्तमान- काल (1942 ई के बाद)

1 मुद्रण पूर्व- काल (1800 ई से पूर्व)

मुद्रण कला के आविष्कार से पूर्व पाठ हस्तलिखित प्रतिलिपियों के माध्यम से प्रसारित-प्रचारित होता था। प्रतिलिपिकार सुन्दर अक्षरों में ग्रन्थों की प्रतिलिपियाँ तैयार करते थे। इसमें चित्रकारी एवं अलंकरण की निरपेक्ष प्रवृत्ति मिलती है। कई बार प्रतिलिपिकारों द्वारा विभिन्न प्रतियों के पाठों के विनियोग से किसी रचना का शुद्ध पाठ या मूल पाठ तैयार करने की प्रवृत्ति भी देखी जाती है। इस प्रवृत्ति को हिन्दी 'पाठानुसन्धान' का प्रारम्भ कह सकते हैं। प्राप्त पुस्तकों के आधार पर कन्हैया सिंह इस काल की कुछ प्रमुख प्रवृत्तियों की चर्चा करते हुए कहते हैं कि इस समय प्रतिलिपिकारों की सामान्य प्रवृत्ति अधिकतर पाठ प्रस्तुत करने की रही है। फलस्वरूप एक प्रति के प्रक्षेप दूसरी प्रति में आग्रह के साथ स्वीकार किये गये। इससे पाठ वृद्धि के साथ-साथ पाठ-मिश्रण भी खूब हुआ। पृथ्वीराज रासो के चार रूपान्तर - लघुतम (450 छन्द),लघु (1100 छन्द),मध्यम (3300 छन्द), बृहद् (10,500 छन्द), सम्भवत: इसी प्रवृत्ति के परिणाम हैं।

रासो के छन्दों का संकलन कई बार हुआ है, संकलनकर्ताओं में चन्द्रसिंह या चन्द्रनन्द, कवि कक्का एवं अमरसिंह के प्रयास प्रमुख हैं। राजा

अमरसिंह (संवत् 1653 वि से 1676 तक) ने कवि कक्का द्वारा सम्भवत: 1671 वि में 'पृथ्वीराज रासो' का पाठ-सम्पादन सम्पन्न कराया था। रासो की एक प्रति नेशनल गैलरी ऑफ माडर्न आर्ट, भारत सरकार के पास है। इसमें राजा रयनसी समय और विवाह समय के बीच विज्ञप्ति दी हुई है, इसी छन्द में कक्का कवि द्वारा श्रमपूर्वक पुस्तक तैयार करने की बात कही गयी है, जिसका उल्लेख कन्हैया सिंह ने अपनी पुस्तक 'हिन्दी पाठानुसन्धान' में विस्तार से किया है-

'इहि विधि संख्या गुनिय कहै कका कवि यानै
इह श्रम लेपन (लेषन) हार भेदा भेदै सो जानै।।
इन कष्ट ग्रन्थ पूरन करय मन बंझा दुख न लहय।
पालियै जतन पुस्तक पवित्र लिखि लेखक विनती करय।'3

डॉ सिंह यह भी कहते हैं कि इतने प्राचीनकाल में पाठशोध की प्रवृत्ति इस बात को सूचित करती है कि ग्रन्थों के देश भारत में 'पाठानुसन्धान' का कार्य कोई नया नहीं है। विद्यानुरागी राजाओं के संरक्षण में यह कार्य विद्वानें द्वारा सम्पन्न कराया जाता रहा है। इसी प्रकार चन्द्रसिंह ने भी 'पृथ्वीराज रासो' के पाठ का उद्धार किया था, निम्नाकिंत पंक्तियों से यह स्पष्ट है-

'रघूनाथ चरित हनुमंत कृत भाप भोज उद्धरिय जिमि।
पृथ्वीराज सुजसु कविचंद्र कृत चंद्रसिंह उद्धरिय तिमि।।'4

'रामचरितमानस' और 'पृथ्वीराज रासो' के पाठ-सम्पादन के अतिरिक्त मुद्रण पूर्व काल में पाठान्तर के उल्लेख की प्रवृत्ति भी मिलती है। रासो की प्राचीन हस्तलिखित प्रतियों में 'तथा अउर पाठान्तर' शब्दावली प्राप्त होती है। कन्हैया सिंह इसे उदाहरण से स्पष्ट करते हैं-

'सुनि वर सुन्दर उभय हुव स्वेद कंप सुरभंग।
मनु कमलिनि कल सम हरि अम्नित करन तन रंग।'

'तथा अउर पाठान्तर'

'सुनि रव प्रिय प्रिथिराज कउ उभय रोम तिन अंग।
सेद कंप सुरभंग भयउ सपत भाइ तिहि अंग।'5

इसी प्रकार 'पदुमावती' की प्राचीन प्रतियों में भी पाठान्तर का उल्लेख है। प्रतिलिपिकारों द्वारा कई प्रतियों से मूल पाठ का अनुसन्धान करते हुए छन्दों

की पुनरावृत्ति भी हुई है, 'बीसलदेव रासो' तथा 'दादूदयाल की बानियों' के एक प्राचीन सम्पादित ग्रन्थ (सं चन्द्रिकाप्रसाद त्रिपाठी) में छन्दों एवं बानियों की पुनरावृत्ति बहुतायत से हुई है।

कुछ अन्य प्रवृत्तियाँ भी प्राचीन प्रतियों में मिलती हैं, जो एक प्रकार से पाठालोचन के प्रयास को इंगित करती हैं - जिसमें प्रथम है संग्रह ग्रन्थ। विशेषकर सन्त कवियों के शिष्यों द्वारा उनकी कही हुई साखियों और पदों को संगृहीत करके लिखा गया। इसी प्रकार प्राचीन रचनाओं की प्रतियाँ तैयार करते समय सम्पादन की प्रक्रिया में रचनाओं को क्रमबद्ध करने और उनपर शीर्षक लगाने की प्रवृत्ति भी दिखती है,जैसे-'बिहारी सतसई' की उपलब्ध सभी प्रतियों को चौदह क्रमों में सजाने की प्रवृत्ति, कबीर की एक विशिष्ट शाखा की प्रतियों में अंगों के नाम से शीर्षक देने की प्रवृत्ति। जायसी के पद्मावत की प्रतियों में पाठान्तर देने की प्रवृत्ति, चतुर्भुजदास की मधुमालती, जो शुद्ध प्रेमाख्यानक काव्य है, वैष्णव सिद्धान्तों की कलई करने की प्रवृत्ति आदि भी सम्पादन के प्रयासों के अन्तर्गत ही आती है।'

2 प्रारम्भिक मुद्रण - काल (1800 ई से 1888 ई)

भारत में मुद्रण का काल उन्नीसवीं शताब्दी के प्रथम चरण में आरम्भ हुआ। आरम्भ में मुद्रण का कार्य छापाखानों में होता था। लीथो में पत्थर की पट्टी पर हाथ से अक्षर उत्कीर्ण कर लिये जाते थे तथा उन्हीं से छपायी का कार्य होता था। प्रारम्भ में अक्षर एक-दूसरे से मिलाकर लिखे जाते थे, बाद में धीरे-धीरे 'मानस' की पोथियों में चौपाई तो एक साथ लिखी जाती रही, किन्तु दोहा या अन्य छन्द अलग पंक्ति में।

आरम्भिक युग के पाठ-सम्पादकों ने इस प्रकार की लीथो मुद्रित प्रतियों को हस्तलिखित प्रतियों के रूप में प्रयुक्त किया है। इस युग के मुद्रणालयों में भारत जीवन प्रेस, काशी; चन्द्रप्रभा प्रेस, लखनऊ, खड्गविलास प्रेस, बांकीपुर (पटना); बंगवासी प्रेस, कलकत्ता; वेंकटेश्वर प्रेस, मुम्बई और बेलबेडियर प्रेस, इलाहाबाद उल्लेखनीय है। इन मुद्रणालयों का उद्देश्य व्यावसायिक था। किसी ग्रन्थ के पाठालोचन का प्रयास इन्होंने नहीं किया, साथ ही पुस्तकों के

सम्पादक का नाम भी कम ही दिया। केवल प्राप्त हस्तलिखित दुर्लभ ग्रन्थों का प्रकाशन किया। कन्हैया सिंह मानते हैं कि यह भी इनका महत्त्वपूर्ण साहित्यिक योगदान ही है; क्योंकि उस समय जब प्राचीन ग्रन्थों का दर्शन ही दुर्लभ था या पुस्तकों के अंशमात्र ही उपलब्ध थे, ऐसे में पुस्तकों को उपलब्ध कराना बड़ा कार्य था। जिन ग्रन्थों को एक ही प्रति के आधार पर प्रकाशित किया गया, उनमें कम-से-कम एक शाखा का पाठ सुरक्षित रहा, जिन ग्रन्थों के सम्पादन में एकाधिक शाखाओं की प्रतियों का उपयोग किया गया उनमें पाठ मिश्रण अधिक होने से उनकी उपयोगिता संदिग्ध है।

इस काल में मूलत: 'रामचरितमानस' एवं 'पदुमावती' का पाठालोचन और प्रकाशन हुआ। सबसे पहले शम्भुनारायण चौबे ने अत्यन्त परिश्रम से मानस की प्रतियों की जानकारी प्राप्त कर उनके आधार पर एक लेख लिखा, जो अब नागरी प्रचारिणी सभा द्वारा प्रकाशित 'मानस अनुशीलन' नामक ग्रन्थ में संकलित है। तत्पश्चात लल्लूलाल के संस्कृत यंत्रालय काशी, मुकुन्दीलाल के छापाखाना कलकत्ता और नवलकिशोर प्रेस, लखनऊ से मानस की प्रतियाँ प्रकाशित हुईं। कन्हैया सिंह ने अपनी पुस्तक 'हिन्दी पाठानुसन्धान' में दिया है कि 'मानस' का प्रथम सम्पादित संस्करण सन् 1868 में पं रामजसन मिश्र ने सम्पादित किया। 'सर्वप्रथम हस्तलेख शैली से भिन्न प्रत्येक शब्द को अलग कर, फिर शब्दों की अर्थसंगति का विचार कर तथा कई हस्तलिखित प्रतियों का मिलान कर उन्होंने 'रामचरितमानस का पाठ सम्पादित किया और इस प्रकार उन्होंने हिन्दी में पाठानुसन्धान की नींव डाली।[7]

उन्होंने 1884 में पदुमावती का भी सम्पादन किया। यद्यपि आचार्य रामचन्द्र शुक्ल और ग्रियर्सन ने उनके काम को महत्त्व नहीं दिया, क्योंकि उन्होंने ग्राम्य भाषा के शब्दों को संस्कृत उच्चारण और संस्कृत व्याकरण के ढाँचे में ढालने का प्रयास किया था, किन्तु कन्हैया सिंह का स्पष्ट मत है कि 'पं रामजसन मिश्र इस काल के सबसे मेधावी पाठानुसन्धान थे। उनके पाठों में कुछ मूलभूत दोषों के होते हुए भी वह शक्ति और प्रेरणा दिखाई देती है, जिसने आगे चलकर भागवतदास छत्री और ग्रियर्सन-जैसे पाठ-सम्पादकों को उचित दिशा प्रदान की।'[8]

3 ग्रियर्सन- काल (1888 ई से 1910 ई)

इस काल में पाठालोचन की प्रक्रिया और आगे बढ़ी। अब सम्पादन और पाठशोध की दिशा में हस्तलिखित प्रतियों के साक्ष्य पर विशेष बल दिया जाने लगा। एक नयी सोच विकसित हुई कि जिस पाठ की कोई भी प्रति उपलब्ध न हो, उसे स्वीकार न किया जाए। इस काल में रचनाओं के भाषा रूप को मूल प्रति जैसा सुरक्षित रखने पर विशेष बल दिया गया। देशज शब्दों को संस्कृत शब्दों से स्थानापन्न करने की प्रवृत्ति को अनुचित ठहराते हुए इसका त्याग किया गया। इस काल तक प्राचीन साहित्य अत्यन्त तीव्र गति से लोगों के सम्मुख मुद्रित रूप में आने लगा था। नागरी प्रचारिणी सभा, हिन्दुस्तानी एकेडमी, हिन्दी-साहित्य सम्मेलन तथा प्रयाग विश्वविद्यालय आदि संस्थाओं ने इन ग्रन्थों के पाठालोचन का विशेष प्रयास किया। व्यक्तिगत तौर पर कार्य करनेवाले इस काल के तीन प्रमुख पाठालोचक हैं-भागवतदास छत्री, अब्राहमजार्ज ग्रियर्सन एवं लाला भगवानदीन।

कन्हैया सिंह के अनुसार भागवतदास छत्री ने सर्वप्रथम हिन्दी पाठालोचन में वैज्ञानिक दृष्टि का उन्मेष किया। 'रामचरितमानस' के प्राप्त सभी प्रकाशित संस्करणों तथा महत्त्वपूर्ण हस्तलिखित प्रतियों के आधार पर उन्होंने मानस का अपना एक संस्करण 1885 ई में सरस्वती यंत्रालय, काशी से प्रकाशित कराया। उन्होंने अपने पाठ को पूर्णत: प्राचीन हस्तलिखित प्रतियों पर केन्द्रित रखा और किसी भी शब्द का सुधार बिना प्रतियों के साक्ष्य के नहीं किया। साथ ही मूल पाठ के साथ प्रामाणिकता पूर्वक उन्होंने अन्य प्रतियों का पाठान्तर भी दिया। उन्होंने मानस की विभिन्न हस्तलिखित प्रतियों में मिलनेवाले पाठों का एक तुलनात्मक पाठ भी प्रस्तुत किया। इस तरह से उनके द्वारा सम्पादित मानस का संस्करण सर्वाधिक शुद्ध और प्रामाणिक माना गया।इस पाठ को उस युग में इतनी स्वीकृति मिली कि इसी आधार पर कई मुद्रणालयों ने मानस के गुटके और बृहद् आकार के संस्करण छापे। मानस के परवर्ती पाठालोचक शम्भुनारायण चौबे ने इनकी प्रशंसा में लिखा है कि 'पाठ शुद्ध करने वालों में काशी- मुहल्ला छोटी पियरी के बाबू भागवतदास जी छत्री का नाम अग्रगण्य

है। इन्होंने बहुत बड़ा काम किया है और आज भी लोग इनकी प्रति को प्रमाण मानते हैं।'9

भागवतदास की ही तरह जिस दूसरे व्यक्ति ने पाठालोचन के क्षेत्र में महत्त्वपूर्ण कार्य किया, वह थे अब्राहमजार्ज ग्रियर्सन। ग्रियर्सन अंग्रेज थे, किन्तु भारतीय ज्ञान के प्रति जिज्ञासु होने के कारण उन्होंने भारतीय भाषाओं का अध्ययन किया और कई महत्त्वपूर्ण पुस्तकों का प्रकाशन किया। 'हिन्दी-साहित्य का इतिहास', 'भाषा सर्वेक्षण' आदि पुस्तकों का प्रकाशन तो अंग्रेजी में हुआ, किन्तु सम्पादन में भूमिकाओं को छोड़कर मूल पाठ हिन्दी में देना आवश्यक था। इसके लिए वे पं सुधाकर द्विवेदी से सहायता लेते थे। ग्रियर्सन ने सर्वप्रथम 1888 में लल्लूलाल द्वारा तैयार 'लाल चन्द्रिका' के आधार पर 'बिहारी सतसई' का सम्पादन किया, जो रायल एशियाटिक सोसाइटी ऑफ बंगाल से प्रकाशित हुई। 'लाल चन्द्रिका' बिहारी सतसई की आजमशाही क्रम की टीका है। इसे हरजू मिश्र नामक कवि ने आजमगढ़ाधीश आजमखाँ या आजमशाह के लिए तैयार की थी। कन्हैया सिंह का मानना है कि 'ग्रिर्यसन ने अपने सम्पादन की भूमिका में बिहारी और सतसई पर विस्तृत आलोचनात्मक विचार प्रस्तुत किया है, पर सतसई की प्रतियों, उसके पाठ और पाठ निर्धारण के सम्बन्ध में कुछ भी नहीं लिखा है। निश्चय ही उसकी दृष्टि बिहारी सतसई के पाठ-निर्धारण की न होकर लालचन्द्रिका के ही पाठों का परिमार्जन करके उसे शुद्ध रूप में प्रकाशित करने की रही होगी। अत: पाठशोध की दृष्टि से इस कार्य का अधिक महत्त्व नहीं है।'10

ग्रियर्सन की दूसरी पुस्तक 'मानस रामायण' है, जो मूलत: 'रामचरितमानस' पर आधारित है और 1889 में खड्गविलास प्रेस, बाँकीपुर से प्रकाशित है। यद्यपि शम्भुनारायण चौबे ने इस संस्करण की बहुत प्रशंसा की है किन्तु आज यह अनुपलब्ध है। ग्रियर्सन का तीसरा महत्त्वपूर्ण कार्य 'पदुमावती' का सम्पादन है। यह पाँच भागों में रायल एशियाटिक सोसाइटी ऑफ बंगाल से वर्ष 1896 से 1911 के मध्य प्रकाशित हुआ। ग्रियर्सन के असामयिक निधन के कारण इसके कुल 286 छन्द प्रकाशित हो पाये थे। बाद में माताप्रसाद गुप्त ने इसके 274 छन्द ही प्रामाणिक माने थे। इस कार्य में ग्रियर्सन ने पं

सुधाकर द्विवेदी की सहायता ली थी। ग्रियर्सन ने इस संस्करण में छह पृष्ठों की एक भूमिका अंग्रेजी में लिखी, जिसमें उन्होंने पाठालोचन के लिए जिन आधारभूत साधनों और सिद्धान्तों का प्रयोग किया, उनकी चर्चा की। इसमें मूलपाठ, कठिन शब्दों के अर्थ और पाठ की टीका देवनागरी में है। टीका पं सुधाकर द्विवेदी द्वारा लिखी गयी है और इसीलिए इसे 'सुधाकर-चन्द्रिका' भी कहा जाता है।

'पदुमावती' के इस सम्पादन के लिए ग्रियर्सन ने फ़ारसी लिपि की चार, देवनागरी लिपि की दो और कैथी लिपि की तीन प्रतियों का प्रयोग किया था। इनमें से कैथी लिपि की प्रतियों का पाठ बहुत ही भ्रष्ट था, अत: उनका प्रयोग केवल तुलना के लिए किया गया। फ़ारसी लिपि की एक प्रति ('इण्डिया ऑफिस लाइब्रेरी, फ़ारसी कैटलॉग नं 1975 सं 1109 हि अर्थात 1697 ई' की प्रति) को आधार मानकर ग्रियर्सन ने बाकी प्रतियों से तुलना करते हुए अपना संस्करण निर्मित किया। इसमें उनका सर्वाधिक श्रेय है-जायसी की भाषा के सुष्ठु रूप और वास्तविक निखार को उजागर करना। पं रामजसन मिश्र द्वारा ग्रामीण अवधी के स्थान पर संस्कृत शब्दों के प्रयोग से जायसी की भाषा को जो हानि हुई थी, ग्रियर्सन ने उसका यथासम्भव निराकरण करने का प्रयास किया। यद्यपि वर्षों पश्चात् माताप्रसाद गुप्त ने ग्रियर्सन के श्रम की उपेक्षा करते हुए कहा—' सम्पादन के सम्बन्ध में ग्रियर्सन ने दो सिद्धान्तों का उल्लेख किया है। एक तो यह कि उन्होंने प्राय: प्रतियों का बहुमत ग्रहण किया है और दूसरा यह कि द्वि 3 (1109 हि वाली प्रति) के पाठ को उन्होंने सामान्यत: ग्रहण किया है और उसे आधार प्रति माना है। इन दोनों सिद्धान्तों के द्वारा प्राप्त परिणामों पर विचार कर लेना चाहिए।कहने की आवश्यकता नहीं कि उनके ये दोनों सिद्धान्त वैज्ञानिक दृष्टि से ठीक नहीं थे। प्रामाणिक पाठ-निर्णय के सम्बन्ध में सम्पादन-विज्ञान के जो सिद्धान्त हैं, उनसे ग्रियर्सन अपरिचित ज्ञात होते हैं।'11 कन्हैया सिंह माताप्रसाद गुप्त के विचार से असहमति प्रकट करते हुए कहते है कि 'ग्रियसन के संस्करण का इतना अधिक ऋण उनके सम्पादन पर है कि उसे कोई भी अध्येता अस्वीकार नहीं कर सकता।'12 स्वयं माताप्रसाद गुप्त और अन्य परवर्ती पाठालोचकों पर

ग्रियर्सन का प्रभाव प्रत्यक्ष है। यह सत्य है कि उनके इन दोनों सिद्धान्तों के आधार पर वैज्ञानिक सम्पादन सम्भव नहीं, फिर भी हिन्दी पाठालोचन सदैव ग्रियर्सन के प्रयासों का ऋणी रहेगा।

4 ग्रियर्सनोत्तर- काल (1910 ई से 1941 ई)

इस काल में हिन्दी की महत्त्वपूर्ण संस्थाओं—विशेषकर नागरी प्रचारिणी सभा,काशी एवं हिन्दुस्तानी एकेडमी, इलाहाबाद तथा कुछ विद्वानें द्वारा पाठालोचन का कार्य प्रमुखता से हुआ। हिन्दुस्तानी एकेडमी ने 'बेलि किसन रुकमणी री' का सम्पादन रामसिंह एवं सूर्यकिरण पारीक से कराया तथा 1914 में नागरी प्रचारिणी सभा ने 'ढोला मारू रा दूहा' का सम्पादन रामसिंह, सूर्यकिरण पारीक एवं नरोत्तम स्वामी से करा कर प्रकाशित किया। पाठालोचकों में लाला भगवानदीन, जगन्नाथदास रत्नाकर, श्यामसुन्दर दास, रामचन्द्र शुक्ल और उमाशंकर शुक्ल आदि प्रमुख रहे। इस काल में सर्वाधिक प्रसिद्धि आचार्य रामचन्द्र शुक्ल को प्राप्त हुई, जितनी ग्रंथ सम्पादन के लिए नहीं उससे अधिक ग्रन्थों की भूमिकाओं के लिए। इनमें 'तुलसी ग्रन्थावली' तथा 'जायसी ग्रन्थावली' की भूमिकाएँ आलोचना की दृष्टि से अपना विशेष महत्त्व रखती हैं। सम्पादन के दृष्टिकोण से 'जायसी ग्रन्थावली' में 'पदुमावती' या पद्मावत का जो पूर्ण पाठ शुक्ल जी ने प्रस्तुत किया। वह निश्चय ही अबतक के पूर्ण पाठ के संस्करणों में विशिष्ट है और इसीलिए अध्ययन, अनुशीलन और शोध का आधार बनता रहा है। यद्यपि शुक्ल जी के पास 'पदुमावती' के नागरी लिपि के तीन संस्करण और कैथी लिपि की एक अत्यन्त भ्रष्ट हस्तलिखित प्रति ही थी। लाला भगवानदीन के संस्करण की उन्हें जानकारी नहीं थी। फिर भी उन्होंने जायसी की अवधी के प्रकृत स्वरूप को जिस श्रम से उजागर किया, वह प्रशंसनीय है। कन्हैया सिंह इसीलिए शुक्ल जी को जायसी के पाठ का प्रथम उद्धारक स्वीकार करते हैं।13

शुक्ल जी पर यह आरोप भी लगते हैं कि उन्होंने सम्पादन के लिए उपलब्ध मुद्रित प्रतियों को एकत्र करके उनमें से ही उपयुक्त लगनेवाले

पाठों को ले लिया और अन्य को छोड़ दिया, साथ ही पाठ के अर्थ के लिए हस्तलिखित प्रतियों का आश्रय भी नहीं ग्रहण किया,वरन् स्वेच्छा से पाठ-सुधार कर दिया और उन्होंने ग्रिर्यसन के पाठ को भी अस्वीकृत किया। परन्तु कन्हैया सिंह का कहना है कि इससे शुक्ल जी का महत्त्व कम नहीं होता, साथ ही उन्होंने यह पाठ छात्रों की आवश्यकता को ध्यान में रखकर बड़ी जल्दी में तैयार किया था, जिसे उन्होंने अपने वक्तव्य में स्वीकार किया है और ग्रिर्यसन के पाठ की उपेक्षा करने के कारण शुक्ल जी की बहुत आलोचना भी हुई है।14

लाला भगवानदीन इस युग के एक प्रमुख पाठालोचक थे, जिन्होंने अपने द्वारा सम्पादित पाठ के साथ उसकी टीका भी प्रस्तुत की। वास्तव में दीन जी भाषा के प्राचीन रूपों के ज्ञाता, एक सहृदय समालोचक और भावुक कवि थे। उन्होंने प्रथमत: टीका ही प्रस्तुत करनी चाही थी, किन्तु टीका करने के लिए उपयुक्त अर्थ हेतु उपयुक्त पाठ का होना आवश्यक है, अत: दीन जी को उन रचनाओं का पाठालोचन करना पड़ा। कन्हैया सिंह का मत है कि दीन जी मूलत: समालोचक थे, पाठालोचक नहीं, इसलिए यद्यपि उन्होंने जायसी की 'पदुमावती' का सम्पादन किया, लेकिन यह केवल तृतीयाँश तक ही हो सका। इसका प्रकाशन हिन्दी-साहित्य सम्मेलन, प्रयाग द्वारा 1924 ई में हुआ। फिर भी सिंह लाला भगवानदीन के पाठ को अनेक दृष्टियों से महत्त्वपूर्ण मानते हैं-

1 उन्होंने अपने पाठ का नाम 'पदुमावती' रखा, जो प्राचीन हस्तलिखित प्रतियों द्वारा प्रमाणित है, जबकि ग्रियर्सन के पूर्व और बाद के सम्पादकों ने 'पद्मावत' नाम रखा था।

2 उनके द्वारा सम्पादित पाठ में जायसी की भाषा का ठेठपन और उसका अर्थगांभीर्य पूर्णत: सुरक्षित है।

3 'पदुमावती' के अंग्रेजी टीकाकार ए जी शिरेफ ने दीन जी के संस्करण की प्रशंसा करते हुए उसे कहीं-कहीं ग्रियर्सन के पाठ से भी श्रेष्ठ कहा है, जबकि दीन जी द्वारा सम्पादित संस्करण प्राय: ग्रियर्सन की परम्परा में ही निर्मित हुआ है।

कालान्तर में उन्होंने 'बिहारी बोधिनी' नाम से 'बिहारी सतसई' का, 'केशव- कौमुदी' नाम से केशव की रचनाओं का और 'रहिमन-शतक' का भी सम्पादन किया।

रत्नाकर जी का नाम 'बिहारी सतसई' के सम्पादन के लिए प्रसिद्ध है। उन्होंने अनेक हस्तलिखित प्रतियों के आधार पर सम्पादन करते हुए पाठालोचन की समस्याओं जैसे प्रक्षेप, छन्दों का क्रम, रचनाकार की सम्भावित भाषा आदि पर विस्तार से कार्य किया। रत्नाकर जी ने 'सूरसागर' का सम्पादन भी शुरू किया था किन्तु असमय मृत्यु के कारण वे इसे पूरा न कर सके और इसे नन्ददुलारे वाजपेयी ने पूरा किया। तत्पश्चात श्यामसुन्दर दास ने पृथ्वीराज रासो, छत्रप्रकाश, वनिता विनोद, दीनदयाल ग्रन्थावली, रामचरितमानस, परमाल रासो, कबीर ग्रन्थावली, सतसई सप्तक तथा संक्षिप्त पद्मावत का सम्पादन किया। पाठालोचन की दृष्टि से 'पृथ्वीराज रासो' उनका सर्वाधिक महत्त्वपूर्ण कार्य है। इसमें पाठालोचन की वैज्ञानिक पद्धति के समस्त सिद्धान्तों का पालन करने का प्रयास किया गया है। यद्यपि रासो का यह संस्करण उसके बृहद् पाठ पर आधारित है, जो आज अप्रामाणिक माना जाता है; किन्तु उस समय प्राप्त प्रतियों के आधार पर श्यामसुन्दर दास का यह प्रयास श्लाघ्य है।

इनके अतिरिक्त रामकुमार वर्मा द्वारा 'कबीर ग्रन्थावली' का पाठालोचन एवं पं उमाशंकर शुक्ल द्वारा सेनापति के 'कवित्त रत्नाकर' का, नन्ददास के ग्रन्थों का पाठालोचन भी इसी काल में हुआ। पं विश्वप्रसाद मिश्र ने शुरुआत तो इसी काल में की किन्तु उनके श्रेष्ठ कार्य अगले काल में सामने आये।

5 वर्तमान- काल (1942 ई के बाद)

हिन्दी अनुशीलन, वर्ष 1, अंक 3 (1942 ई) में प्रकाशित माताप्रसाद गुप्त के एक लेख से हिन्दी पाठानुसन्धान के क्षेत्र में आधुनिक काल का आरम्भ माना जाता है। इसमें उन्होंने बनारसीदास-कृत 'अर्द्धकथा' की प्रतियों के आधार पर सम्पादन विधियों को प्रस्तुत किया है। हिन्दी-पाठानुसन्धान का आधुनिक काल वस्तुतः आचार्य विश्वप्रसाद मिश्र और माताप्रसाद गुप्त

के सम्पादनों का इतिहास है। कन्हैया सिंह भी रत्नाकर और पं शम्भुनारायण चौबे के सम्पादनों—क्रमश: 'बिहारी सतसई' और 'श्री रामचरित मानस' से आधुनिक युग की शुरुआत मानते हुए, सम्पादन की वैज्ञानिक विधि का प्रारम्भ माताप्रसाद गुप्त से ही मानते हैं।

माताप्रसाद गुप्त ने अपने पाठ-सम्पादनों में पाण्डुलिपियों का तुलनात्मक मिलान किया, नवीन पाठ की तुलना में प्राचीन पाठ को वरीयता दी और सरल पाठ की अपेक्षा जटिल पाठ का निर्धारण किया। उनके पाठ अन्तरंग एवं बहिरंग पाठ की दृष्टि से उपयुक्त हैं। उन्होंने पाठालोचन के सभी विभागों का अध्ययन करते हुए सम्पाद्य ग्रन्थों की मूल तथा सहायक सामग्री दोनों का संकलन और परीक्षण किया। 'पृथ्वीराज रासउ' के अपने पाठ-सम्पादनों में उन्होंने तर्क और प्रमाण दोनों का प्रयोग किया। उदाहरण के लिए 'पृथ्वीराज रासउ' के सम्पादन को लिया जा सकता है। 'पृथ्वीराज रासउ' एक विकसनशील काव्य रहा है, जिसमें निरन्तर क्षेपक जुड़ते रहे। पूर्व में अनेक विद्वानें के प्रयास के बाद भी उसके मूल स्वरूप को प्राप्त करना सहज नहीं रहा। कन्हैया सिंह ने, डॉ गुप्त द्वारा 'पृथ्वीराज रासउ' के सम्पादन में 'उक्ति श्रृंखला' का उपसिद्धान्त के रूप में प्रयोग, महत्त्वपूर्ण बताया। इस माध्यम से डॉ गुप्त ने 'पृथ्वीराज रासउ' के लघुतम संस्करण को प्रामाणिक माना। यह उक्ति श्रृंखला कुण्डलिया छन्द की तरह चलती है-

'रही न रानी कैकई, अमर भई यह बात।
कौन पुरबले पाप ते, बन पठयो जग तात।
बन पठयो जग तात, कन्त सुरलोक सिधारयो।'15

तत्पश्चात् डॉ गुप्त ने 'रामचरितमानस' के सम्पादन में भी एक विशिष्ट तथ्य का अनुसन्धान किया कि सम्भवत: तुलसीदास ने अपने जीवनकाल में मानस के चार संस्करण तैयार किये थे, जिनमें उत्तरोत्तर संशोधन स्वयं उन्होंने ही किये, उदाहरणस्वरूप मानस के एक संस्करण में एक पाठ है-'गयउ सुद्ध कहि उलटा जापू।' बाद के संस्करण में उन्हें पाठान्तर मिला-'गयउ सुद्ध करि उलटा जापू।'

डॉ गुप्त द्वारा सम्पादित एक अन्य महत्त्वपूर्ण ग्रन्थ है- 'जायसी ग्रन्थावली'। डॉ गुप्त को इस रचना की कई प्रतियाँ प्राप्त हुई थीं, जिनमें से कुछ नागरी लिपि में थीं और कुछ अरबी-फारसी लिपि में। डॉ गुप्त ने इन सभी प्रतियों का विस्तृत विवेचन कर 'जायसी ग्रन्थावली' का पाठ-सम्पादन किया। विशेष रूप से उन्होंने 'पदुमावति' पाठ के शब्द-रूपों और भाषा रूपों को अबतक के सम्पादनों में सर्वाधिक शुद्ध रूप में प्रस्तुत करने में सफलता हासिल की। उन्होंने आचार्य शुक्ल के संस्करण के 43 छन्दों को प्रक्षिप्त सिद्ध करके उन्हें मूल पाठ से अलग किया। यद्यपि कालान्तर में आचार्य शुक्ल के शिष्य पं0 चन्द्रबली पाण्डे और डॉ गुप्त के शिष्य श्री गायत्रीप्रसाद और भोलानाथ तिवारी के मध्य 'पदुमावति' के इस पाठ को लेकर लम्बा विवाद चला, लेकिन इससे 'जायसी ग्रन्थावली' का महत्त्व कम नहीं होता।

कन्हैया सिंह ने, 'पदुमावति' की प्राप्त कुछ नयी प्रतियों, जिनमें 'भगवतीप्रसाद सिंह के संग्रह में संगृहीत प्रतियाँ, मनेर शरीफ की प्रति के पाठ और डॉ गुप्त के पाठान्तरों के आधार पर नया पाठ प्रस्तुत किया। उन्होंने कई सौ शब्दों के मूल पाठ के संधान के साथ परसर्गों और क्रियारूपों के उच्चारण हेतु वर्तनी भी अवधी की मूल प्रकृति और हस्तलेखों के साक्ष्य पर रखी। गुप्त संस्करण के मूल ढांचे को स्वीकार करते हुए इस सम्पादन में जायसी की इस कालजयी रचना का सर्वाधिक मूल पाठ प्रस्तुत किया गया है।'16

डॉ गुप्त आजीवन ग्रन्थों के सम्पादन में संलग्न रहे, उन्होंने करीब सोलह ग्रन्थों का सम्पादन किया- रामचरितमानस, जायसी ग्रन्थावली, बीसलदेव रासो, छिताईवार्ता, लोर कहा, मधुमालती (मंझन), पृथ्वीराज रासउ, राउरबेल और उसकी भाषा, पद्मावत, मधुमालती (चतुर्भुजदास), जिणदत्त-चरित, वसन्त-विलास और उसकी भाषा, कुतुब-शतक और उसकी हिन्दुई, चांदायन (दाऊद), मृगावती (कुतुबन) और कबीर ग्रन्थावली। उन्होंने न केवल हिन्दी के आदिकाल और मध्यकाल के ग्रन्थों का वैज्ञानिक सम्पादन किया, वरन् पाठालोचन के क्षेत्र में अपनी एक शिष्य-परम्परा भी तैयार कर ली। जिनमें पारसनाथ तिवारी, पं उमाशंकर शुक्ल, मिथिलेश कान्ति और विमलेश कान्ति प्रमुख हैं।

इस काल के दूसरे प्रमुख पाठालोचक काव्यशास्त्र के मर्मज्ञ आचार्य विश्वप्रसाद मिश्र थे। उन्होंने मुख्य रूप से रीतिकालीन रचनाओं का पाठ-सम्पादन किया। आचार्य मिश्र ने विभिन्न प्रतियों के तुलनात्मक मिलान द्वारा इन ग्रन्थों का पाठ निर्धारण किया और पाठचयन में अर्थानुसंगति को विशेष महत्त्व दिया। उन्होंने अपने सम्पादन कार्य में साहित्यिक पद्धति का उपयोग किया। उनका मानना था कि साहित्यिक ग्रन्थों के लिए साहित्यिक पद्धति ही उचित है। वे पाठालोचन की वैज्ञानिक पद्धति को अचेतन पद्धति मानते हुए उसे महत्त्व नहीं देते थे। कन्हैया सिंह के अनुसार आचार्य मिश्र ने पाठालोचन में प्रतियों का वंशवृक्ष निर्माण, शाखा निर्धारण आदि तो नहीं किया, किन्तु प्राचीनतम पाठ, जटिल पाठ, संगत पाठ और काव्यशास्त्र की दृष्टि से उपयुक्त पाठ स्वीकार किया है। वस्तुत: रीतिकालीन अधिकांश साहित्य लक्षण ग्रन्थों के रूप में हैं और मिश्र जी के काव्यशास्त्र और ब्रजभाषा के अच्छे ज्ञाता होने के कारण, उनके द्वारा किया गया पाठ-सम्पादन मूल के निकट है।

आचार्य मिश्र की विशेष ख्याति 'रामचरितमानस' के सम्पादन से है, जो 'काशिराज संस्करण' के नाम से प्रसिद्ध है। उन्होंने इसके सम्पादन में साहित्यिक और वैज्ञानिक दोनों पद्धतियों का प्रयोग किया है और इसे गीता प्रेस संस्करण तथा माताप्रसाद गुप्त के संस्करण के कुछ पाठों की विषयानुसंगति के आधार पर संशोधित किया है। कन्हैया सिंह का मत है कि 'डॉ गुप्त के संस्करण के 12 वर्ष पश्चात् मिश्र जी द्वारा प्रस्तुत इस सम्पादन में 'मानस' का पाठ कहीं-कहीं अत्यन्त उत्कृष्टता के साथ प्रस्तुत हुआ है।'17 इन दोनों संस्करणों में एक पाठ इस प्रकार मिलता है-'चले मत्त गज घण्ट विराजी। मनहुं सुभग सावन घनराजी।।'

आचार्य मिश्र ने 'घण्ट' शब्द के लिए 'विराजी' क्रिया व्याकरण की दृष्टि से त्रुटिपूर्ण बतायी है। उनके अनुसार 'घण्ट' शब्द पुल्लिंग है, तो क्रिया भी पुल्लिंग होनी चाहिए। उन्होंने इसके समाधान के लिए प्रयास किया। आचार्य मिश्र को सं 1691 की श्रावण कुज अयोध्या वाली प्रति में 'घय' पाठान्तर मिला। उन्होंने यह अनुमान किया कि लेखन विकृति के कारण 'घटा' का' घय' हो गया है। अत: 'घटा' पाठ शुद्ध और प्रसंगानुकूल है। यह पाठ मिश्र जी

ने लेखानुसंगति एवं विषयानुसंगति के माध्यम से प्राप्त किया, जो इस प्रकार है- 'चले मत्त गज घटा विराजी। मनहुं सुभग सावन घनराजी।।'

कन्हैया सिंह का मानना है कि मिश्र जी ने इस प्रकार मानस के मूल स्रोतों एवं हस्तलिखित प्रतियों के अध्ययन द्वारा अनेक स्थलों पर उपयुक्त और संगत पाठ किये हैं- 'बहुदाम संवारहिं धाम जती। विषया हरि लीन्ह न रहि बिरती।।' आचार्य मिश्र ने 'न रहि' पाठ को अवध की प्रकृति से असंगत माना है, इसलिए उन्होंने पाठ प्रस्तुत किया- 'बहुदाम संवारहिं धाम जती। विषया हरि लीन्ह रही बिरती।।' अवधी में था, थी, थे सहायक क्रिया के लिए रहा, रही, रहे सहायक क्रिया प्रयुक्त होती है। यहाँ 'रही' क्रिया 'थी' के लिए प्रयुक्त हुई है। मिश्र जी द्वारा सम्पादित ग्रन्थ इस प्रकार हैं- भूषण (ग्रन्थावली), चिन्तामणि (दो भाग), घनानन्द ग्रन्थावली, रसखानि, केशव ग्रन्थावली खं 1, केशव ग्रन्थावली खं 2, केशव ग्रन्थावली खं 3, भिखारीदास ग्रन्थावली खं 1, भिखारीदास ग्रन्थावली खं 2, भाषाभूषण (जसवन्तसिंह), पद्माकर ग्रन्थावली, रामचरितमानस, जसवन्तसिंह ग्रन्थावली, ठाकुर, नरोत्तम, बोधा ग्रन्थावली, ग्वाल ग्रन्थावली, देव ग्रन्थावली।

आधुनिक युग में अनेक विद्वान् पाठालोचन के क्षेत्र में कार्य कर रहे हैं, जिनमें रामगोपाल शर्मा 'दिनेश', शिवप्रसाद सिंह, पारसनाथ तिवारी, सियाराम तिवारी, कन्हैया सिंह, हरिमोहन मालवीय आदि प्रमुख हैं।यद्यपि आज पाठालोचन के महत्त्व को समझनेवाले लोग कम होते जा रहे हैं,किन्तु यह भी सच है कि शुद्ध और प्रामाणिक पाठ की तलाश पाठालोचन से ही पूर्ण होगी। अत: पाठालोचन के क्षेत्र में और विद्वान् तथा मेहनती लोगों के आने की आवश्यकता है तभी कुछ अन्य ग्रन्थों के पाठ-सुधार के पश्चात् पाठालोचन का नया इतिहास लिखा जा सकेगा।

सन्दर्भ

1 डॉ कात्रे एसएम- भारतीय पाठालोचन की भूमिका (1971), मध्यप्रदेश हिन्दी ग्रन्थ अकादमी, भोपाल, पृसं 1

2 डॉ सिंह कन्हैया-पाठ-सम्पादन के सिद्धान्त (2008), लोकभारती प्रकाशन, इलाहाबाद, पृसं 145

3 डॉ सिंह कन्हैया-हिन्दी पाठानुसन्धान (2011,द्वितीय संस्करण), लोकभारती प्रकाशन, इलाहाबाद, पृसं 16

4 वही , पृसं 18

5 वही , पृसं 18

6 डॉ सिंह कन्हैया-पाठ-सम्पादन के सिद्धान्त (2008), लोकभारती प्रकाशन, इलाहाबाद, पृसं 147

7 वही , पृसं 30

8 वही , पृसं 35

9 वही , पृसं 40

10 वही , पृसं 42

11 वही , पृसं 47

12 वही , पृसं 47

13 वही , पृसं 61

14 वही , पृसं 62-63

15 डॉ सिंह कन्हैया- हिन्दी पाठानुसन्धान (2011द्वितीय संस्करण), पृसं 74

16 वही , पृसं 108-109

17 वही , पृसं 130

आचार्य, लखनऊ विश्वविद्यालय,
लखनऊ

लोकधर्मी रचनाकार कन्हैया सिंह

गया सिंह

यह कहने की कोई आवश्यकता नहीं कि कन्हैया सिंह जैसे प्रतिभाशाली रचनाधर्मी व्यक्ति के बारे में कुछ भी लिखने से पहले बहुत सोच- समझकर कलम उठाने की जरूरत हुआ करती है। निश्वय ही किसी ऐसी वैचारिक श्रृंखला के साथ उन्हें जोड़ देने की कोशिश करना—जो जाहिर तौर पर सर्वज्ञात है - उन्हें संकुचित दायरे में घसीटने की क्षुद्र कोशिश होगी। ऐसा कर कन्हैया सिंह जैसे लोकधर्मी रचनाकर के साथ न्याय करला कतई सम्भव नहीं। वैसे भी ऐसे किसी व्यक्तित्व को ध्यान में रखकर ही करना सर्वथा न्यायोचित होगा।

अब अपने कथन के आलोक में हमें उनके छात्र-जीवन में झाँकना उचित मालूम हो रहा हैं। निश्चय ही कन्हैया सिंह के रचनाधर्मी व्यक्तित्व का क्रमिक विकास इनके जीवन को वैविध्यपूर्ण विपुलता के साथ लोक के समझ रखने में सक्षम प्रतित होता है। जाहिर है इस सोच के साथ आगे बढ़ने में हमें उनका जीवन विविध रंगों और खुशबुओं के साथ परिपूरित नजर आने लगता है।

कहा जा सकता है कि कन्हैया सिंह के जीवन में अध्ययन-काल के दौरान ही एक संघर्षपूर्ण यात्रा का प्रारम्भ हो जाता है। निश्चय ही इस संघर्षपूर्ण जीवन को सुव्यवरिथत दिशा देने की पुरजोर कोशिश में इनके अन्त: करण की छटपटाहट बखूबी देखी देखी जा सकती है। ऐसा लगता है कि छात्र-जीवन से ही ये व्यवस्था में आमूलचूल परिवर्तन के प्रबल पक्षधर रहे हैं। यह भी कहना चाहिये कि जड़ता को ध्वस्त कर परिवर्तन की

चाहत रखने वाला व्यक्ति ही घिसी-पिटी, सड़ी-गली, जर्जर और कलुषित व्यवस्था को परिवर्तित करने का सच्चा हिमायती हुआ करता है। यह एक सच्चाई है कि चिरनवीन व्यवस्थाओं का सुव्यवस्थित और संस्कारित होना ही लोककल्याणकारी समाज की मजबूत आधारशिला हुआ करती है। निश्चय ही इन्ही संदर्भो का ध्यान में रखते हुए आचार्य हजारीप्रसाद द्विवेदी ने भी एक अति महत्वपूर्ण टिप्पणी की है। उन्होंने एक स्थान पर स्पष्ट शब्दों में लिखा है

''अगर निरन्तर व्यवस्थाओं का संस्कार और परिमार्जन न होता रहे, तो एक दिन व्यवस्थाएँ तो टूटेंगी ही-अपने साथ धर्म को भी तोड़ देंगी।'' यहाँ धर्म के टूटने की कसक आचार्य द्विवेदी के अन्दर भी देखी जा सकती है। आचार्य द्विवेदी के अनुसार धर्म वह है-जो व्यक्ति और समाज को धारणा की शक्ति प्रदान करता है—जिससे हर कोई संचालित होता है।

प्रकारान्तर से यह कहा जा सकता है कि कन्हैया सिंह ने अपने जीवन के प्रभातकाल से ही अपनी पोख्ती अवधारणा के साथ आचार्य द्विवेदी के इस कथन को निजी जीवन-शैली द्वारा अक्षरशः सत्यापित करने का भरपूर प्रयास किया था। निश्चय ही इस सत्य को नजरअन्दज नहीं किया जा सकता कि छात्र-जीवन में ही इन्होंने स्वयं में लोकसत्ता का प्रतिनिधित्व करने की नेतृत्वकारी क्षमता विकसित करना प्ररम्भ कर दिया था। यही कारण है कि 'आजमगढ़ के शिवली नेशनल कालेज'' जैसी विकट और दुर्धर्ष जमीन पर भी सम्पूर्ण प्रतिकूलताओं के बावजूद पाँव जमाना इन्होंने आवश्यक समझा। इसी क्रम में इन्होंने छात्रसंघ के अध्यक्ष पद पर अपनी जीत मुकर्रर की। कहने की आवश्यकता नहीं की ''शिवली नेशनल कालेज' के इतिहास,संस्कृति, दर्शन और परम्परा को जानते-समझते हुए कन्हैया सिंह के पैर नहीं डगमगाए और धारा के प्रतिकूल चलकर इन्होंने एक नये इतिहास, संस्कृति, दर्शन और परम्परा का बीजारोपण किया। जाहिर है इस सच्चाई को आज हर कोई स्वीकार करता है कि अपनी अटूट वैचारिक प्रतिबद्धता को आत्मसात करते हुए कन्हैया सिंह का स्वसंकल्प इनको छात्र-जीवन में ही न केवल विजय श्री दिलवाता है- बल्कि इनके जीवन-लक्ष्यों को भी विशद इस्पाती जज्बातों से भर देता है। निश्चय ही यही से कन्हैया सिंह का लोकधर्मी जीवन प्रारम्भ

हो जाता है। फिलहाल छात्र नेतृत्व की लोकप्रियता का प्रभाव धीरे-धीरे आजमगढ़ की सरजमीं पर बढ़ता चला जाता है। आजमगढ़ की सम्मानित जनता ने अपनी खुली और नंगी आँखों से देखा कि किस प्रकार एक युवक 'शिबली नेशनल कालेज' के जड़वादी एवं प्रतिकूल परिवेश को ध्वस्त करते हुए शैक्षणिक ढांचे को एक स्वस्थ तथा लोकोपयोगी वातावरण देने की जीतोड़ कोशिश कर रहा है। यही कारण है कि आजमगढ़ की सचेष्ट एवं कर्मठ जनता ने अपने शिव-संकल्प के द्वारा कन्हैया सिंह को एक और अवसर मुहैया करना कबूला किया। यह एक सच्चाई है कि पैंतीस-छत्तीस वर्ष के इस नौजवान में आजमगढ़ शहर की जनता को अपना स्पष्टतः भविष्य दिखलाई देना सम्भवतः प्रारम्भ हो चुका था। निश्चय ही इस जागरुक और सचेतन युवक की आँखों में आजमगढ़ शहर के विकास का सपना तैर रहा होगा। इसी बीज 'आजमगढ़ नगर पालिका के अध्यक्ष का चुनाव प्रस्तावित हो गया। आजमगढ़ शहर की जनता ने कन्हैया सिंह को अपने कंधों पर बिठाकर निर्विरोध रूप से इन्हें अध्यक्ष' के आसन तक पहुँचा दिया। इस प्रकार जाहिर है कि 1971-1975 तक कन्हैया सिंह आजमगढ़ के प्रथम नागरिक के रूप में 'नगर पालिका अध्यक्ष' की कुर्सी पर बने रहे।

कहने की आवश्यकता नहीं कि कन्हैया सिंह के अल्हड़ और फक्कड़ युवा-मानस पर महापण्डित राहुल सांकृत्यायन का गहरा प्रभाव अवश्य रहा होगा- जो आजमगढ़ की सरजमीं पर ही पैदा हुए थे। यही कारण है कि 'आजमगढ़ नगरपालिका का अध्यक्ष रहते हुए ही इन्होंने स्थानीय जनता की जुबान पर महापण्डित राहुल सांकृत्यायन का नाम लाने के क्रम में ही इनके नाम पर शहर की एक सम्भ्रान्त कालोनी का निर्माण करवाने का संकल्प लिया रहा होगा। कहा जा सकता है कि कन्हैया सिंह के प्रयास का ही प्रतिफल रहा होगा कि आगें चलकर 'राहुल नगर' नाम से एक पॉस (सम्भ्रान्त) कालोनी का निर्माण पूरा किया गया- लगभग सभी पढ़े-लिखे बौद्धिक वर्ग का आश्रयस्थल निर्मित हुआ। इस लिए कन्हैया सिंह का आश्रयस्थल भी इसी 'राहुल नगर' में बनाया गया। निश्चय ही यह महत्वपूर्ण कार्य जनता की इच्छा के अनुसार आजमगढ़ शहर को विकसित करने के क्रम में ही किया गया।

जाहिर है कन्हैया सिंह अपनी ईमानदारी, कर्मठता इनकी अवस्था का कोई व्यक्ति इतना सम्मान भला कैसे पा सकता है। ये सारी बातें यों ही नहीं होती चली गयी होंगी—इसके पीछे जनता की चाहत और कन्हैया सिंह का अथक परिश्रम एवं प्रयास भी तो रहा होगा। वैसे भी महापण्डित राहुल सांकृत्यायन का नाम विश्वस्तरीय तो है ही—इसीलिये इसके कार्य सम्पादन में हम सबको कन्हैया सिंह का ऋणी होना ही चाहिये।

इस सच्चाई को भी नजरअंदाज नहीं किया जा सकता कि आगे चलकर कन्हैया सिंह की यात्रा 'राहुल नगर' तक ही सीमित नहीं रह जाती—बल्कि महापण्डित राहुल सांकृत्यायन की साहित्यिक यात्रा के साथ-साथ इनकी भी रचनाधर्मी यात्रा का प्रारम्भ हो जाता है। इन्होंने महापण्डित राहुल सांकृत्यायन को केन्द्र में रखकर दो-दो आलोचनात्मक पुस्तकें तैयार की। इनकी पहली पुस्तक 'राहुल सांकृत्यायन' नाम से प्रकाशित हुई। इस पुस्तक में 'राहुल जी' के संक्षिप्त परिचय के साथ उनके कृती-व्यक्तित्व के विषय में भरपूर इशारा किया गया है। कन्हैया सिंह की इस पुस्तक को देखने मात्र से ही यह पता चल जाता है कि इन्होंने राहुल जी का अध्ययन बेहद गम्भीरतापूर्वक किया है। जाहिर है कन्हैया सिंह की साहित्यिक यात्रा यहीं तक नहीं ठहर जाती-बल्कि राहुल जी को गहराई से जानने, समझने और प्रस्तुत करने के क्रम में ही इन्होंने पुन: दूसरी पुस्तक हिन्दी जगत के समक्ष प्रस्तुत की—जिसका नाम ''राहुल सांकृत्यायन : समग्र अनुशीन'' है। नि:संकोच कहा जा सकता है कि यह पुस्तक राहुल जी पर लिखी गयी अनेकानेक रचनाकारों की पुस्तकों के बीच 'मील पत्थर' की तरह आज भी मौजूद है। निश्चय ही इस पुस्तक में पूरी समग्रता के साथ राहुल जी के जीवनक्रम और रचनात्मक व्यक्तित्व को प्रस्तुत करने का उत्तम प्रयास किया गया है। इस प्रकार यह सच्चाई है कि कन्हैया जी का कोई भी पक्ष अछूता नहीं रह गया है।

बहरहाल इसी क्रम में यह कहना भी अप्रासंगिक नहीं होगा कि जिस समय देश में 'आपातकाल' घोषित किया गया था—उस समय 'जय प्रकाश नारायण' सहित बड़े-बड़े नेताओं को जेल के अन्दर डाल दिया गया था। उसी समय `नागार्जुन' जैसे रचनाकार भी जेल के अन्दर पहुँचा दिये गये थे।

कहना न होगा—लोकधर्मी कन्हैया सिंह को भी जेल की यात्रा करनी पड़ गयी थी! निश्चय ही इस समय तक कन्हैया सिंह के व्यक्तित्व के साथ दोनों बातें जुड़ चुकी थी। वह जन नेता के रूप में तो प्रसिद्धि प्राप्त कर ही रहे थे—एक रचनाधर्मी व्यक्तित्व के रूप में भी उनकी पहचान कायम हो चुकी थी। जाहिर है जेल में दस्तक देने के पश्चात इन्होंने बड़ी गम्भीरतापूर्वक जेल की व्यवस्थाओं का अवलोकन करना शुरू किया। यह एक सच्चाई है कि जेल की दुर्व्यवस्थाओं का भी उन्होंने बड़ी सूक्ष्मता के साथ अध्ययन किया। निश्चय ही जेल के अन्दर सजायाफ्ता या सामान्य कैदियों की दुर्दशा का तो वैसे भी कोई पुरसाहाल नहीं ही था—बड़े-बड़े नेताओं और साहित्यकारों की भी लगभग स्थिति वही थी—जिसे किसी भी रूप में सही नहीं ठहराया जा सकता था। जाहिर है लोकतन्त्र सेनानियों की इसी दयनीय अवस्था से कन्हैया सिंह बहुत आहत हुए। उन्होंने शीघ्रतिशीघ्र जेल से छुटकारा पाकर मन ही मन 'कलम के सिपाही' की शक्ल में जनता को जागरूक करने का संकल्प लिया। इसी क्रम में आगे चलकर पूरी तरह वह रचनाधर्मी व्यक्तित्व के रूप में अपनी पहचान कायम करने में तल्लीन हो गये। लगभग उन्हें राजनीति से नफरत ही हो गयी। आगे चलकर अपने जेल के अनुभवों के आधार पर उन्होंने एक पुस्तक लिखी-जिसका नाम है — `अंधेरे के अध्याय'।

प्रकारान्तर से कहा जा सकता है कि जेल के कटु अनुभवों ने कन्हैया सिंह की समाज सेवा का रूप ही परिवर्तित कर दिया। इन्होंने जो समाज सेवा राजनीति के माध्यम से करनी चाही थी लगभग उसका त्याग कर दिया। इसीलिये राष्ट्र और समाज की सेवा इन्होंने साहित्य के माध्यम से करने का संकल्प ले लिया। यही कारण है कि जेल की चहारदीवारी से बाहर आते ही कन्हैया सिंह ने अपने विपुल और कटु अनुभवों को लिपिबद्ध करने का कार्य प्रारम्भ कर दिया। वैसे जेल जाने ओर जेल से मुक्त होने के क्रम में इनकी सोच को न समझने वाले कुछ अनुभवहीन अधकचरे लोगों ने नासमझी का भी परिचय दिया-मगर इन सब बातों को दरकिनार रखत्ो हुए लोकधर्मी डॉ सिंह अपने लक्ष्य की ओर अग्रसर होते रहे। अपने जेल के अनुभवों को लिपिबद्ध करने के पश्चात् प्रकाशित होने वाली पुस्तक के 'शीषर्क' का भी चुनाव

इन्होंने ऐसा किया कि मात्र 'शीर्षक' ही देखकर कोई भी पाठक लेखक की मूल मंशा से अवगत हो जायेगा। क्या खूब, 'शीर्षक' है पुस्तक का 'अंधेरे के अध्याय'। आज भी जेल के अन्दर संचालित होने वाली दुरभिसन्धि इसकी गवाह हैं। निश्चय ही 'अंधेरे के अध्याय' क्रमश: बढ़ते ही चले जा रहे हैं। आज कन्हैया सिंह की तरह कोई उन अध्यायों को देखने, पढ़ने और परखने वाला हो तो बहुत सारे काले दस्तावेज जनता के सामने लाये जा सकते हैं तभी जाकर जनता के साथ न्याय किया जा सकता है।

आज नि:संकोच कहा जा सकता है कि महापण्डित राहुल सांकृत्यायन की यायावरी प्रवृत्ति युवावस्था से ही कन्हैया सिंह के व्यक्तित्व का हिस्सा बन चुकी थी। यही कारण है कि आजमगढ़ जिला के एक नामालूम गाँव ''धरवारा'' में पैदा होने वाला एक बालक किशोरावस्था की दहलीज पार करते-करते आगरा पहुँच जाता है—वहाँ के विश्वविद्यालय से बी ए (स्नातक उपाधि)पास करने के लिये। पुन: स्नातक उपाधि प्राप्त करने के पश्चात् वह युवक इलाहाबाद पहुँच जाता है—वहाँ के विश्वविद्यालय से स्नातकोत्तर की उपाधि (एम ए) प्राप्त करने। उसी विश्वविद्यालय से वह युवक एल एल बी की उपाधि पूरे विश्वविद्यालय में सर्वोच्च अंक के साथ प्राप्त करता है। पुन: पी एच डी की उपाधि गोरखपुर विश्वविद्यालय में सर्वोच्चता से प्राप्त करने के पश्चात हिन्दी-साहित्य की सर्वोच्च (डी लिट्) जौनपुर विश्वविद्यालय से वह युवक प्राप्त कर छात्र-जीवन की इतिश्री कर देता है। विधि स्नातक (एल एल बी) के अंकों की श्रेष्ठता ने इस युवक को 1960-61 में अधिवक्ता बनने के लिये प्रेरित किया—मगर वर्ष भर के अन्दर ही इस पौढ़ युवक ने अपनी बौद्धिक तीक्ष्णता से न्यायालयों की दुरभिसंन्धियों, घटनाओं, परिघटनाओं से यह ज्ञात कर लिया कि न्यायालयों के परिसर में आने वाले काल में 'अँधेरे की कारा' बन जाने वाले हैं। इसलिए यहाँ रहकर जनता के साथ ईमानदारी और न्याय कठिन ही नहीं असम्भव भी है।

कहने की आवश्यकता नहीं कि इन सारी स्थितियों-परिस्थियों को जानने-समझने के बावजूद इस प्रबुद्ध युवक ने अभी भी विधि स्नातक, तैयार करने के उपक्रम में टी डी कॉलेज, जौनपुर में विधि-विभाग में प्रवक्ता के पद पर

आसीन हो गया। 1961-62 में वहाँ अध्यापन करते-करते जाने ऐसा क्या घटा कि इस प्रौढ़-तीक्ष्ण-बौद्धिक युवक का पूरी विधि व्यवस्था से ही मोह भंग हो गया और अपनी यायावरी प्रवृत्ति के चलते वह युवक पुन: आजमगढ़ लौट आया, साहित्य सेवा और अध्यापन करने के पश्चात एक बार फिर इस युवक का मन विचलित होता है और कुछ ही समय के लिये सही मगर आगरा विश्वविद्यालय के हिन्दी विभाग में लौट जाता है, अध्यापन कार्य करने के लिये। वैसे कुछ ही दिनों में अध्यापन करते-करते इस युवक का मन पुन: विचलन का शिकार होता है। यह बौद्धिक योद्धा लौट आता है, अपनी पुरानी जगह डी ए वी पी जी कॉलेज के हिन्दी-विभाग में रीडर, अध्यक्ष के रूप में 1967-78 तक के लिये इस प्रौढ़ बौद्धिक साहित्य अनुरागी युवक का यायावरी मन पुन: भागा गोरखपुर के भटवली बाजार स्थित महाविद्यालय में प्राचार्य के रूप में 1978 से 82 तक के लिए। मगर अन्तत: इस भागमभाग से मुक्ति पाने के लिये अब के कन्हैया सिंह लौट आते हैं आजमगढ़ की अपनी पुरानी जमीन डी ए वी पी जी कॉलेज के हिन्दी-विभाग में रीडर, अध्यक्ष के रूप में 1996 तक के लिये।

वैसे भी कन्हैया सिंह जैसे साहित्य मनीषी व्यक्तित्व की साहित्यिक संस्थाओं से सम्बद्धता होना आवश्यक ही नहीं, अनिवार्य भी है। इसी क्रम में कहा जा सकता है कि 1997 से 2001 तक इन्हें लखनऊ के 'उत्तर प्रदेश भाषा संस्थान' का प्रभार सौंपा गया था। संस्थान के कार्यकारी अध्यक्ष के रूप में इन्होंने यथोचित परिवर्तन करते हुये लीफ से हठकर पढ़ने-लिखने का परिवेश सृजित किया। युवा पीढ़ी के अन्दर इन्होंने भाषा के संस्कार और परिमार्जन की भरसक पेशकश की। इसी प्रकार 1996 से 2000 तक दिल्ली के 'अखिल भारतीय साहित्य परिषद' के साथ महामंत्री के रूप में जुड़कर कुछ ऐसे रचनात्मक कार्यों का श्री गणेश किया कि पुन: इस परिषद से सम्बद्ध लोगों ने सन् 2000 से 2004 तक के लिये इन्हें कार्यकारणी अध्यक्ष का दायित्व भी सौंप दिया। कन्हैया सिंह जी के कार्यकाल में ही इस साहित्य परिषद की राष्ट्रव्यापी पहचान खड़ी हुयी। यही कारण है कि आज भी कन्हैया सिंह की सम्बद्धता इस परिषद से बनी हुयी है। कहना न होगा आज इस

'अखिल भारतीय साहित्य परिषद' के कन्हैया सिंह जी 2004 से लगातार राष्ट्रीय संरक्षक का दायित्व निर्वहन कर रहे हैं। इन्हीं के संरक्षकत्व में 'साहित्य परिषद' अपने गुरु-गम्भीर दायित्वों का भार उठाये कुशलता पूर्वक चिरनवीन विचारों का संवाहक बना हुआ है। इस प्रकार कहा जा सकता है कि कन्हैया सिंह इस परिषद के चिरनवीन पुरस्कर्त्ता हैं।

जाहिर है, कन्हैया सिंह जिस किसी भी संस्था या परिवेश से जुड़ते— स्वयं भी अपनी रचनात्मक प्रतिभा के कारण कुछ न्याय करना चाहते थे। यही कारण है कि 1997-2001 तक जब इन्हें लखनऊ के 'उत्तर प्रदेश भाषा संस्थान' का कार्यकारी अध्यक्ष बनाया गया— इन्होंने 'भाषा' के ऊपर कार्य प्रारम्भ कर दिया। इसी क्रम में 'भाषा और काव्यांग' को दृष्टि में रखते हुए इन्होंने सर्वप्रथम पहली पुस्तक हिन्दी-जगत् को समर्पित की—'हिन्दी भाषा'। भाषा के विविध सोपानों का इस पुस्तक में प्रस्तुतीकरण किया गया है। इसी प्रकार पुन: दूसरी पुस्तक इन्होंने लिखी—'हिन्दी भाषा, साहित्य और लिपि'। निश्चित रूप से इस पुस्तक में लिपियों की दृष्टि से महत्त्वपूर्ण कार्य सम्पादित किया गया है। वैसे साहित्य के द्वारा ही भाषा का संस्कार होता है और भाषा 'लिपि' केन्द्रित हुआ करती है। इसी प्रकार इन्होंने 'काव्यांग कौमुदी' पुस्तक का लेखन किया। निश्चय ही इनकी प्रस्तुत पुस्तक समीक्षकों के द्वारा प्रशंसित है। इसी क्रम में अवधी बोली पर भी इन्होंने महत्वपूर्ण कार्य किया है। सर्वप्रथम मलिक मुहम्मद जायसी ने ही अवधी बोली में 'पद्मावत' की रचना की थी। पुन: इसके लगभग चार दशक बाद तुलसी का 'रामचरित मानस' लिखा गया। कहा जा सकता है कि मूल रूप से इन्हीं दोनों ग्रन्थों को केन्द्र में रखते हुए कन्हैया सिंह ने 'मध्यकालीन अवधी का विकास' पुस्तक की रचना की—जो इनके मुख्य आलोच्य ग्रन्थ के रूप में मान्य है।

यह सन्दर्भ नि:संकोच प्रस्तुत किया जा सकता है कि 'मध्यकालीन अवधी का विकास' पुस्तक पर कार्य करते समय ही कन्हैया सिंह के मन में मलिक मुहम्मद जायसी और उनके पद्मावत पर भी कार्य करने का विचार आया होगा। यह भी सम्भव है कि मध्यकालीन अवधी बोली का कार्य बीच में स्थगित कर इन्होंने सूफ़ी-काव्य पर ही अपना ध्यान केन्द्रिक

किया हो-जिसके परिणामस्वरूप सूफ़ी साहित्य इनकी समीक्षा के केन्द्र में आ गया हो। यही कारण है कि इनकी पहली अति महत्वपूर्ण पुस्तक प्रकाश में आयी—'हिन्दी सूफ़ी काव्य में हिन्दू संस्कृति।' वैसे भी सूफ़ी-साहित्य और भारतीय संस्कृति एक-दूसरे के पूरक रहे हैं। इसी क्रम में इनकी दूसरी पुस्तक भी जल्दी ही प्रकाश में आ गयी—जाहिर है कन्हैया सिंह सूफ़ी काव्य-धारा के प्रमुख आलोचकों में रहे हैं। सूफ़ी काव्य को हर दृष्टि से देखने-परखने का इनका प्रयास समीक्षकों की दृष्टि में बेहद महत्वपूर्ण है। सूफ़ी मत का सांस्कृतिक अध्ययन-विश्लेषण भी इन्होंने गम्भीरतापूर्वक किया है। इसी क्रम में इनकी सूफ़ी मत का सांस्कृतिक अध्ययन-विश्लेषण भी गम्भीरतापूर्ण है। सूफ़ी मत को केन्द्र में रखते हुए नयी पुस्तक प्रकाशित हुई—'सूफ़ी काव्य : सांस्कृतिक अनुशीलन।' इस प्रकार यह स्पष्ट है कि डॉ सिंह ने इस पुस्तक में सूफ़ी काव्यों का सांस्कृतिक पक्ष बेहद सजगता के साथ प्रस्तुत करने का प्रयास किया है।

कहने की आवश्यकता नहीं कि सूफ़ी काव्य-धारा का प्रस्तुतीकरण इस्लाम के उदारवादी स्वरूप की ओर इशारा करता रहा है। उदारतावादी मुस्लिमों की ही पेशकश थी—सूफ़ी काव्य रचना। इसी स्थल को सूफ़ी मत और हिन्दू विचारधारा का मिलन बिन्दु भी माना जाता है। कहा जा सकता है कि कन्हैया सिंह ने इन्हीं सब बातों पर विचार करते हुए—'उदार इस्लाम का सूफ़ी चेहरा' नामक पुस्तक की रचना की। निश्चित रूप से डॉ सिंह ने इस पुस्तक में इस्लाम और सूफ़ी मत को बेहद महत्त्वपूर्ण ढंग से प्रस्तुत करने का प्रयास किया है। कन्हैया सिंह ने सम्भवत: पहली बार यहाँ इस्लाम के उदारवादी चेहरे को संजीदगी के साथ प्रस्तुत करने का प्रयास किया है। इसी बीच डॉ सिंह की दृष्टि मलिक मुहम्मद जायसी की ओर गयी। उन्हें लगा कि जायसी से बड़ा उदारवादी कवि और युगद्रष्टा बहुत कम ही मिलेंगे। इसलिए इन्होंने जायसी का गम्भीरतापूर्वक अध्ययन-मनन किया। परिणामस्वरूप इनकी कालजयी कृति सामने आयी—'युगद्रष्टा महाकवि मलिक मुहम्मद जायसी।' जायसी को इस महत्वपूर्ण स्थान का अधिकारी मानने के पीछे कन्हैया सिंह की यह धारणा भी रही होगी कि आचार्य रामचन्द्र

शुक्ल ने भी इस तथ्य को स्वीकार किया है कि तुलसी के 'रामचरित मानस' आने के चालीस-पच्चास वर्षों पूर्व ही जायसी का पद्मावत आ चुका था। इस प्रकार कहा जा सकता है कि अवधी बोली के बड़े कवि के रूप में जायसी की पहचान कायम है।

इसी क्रम में कहा जा सकता है कि 'पाठालोचन' के क्षेत्र में भी डॉ कन्हैया सिंह ने महत्वपूर्ण कार्य किया है। निश्चय ही किसी रचना के पाठ की आलोचना उस कृति गुण-दोष का आख्यान तो है ही—जाहिर है रचनाकार के मूल उद्देश्य की ओर भी आलोचक की दृष्टि हुआ करती है। कहा जा सकता है कि किसी कृति के मूल पाठ की व्याख्या भर देना पाठालोचन नहीं हुआ करता—बल्कि उस कृति के दूरगामी प्रभाव की दृष्टि हुआ करती है। सम्भवत: इसीलिये कन्हैया सिंह ने जायसी के `पद्मावत्' का मूल पाठ भी प्रस्तुत किया है और उसके दूरगामी प्रभाव को इंगित करने वाली उसकी व्याख्या भी। निश्चय ही पाठालोचन के क्षेत्र में उसका यह कार्य आलोचकों द्वारा महत्वपूर्ण ढंग से स्वीकारा गया है। जाहिर है, 'पद्मावत' पर कार्य करने से पहले ही कन्हैया सिंह ने ''पाठ-सम्पादन के सिद्धान्त' पर भी विधिवत कार्य किया था। पाठ-सम्पादन के तारीकों की ओर डॉ सिंह की दृष्टि पहले ही जा चुकी थी। उन्हें इसका व्यापक अनुभव था कि पाठ का सम्पादन और व्याख्या कैसे की जानी चाहिये। इसी क्रम में उन्होंने 'हिन्दी पाठानुसन्धान' नामक पुस्तक की रचना करते समय मूल पाठों के स्रोतों की खोज की ओर भी इशारा किया। निश्चय ही कन्हैया सिंह को इसका विशद ज्ञान था। उन्होंने सोच-समझकर ही पाठालोचन की दिशा में कदम बढ़ाया था। इस प्रकार कहा जा सकता है कि पाठालोचन के क्षेत्र में भी किये उनके कार्य म्हत्वपूर्ण हैं।

डॉ कन्हैया सिंह जी ने आलोचना के क्षेत्र में भी काफी गम्भीरतापूर्वक कार्य किया है। आलोचना की कई एक पुस्तकें उन्होंने लिपिबद्ध किया है। डॉ सिंह की सबसे बड़ी खूबी यही है कि इन्होंने लेखन-कार्य करते समय किसी भी क्षेत्र को नकारा नहीं है। भरसक इन्होंने सबको समाविष्ट करने का प्रयास किया है। इसीलिये आलोचना के शिखर पुरुष 'आचार्य रामचन्द्र शुक्ल' शीर्षक से भी इन्होंने एक पुस्तक तैयार की है यह सर्वज्ञात है कि

आचार्य रामचन्द्र शुक्ल हिन्दी आलोचना के शीर्ष आलोचकों में शुमार किये जाते हैं। निश्चय ही इस पुस्तक में डॉ सिंह ने आचार्य रामचन्द्र शुक्ल के द्वारा नियत कुछ महत्वपूर्ण बिन्दुओं की ओर गम्भीरतापूर्वक इंगित कर इन्होंने एक आलोचनात्मक पुस्तक तैयार की जिसका शीर्षक है—'आधुनिक कविता : सांस्कृतिक परिप्रेक्ष्य।' कन्हैया सिंह ने विषय का चुनाव करते समय सर्वदा इस बात का ध्यान रखा है कि घुमा-फिर कर विषय को भारतीय परिवेश से ही सम्बद्ध रखा जाय। वैसे कन्हैया सिंह की नीति और नियति पर संदेह करने की कोई गुंजायश नहीं है—बावजूद इसके कहा जा सकता है कि इन्होंने अपनी आलोचना भारतीय संस्कृति की परिधि में ही रखने का भरसक प्रयास किया है। यह डॉ सिंह की खूबी भी कही जा सकती है कि बात का प्रारम्भ कहीं से किया जााय—मगर उसका अन्त संस्कृति से सराबोर हो।

बहरहाल 'साहित्यिक निबन्ध' शीर्षक से भी इन्होंने एक बेहतर समीक्षा पुस्तक लिखी है। इस पुस्तक में भी निबन्धों की एक शृंखलाबद्ध सूची के साथ साहित्य के विविधि प्रसंगों का खूबसूरत तालमेल स्थापित किया गया है। साहित्य के अन्वेषियों के लिये यह बेहतर ग्रन्थ साबित होगा। कहा जा सकता है कि कन्हैया सिंह की पैनी दृष्टि यहाँ भी आलोचना का मानदण्ड स्थापित करती है। इसी प्रकार कन्हैया सिंह ने ''साहित्य और संस्कृति'' नाम से भी एक आलोचनात्मक पुस्तक तैयार की। यह पुस्तक उनके फुटकल निबन्धों का संग्रह अवश्य है- मगर साहित्य के साथ संस्कृति के विविध आयामों को प्रस्तुत करने में कन्हैया सिंह एक बेजोड़ हस्ताक्षर सिद्ध होते हैं। निश्चय ही डॉ सिंह ने इस पुस्तक के द्वारा समुन्नत साहित्यिक परिवेश को जीवंतता प्रदान करने का प्रयास किया है। इस पुस्तक में साहित्य और संस्कृति के द्वारा सामाजिक सन्दर्भों को काफी उत्कृष्ट ढंग से पुस्तक करने सफल प्रयास है। इस सत्य को कभी भी नकारा नहीं जा सकता कि डॉ सिंह ने एह सोची-समझी रणनीति के तहत ही प्रस्तुत पुस्तक को लेखबद्ध करने का प्रयास किया है। सब मिला-जुलाकर कहा जा सकता है कि कन्हैया सिंह ने अपने लेखन को सार्थकता प्रदान करते हुए आलोचना के सांचे में ही प्रस्तुत पुस्तक को भी ढालने का प्रयास किया है।

कहने की आवश्यकता नहीं कि 'उत्तर प्रदेश हिन्दी संस्थान' का कार्यकारी अध्यक्ष रहते हुए कन्हैया सिंह का ध्यान हरिऔध जी की ओर केन्द्रित हो गया था। इसीलिए कठिन परिश्रम के साथ इन्होंने हरिऔध जी पर केन्द्रित एक समृद्ध आलोचना पुस्तक तैयार की। इस पुस्तक में इन्होंने हरिऔध जी के महाकाव्यात्मक प्रकृति को व्याख्यायित करने का भी उपक्रम किया। इस प्रकार "महाकवि अयोध्या सिंह उपाध्याय हरिऔध" नामक पुस्तक के रूप में एक समृद्ध आलोचनात्मक पुस्तक का प्रकाशन सम्भव हो सका इसी प्रकार कन्हैया सिंह ने 'रामचरित उपाध्याय गं्रथावली' का सम्पादन भी काफी योग्यतापूर्ण ढंग से किया। रामचरित के सम्पूर्ण ग्रथों को महत्वपूर्ण ढंग से इस पुस्तक में सजाया-सँवारा गया है। इस पुस्तक सम्पादन में आलोचनात्मक मानदण्ड का बखूबी निर्वाह किया गया है। इस पुस्तक के सम्पादन क्रम में रामचरित महाकवित्व की ओर भी ये आकृष्ट हुए-परिणामस्वरूप रामचरित पर आलोचना की एक-दूसरी पुस्तक भी रची गयी -जिसका नाम 'महाकवि रामचरित उपाध्याय' है। निश्चय ही डॉ सिंह की इस आलोचनात्मक पुस्तक ने रामचरित को महाकवि के रूप में स्थापित कर दिया है। इसी क्रम में 'चन्द्रबली पाण्डेय : स्मृति ग्रंथ' का प्रस्तुतीकरण कन्हैया सिंह ने जिस योग्यता के साथ किया है-उसे भी विस्मृत नहीं किया जा सकता। भाषा, साहित्य, इतिहास और दर्शन को इंगित करने वाली यह पुस्तक निश्चय ही आलोचना के मानक को पूर्ण करते हुए यहाँ प्रस्तुत की गयी है।

प्रकारान्तर से कहा जा सकता है कि कन्हैया सिंह ने साहित्य से इतर ऐतिहासिक परिपे्रक्ष्य में भी कुछ महत्वपूर्ण लेखन का प्रयास किया है। इसी क्रम में इन्होंने कए पुस्तक की रचना की-जिसका नाम है। ``उत्तर प्रदेश : 1857 का स्वतंत्रता संग्राम।" कहा जाता है कि इसी संग्राम से नसीहत लेकर हरिश्चन्द्र नामक एक बालक ने अपनी सात वर्ष की उम्र में ही लिखा है-``लै ब्यौड़ा ठाढ़े भयो" मगर आगे चलकर यही बालक 'भारतेन्दु हरिश्चन्द्र' नाम से आधुनिक खड़ी बोली का उन्नायक बना। क्योंकि वह जानते थे कि भाषा और साहित्य के बल पर ही देश को आजाद

किया जा सकता है। इसी प्रकार कन्हैया सिंह ने-''दक्षिणाचंल दर्शन'' नामक पुस्तक में अपने यात्रा-वृत्तान्त का सफल दस्तावेज संकलित करने का उत्तम प्रयास किया है। इस यात्रा वृत्तान्त को समीक्षकों ने महत्वपूर्ण ढंग से स्वीकार किया है। इसी क्रम में डॉ सिंह ने ललित निबन्धों का भी लेखन किया है। ''वेदना के संवाद'' नाम से इन्होंने अपने ललित निबन्धों को संकलित किया है। इनकी प्रस्तुत पुस्तक इनके निजी दर्द की अभिव्यक्ति है। इसी प्रकार कथा-कहानी पर भी इन्होंने महत्त्वपूर्ण कार्य किया है। कहा जा सकता है कि जड़वादी परिवेश में भी इन्होंने जीवंतता का दस्तावेज प्रस्तुत करने का प्रयास किया है। एक कहानी-संग्रह का प्रकाशन भी इसी क्रम में इन्होंने किया है। इस संग्रह का नाम है-''पत्थर की मुस्कान।'' इनकी कथा शैली के कारण जड़ में भी चेतनता भर जाती है। जाहिर है डॉ सिंह ने अपनी लेखन कला के द्वारा पत्थर में भी मुस्कान भर दिया है।

कहने की आवश्यकता नहीं कि कन्हैया सिंह का अध्यवसायी जीवन इस उम्र में भी विराम नहीं लेना चाहता। इस बीच ये आलोचना के कुछ नये सोपानों की खोज में प्रयत्नशील हैं। इसी क्रम में शीघ्र ही इनकी नवीन आलोचना पुस्तक प्रकाशित होने वाली है-जिसका नाम ''आलोचना के नये प्रत्यय : इतिहास और विमर्श'' है। इस बीच महायोगी गोरखनाथ पर भी लगभग इनका लेखन पूर्ण हो चुका है। आशा है शीघ्रातिशीघ्र यह पुस्तक भी हिन्दी जगत के समक्ष प्रस्तुत कर दी जायेगी। इनका यह कार्य बेहद गम्भीरतापूर्वक पूर्ण होने के कगार पर है। निश्चय ही वीर कुँवर सिंह ने भी कन्हैया सिंह को इस बीच काफी झकाझोरा है। यही कारण है कि इनकी लेखनी इनके ऊपर भी चल पड़ी है। इसीलिये शीघ्रातिशीघ्र 'वीर कुँवर सिंह और उनके साथी नाम से यह पुस्तक भी प्रकाशन क्रम में है। निश्चित रूप से वीर कुँवर सिंह जैसे लोगों को इतिहास कभी विस्मृत नहीं कर सकता। जाहिर है आने वाले कल में यह पुस्तक वीर सेनानियों की श्रृंखला में मील का पत्थर प्रमाणित होगी। वैसे कन्हैया सिंह जैसे कर्मठ, ईमानदार अध्यवसायी, विचारक, समीक्षक, सृजनशील व्यक्तित्व के जीवन में बहुत सारे अनुभवों का खजाना भरा होगा। निश्चय ही यह थाती भी हिन्दी जगत

के सामने शीघ्र ही प्रस्तुत होने वाली है इस प्रकार यह थाती "संस्मरणों के आलोक में" हमारे लिये मूल्यवान धरोहर प्रमाणित होगी। इसका भी प्रकाशन शीघ्र ही पूरा होने वाला है।

बहरहाल इनके द्वारा सारा लेखन कार्य करते हुए भी यह अनुभव किया जा सकता है कि कन्हैया सिंह के व्यक्तित्व और कृतित्व से आध्यात्मिक रस बराबर स्त्रवित होता रहता है। निश्चय ही दलित द्राक्षा की तरह अपने को निचोड़कर इन्होंने हिन्दी-साहित्य की श्रीवृद्धि की है- मगर बूँद-बूँद टपकता आध्यात्मिक रस जाने-अनजाने हम सभी को सराबोर करता ही रहता है। इसी क्रम में कहा जा सकता है कि "आलोकपुंज स्वामी स्वतंत्रानन्द" ने कन्हैया सिंह को अन्तरतम से प्रभावित किया है। इनके आध्यात्मिक प्रभाव से भला वह कैसे वंचित हो सकते थे। यही कारण है कि इनके आध्यात्मिक पहलुओं को इन्होंने अपनी लेखनी का हिस्सा बनाया। कहने की आवश्यकता नहीं कि यहीं से कन्हैया सिंह का झुकाव सन्त समाज की ओर हुआ। इन्होंने पूरी मजबूती के साथ सन्त कवियों के आध्यात्मिक स्वरूप को जांचा और परखा। पुन: इन्होंने जिस पुस्तक का लेखन किया वह पूरे सन्त समाज को उनके पूरे वैभव के साथ सर्वसमाज के समक्ष प्रस्तुत किया। इन्होंने इस पुस्तक का नामकरण किया-"पूर्वी उत्तर प्रदेश का कोई भी सन्त कवि ऐसा नहीं रहा- जिसको इसमें सम्मिलित न किया गया हो। अपवाद के तौर पर कुछ सन्त कवि इस पुस्तक में प्रकाशित होने से वंचित अवश्य रह गये मगर इसे संयोग ही कहा जा सकता है कि ऐसे कुछ विशिष्ट सन्त कवियों की रचनाएँ लेखक को नहीं मिल पायी होंगी-अन्यथा ये सन्त कवि भी इनकी पुस्तक का हिस्सा अवश्य बने होते।

कन्हैया सिंह के सन्त कवियों पर किये कार्य को ध्यान में रखते हुए मुझे यह कहना पड़ रहा है कि सन्त कवियों की प्रासंगिकता बराबर बनी रहती है। जाहिर है, इनकी प्रासंगिकता अक्षुण्ण है। मुझे याद है 1973-74 का वह समय जब पूरे देश में गोस्वामी तुलसीदास का चतुश्शती-समारोह पूरे धूमधाम से मनाया गया था। राष्ट्रपति भवन से लगाकर काशी हिन्दू विश्वविद्यालय तक इस चतुश्शती समारोह की धूम मची हुई थी। कोई भी देश की ऐसी

संस्था नहीं थी-जहाँ इस समारोह का सम्पादन न किया गया हो। बहरहाल जहाँ तक मुझे याद है काशी हिन्दू विश्वविद्यालय में देश के सारे विद्वानों का समागम हुआ था। सम्भवत: विष्णुकान्त शास्त्री के साथ इस समारोह में कन्हैया सिंह भी उपस्थित थे। कहने की आवश्यकता नहीं कि नामवर सिंह की स्थापनाओं पर विष्णुकान्त शास्त्री ने कटाक्ष करते हुए नामवर सिंह को मार्क्सवादी समीक्षा में 'शब्द-छल' का सहारा लेने की बात की थी। नामवर सिंह ने ''राम'' का नाम न लेने के क्रम् में एक तीखी बात की थी। मार्क्सवादी समीक्षक आलोचक नामवर सिंह ने बेलौस ढंग से कहा था-''जिस प्रकार ''बाणभट्ट की आत्मकथा'' में हजारी प्रसाद द्विवेदी ने लिखा है कि जब भट्टिनी अपने आराध्य महाबाराह की पाषाण प्रतिमा अपनी पीठ पर बांधकर दरिया में कूद जाती है-उस समय बाणभट्ट भी भट्टिनी को बचाने के लिये दरिया में कूद जाता है-मगर वजनदार महाबाराह की प्रतिमा और भट्टिनी को एक साथ बचा पाने में अपने को असमर्थ मानकर बाणभट्ट निर्णय लेता है कि महाबाराह सर्वशक्तिमान है-वह अपनी रक्षा करने में समर्थ हैं—इसलिये हमें केवल भट्टिनी की रक्षा करनी है-मनुष्य की रक्षा करनी है और वह भट्टिनी की पीठ पर बंधी महाबाराह की प्रतिमा को जल में प्रवाहित कर भट्टिनी की रक्षा करता है-इसी प्रकार हमें ''राम'' की रक्षा नहीं करनी चाहिये क्योंकि राम सर्वशक्तिमान हैं-ये अपनी रक्षा स्वयं करने में समर्थ हैं-हमें आज रामचरित मानस की रक्षा करनी है-इसी से मानव जाति की रक्षा की जा सकती है।'' विष्णुकान्त शास्त्री ने इसे नामवर सिंह का शब्द छल' कहा था। हिदायत दी थी कि नामवर सिंह को शब्द छल से अपने को बचाना चाहिये था।

अतंत: मुझे नामवर सिंह के परिप्रेक्ष्य में विष्णुकान्त शास्त्री के कहे गये 'शब्द-छल' को विस्मृत करते हुए नामवर सिंह की स्थापना को स्वीकार कर कन्हैया सिंह के विषय में सहर्ष कहना पड़ता है कि हमें कन्हैया सिंह के व्यक्तित्व को बचाने की आवश्यकता नहीं है-हमें उनकी रचानाधर्मिता की रक्षा करनी है। कन्हैया सिंह अपने व्यक्तित्व की रक्षा करने में सक्षम हैं-अपने व्यक्तित्व की रक्षा करने में वह समर्थ हैं। हमें इनके कृतित्व की

रक्षा करनी है। यदि हम इनकी रचनाओं की रक्षा करने में समर्थ हो जायेंगे तो इनकी रचनाओं के द्वारा मनुष्य की रक्षा स्वत: हो जायेगी। इस प्रकार इनकी लोकधर्मी रचनाओं के बल पर निश्चय ही आने वाली पीढ़ियों को हम नये सिरे से संस्कारित करने में सफल हो जायेंगे।

पूर्व विभागाध्यक्ष
हरिश्चन्द्र पी0जी0 कॉलेज
वाराणसी

हिन्दी पाठानुसन्धान की परम्परा और कन्हैया सिंह

मनोज पाण्डेय

हिन्दी में पाठानुसन्धान की परम्परा का बोध करानेवाले जिन विद्वानें का उल्लेख मिलता है, उनमें कन्हैया सिंह का नाम अग्रिम पंक्तियों में दर्ज है। पाठानुसन्धान जैसे शुष्क विषय पर जिस निष्ठा और ईमानदारी से कन्हैया सिंह ने कार्य किया है, उससे हिन्दी पाठानुसन्धान की दशा-दिशा स्थिर करने में निश्चय ही बड़ी मदद मिली है। आचार्य विश्वनाथप्रसाद मिश्र के अनुसार पाठ-सम्पादनों को लेकर उनका अध्ययन, चिन्तन एक बड़े अभाव की पूर्ति करने वाला साबित हुआ। इस विषय के प्रति अपनी निष्ठा जाहिर करते हुए डॉ सिंह ने अपनी एक पुस्तक की भूमिका में लिखा है 'यह विषय कुछ दुरूह होने के कारण अपनी ओर सामान्य अध्येताओं का ध्यान आकर्षित नहीं कर पाता। पर, इसके कारण इस विषय की महत्ता कम नहीं होती। आधारभूत ग्रन्थों का मूल पाठ ही जब तक ठीक नहीं होगा, तब तक उनकी आलोचना, टीका और उन पर विचार-विमर्श कैसे साधु हो सकता है? उन विषयों पर लिखना जिनपर कुछ न लिखा गया हो, भारती की सच्ची पूजा है। इसी धर्म के निर्वाह में हिन्दी पाठानुसन्धान की अनछुई परतों को उद्‌घाटित करने का प्रयास किया गया है जिससे भूतकाल के कार्यों के ज्ञान के साथ ही भविष्य की दिशा भी मिल सकती है।'

इन्सॉइक्लोपीडिया ब्रिटानिका में कहा भी गया है "साहित्य के सभी प्रमुख अध्ययनों का मूलाधार पाठ-निर्धारण है। यह पाठ-निर्धारण उतना सही होना चाहिए, जितना सही पाठालोचन की प्रक्रिया द्वारा इसे प्रस्तुत किया जा सके।

किन्तु बहुत दिनों तक साहित्य की इस प्रथमावश्यकता पर ही कोई विचार नहीं हुआ।" (भाग 3,पृ 506)

जाहिर है हिन्दी में इस अभाव की पूर्ति की महती आवश्यकता थी, जिसमें डॉ सिंह का महत्त्वपूर्ण योगदान है। यह भी उल्लेख्य है कि हिन्दी ही नहीं, किसी भी भारतीय भाषा में जिन प्राचीन कृतियों का अध्ययन-अध्यापन होता है, जिन्हें उस भाषा की धरोहर माना जाता है, उनमें संचित ज्ञानराशि को परम्परा का वाहक और दिशा-दर्शक माना जाता है, उनका प्रामाणिक और शुद्ध पाठ होना नितान्त आवश्यक होता है। शुद्ध पाठ के अभाव में अर्थ का अनर्थ होना स्वाभाविक है। निश्चय ही पाठानुसन्धान इसी कमी की पूर्ति में सहायक होता है।

विश्व-साहित्य में इस दिशा में विचारकों का ध्यान 18वीं-19वीं शताब्दी में गया। हिन्दी में मुद्रण-कला के विकास के पूर्व प्रतिलिपि-लेखन की एक व्यवस्थित परम्परा मिलती है, किन्तु उसकी प्रामाणिकता संदिग्ध रही। अपने यहाँ व्यवस्थित पाठसम्पादन का कार्य मुद्रण-कला के विकास के साथ प्रारम्भ हुआ। डॉ सिंह के अनुसार " इस दिशा का व्यवस्थित कार्य काशी के बाबू भागवतदास छत्री के द्वारा 'रामचरित मानस' के सम्पादन से प्रारम्भ हुआ। और उसे व्यवस्थित और शास्त्रीय रूप प्रदान करने का कार्य जार्ज ग्रियर्सन ने किया। ग्रियर्सन ने पाठानुसन्धान पर कार्य करने की एक जागृति पैदा की और हिन्दी की प्रतिष्ठित संस्थाओं ने इस कार्य को आगे बढाया। 1942 में माताप्रसाद गुप्त ने हिन्दी में वैज्ञानिक सम्पादन की आवश्यकता पर बल दिया। इस दिशा में दूसरा महत्त्वपूर्ण कार्य आचार्य पं विश्वनाथप्रसाद मिश्र का है, जिन्होंने एक प्रकार से हिन्दी के समूचे रीतिकाल का पुनरुद्धार करने का बीड़ा उठाया।" (हिन्दी पाठानुसन्धान, प्राक्कथन)

यह सच है कि मौखिक परम्परा में ही शुरुआती दौर में ज्ञानराशि संचित-प्रवाहित रही। उसको लिपिबद्ध करने की शुरुआत बहुत बाद में हुई । ऐसे में उस ज्ञानराशि की प्रतिलिपि तैयार करने का कार्य किसी एक के द्वारा हुआ हो, इसमें संशय है। बहुत सम्भव है कि प्रतिलिपि तैयार करने का कार्य अन्यान्य विद्वानों की लेखनी से सम्पन्न हुआ हो, जिनमें सहयोगियों, शिष्यों, मित्रों की

भूमिका रही हो। यही वजह है कि प्रतिलिपियों में अन्तर आता गया हो। यहाँ तक कि शुद्ध पाठ किसे माना जाय, उसपर मतभेद रहा हो। प्रमाण मिलता है कि प्रमादवश या भूलवश ऐसी कई प्रतिलिपियाँ तैयार होती रहीं, जिनकी प्रामाणिकता सन्देहास्पद रही। डॉ सिंह बताते हैं कि जबसे हिन्दी के ग्रन्थों का सम्पादन प्रारम्भ हुआ है, जो भी ग्रन्थ प्राप्त हो सके हैं, उनकी कई-कई प्रतिलिपियाँ चर्चित रही हैं। विद्वान् पाठानुसन्धानकर्ताओं ने बड़े अध्यवसाय से इस दिशा में कार्य किये और प्राचीनतम कृतियों के भरसक शुद्ध पाठ प्रस्तुत किये।

कन्हैया सिंह ने अपने ग्रन्थ 'पाठ-सम्पादन के सिद्धान्त' में हिन्दी-पाठसम्पादन की प्रविधि व प्रक्रिया का व्यवस्थित परिचय कराया है। विषय-प्रवेश के पूर्व इसके अर्थ और प्रक्रिया को समझना होगा। 'पाठानुसन्धान' दो शब्दों से बना है 'पाठ' और 'अनुसन्धान'। पाठ को परिभाषित करते हुए डॉ सिंह लिखते हैं ''पाठ शब्द से तात्पर्य उस लेख से है जो किसी ऐसी भाषा में लिपिबद्ध हो, जिसका अर्थ ज्ञात हो या ज्ञात हो सकता हो तथा उसकी जानकारी पाठ शोध करनेवाले को हो। जबकि पाठानुसन्धान उस बौद्धिक एवं शास्त्रीय विधि को कहते हैं, जिससे पाठ के सम्बन्ध में निर्णय देते हुए मूल पाठ का निर्धारण किया जाता है।' (पाठ-सम्पादन के सिद्धान्त, पृ 9) इसकी प्रक्रिया को वैज्ञानिक मानते हुए वे कहते हैं कि पूर्व में यह कार्य स्वरुचि-प्रेरित जरूर था, इसीलिए प्रतिलिपियों में अनेकरूपता है, किन्तु वैज्ञानिक रीति से जबसे यह कार्य प्रारम्भ हुआ है, तबसे पाठ स्थिर एवं प्रामाणिक करने में सुविधा हुई है। इस सम्बन्ध में पश्चिमी विचारकों—कार्ल लकमैन, हेनरी क्वेण्टिंन, सर वाल्टर ग्रेम, आर्किबैल्ड हिल, विण्टन डीयरिंग आदि के सिद्धान्तों का परिचय देते हुए निष्कर्षत: उन्होंने कहा है ''इन विद्वानों के प्रतिपादनों एवं सिद्धान्तों का सूक्ष्मता से अध्ययन करने पर यह विदित होता है कि विभिन्न प्रतियों के पाठों में मिलने वाले अन्तर कोई एक सरणि के नहीं होते। जो रचना जितनी लोकप्रिय होती है, उसकी उतनी ही अधिक प्रतिलिपियाँ होती हैं और उनके पाठ उतने ही अधिक उलझनपूर्ण होते हैं।पाठानुसन्धान के क्षेत्र में कार्ल लकमैन से लेकर डीयरिंग तक सभी विद्वानें ने एक ही मूल सिद्धान्त को अपने-अपने अनुभवों

से विकसित किया है, इनमें विरोध नहीं, प्रत्युत एक विकासक्रम दृष्टिगत होता है।'' (पाठ-सम्पादन के सिद्धान्त, पृ6) भारतवर्ष में पाठानुसन्धान को सैद्धांतिक स्वरूप देने का कार्य विष्णु सीताराम सुकथांकर, पी एल वैद्य, आरजी भंडारकर तथा ए एन उपाध्ये द्वारा किया गया। और हिन्दी में इस कार्य को ग्रियर्सन, भागवतदास छत्री, माताप्रसाद गुप्त, आचार्य विश्वनाथप्रसाद मिश्र, लाला भगवानदीन, पं शम्भूनारायण चौबे आदि ने किया।

कन्हैया सिंह ने हिन्दी पाठानुसन्धान की प्रविधि को संक्षेपत: समझाते हुए कहा है ''पाठ-सम्पादन की विधि अत्यन्त तर्कपूर्ण है। इसमें कार्य-कारण सम्बन्ध की एक सुनिश्चितता के दर्शन हमें होते हैं। जैसे यदि दो हस्तलिखित प्रतियों में प्रथम हस्तलिखित प्रति की सम्पूर्ण निश्चेष्ट विकृतियाँ दूसरी प्रति में प्राप्त हों, तो पाठ-सम्पादन के नियम के अनुसार निश्चित ही दूसरी प्रति प्रथम प्रति की प्रतिलिपि होगी। इसी प्रकार सम्पादन के अन्य नियमों में भी कार्य-कारण सुनिश्चित होते हैं। इसलिए इस प्रक्रिया को हम वैज्ञानिक प्रक्रिया कहते हैं।'' (वही, पृ13) पाठ-सम्पादक से यह अपेक्षा होती है कि वह यथासम्भव इस बात पर बल दे कि मूल लेखक ने कौन-सा पाठ प्रस्तुत किया होगा, न कि यह देखे कि उसे कौन-सा पाठ प्रस्तुत करना चाहिए था। पाठानुसन्धाता को सदैव इस बात का ध्यान रखना चाहिए कि उसका उद्देश्य उपलब्ध प्रतियों में से मूल का शोधन करना है, न कि यह निर्णय करना कि क्या होना चाहिए।

हिन्दी में पाठानुसन्धान की आवश्यकता पर बल देते हुए डॉ सिंह बताते हैं कि हमारे प्राचीन कवियों का पाठ अभी आलोचनात्मक ढंग से बहुत कम निर्धारित हुआ है। जहाँ तक यह कार्य हुआ है, परिणाम अत्यन्त उपयोगी सिद्ध हुए हैं। फिर भी अभी हमारा अधिकांश सूफ़ी एवं सन्त साहित्य, सम्पूर्णत: कृष्णभक्ति काव्य तथा रीति-साहित्य वैज्ञानिक ढंग से सम्पादित नहीं हुआ है। पाठानुसन्धान के सिद्धान्त पक्ष के साथ ही हिन्दी में अबतक हुए पाठानुसन्धान का आलोचनात्मक विवेचन डॉ सिंह के द्वारा हुआ है। उन्होंने हिन्दी-पाठानुसन्धान का व्यवस्थित इतिहास प्रस्तुत किया है, वह भी आलोचनात्मक ढंग से। हिन्दी-पाठानुसन्धान को उन्होंने निम्नलिखित कालों में वर्गीकृत किया है-

1 मुद्रणपूर्व काल (1800 ई से पूर्व)

2 प्रारम्भिक मुद्रण काल (1801 ई से 1888 तक
3 ग्रियर्सन-काल (1889 ई से 1910 तक)
4 ग्रियर्सनोत्तर काल (1911 ई से 1940 तक)
5 आधुनिक काल (1942 ई से अबतक)

अध्ययन की सुविधा के लिए यह विभाजन किया गया है, किन्तु इस क्षेत्र में मुख्य श्रेय वे ग्रियर्सनकाल और आधुनिक काल को ही देते हैं। और ग्रियर्सनकाल की परिधि में 1889 ई से 1942 तक को देखते हैं, क्योंकि ग्रियर्सन ने सम्पादन का जो दिशा-निर्देश किया था, वह परवर्ती काल में कोई विशेष आगे नहीं बढ़ा। पं रामचन्द्र शुक्ल आदि ने जो सम्पादन-कार्य किया, उसमें ग्रियर्सन के कार्यों का ही आधार ग्रहण किया गया था। जहाँ-कहीं स्वतंत्र पग बढ़ाये गये हैं, वहाँ भी मूल-पाठ का सन्धान प्राय: नहीं हो पाया है। इसीलिए इस दिशा में दूसरा महत्त्वपूर्ण मोड़ आधुनिक काल में 1942 में माताप्रसाद गुप्त के सम्पादन में दिखा।

कहा जा चुका है कि डॉ सिंह का महत्त्व यह है कि उन्होंने समूची हिन्दी-पाठानुसन्धान-परम्परा का आलोचनात्मक विवेचन प्रस्तुत किया, जिसके लिए पाठ, पाण्डुलिपि, प्रतिलिपि का शोधन-बोधन ही नहीं, पाठानुसन्धान की प्रविधि व प्रक्रिया तथा पाठानुसन्धाताओं के दृष्टिकोण की परख-पड़ताल की सूक्ष्म सारग्राहिणी, पारदर्शी, पारखी दृष्टि भी अपेक्षित होती है। कहना न होगा, डॉ सिंह के पास वह तत्वदर्शी, सारग्राहिणी दृष्टि है। उन्होंने कालक्रमिक दृष्टि से प्रारम्भिक काल से लेकर अबतक की समूची परम्परा की पड़ताल की है और अपनी स्वस्थ और निर्भीक राय प्रस्तुत की है।

मुद्रण-काल, जिसे प्रतिलिपिकाल भी कहते हैं, के बारे में वे लिखते हैं "प्रतिलिपिकाल में केवल 'यादृशं पुस्तकं दृष्ट्वा तादृशं लिखित मया' से आगे बढ़कर अनेक प्रतियों के मिलान द्वारा सम्पादन भी होता था।" इस काल में रामचरित मानस, पृथ्वीराज रासो, पदुमावति, सन्तकाव्य, गुरु ग्रन्थ साहब, केशव कृत रसिकप्रिया आदि इतिहास प्रसिद्ध कृतियों की अनेकानेक प्रतिलिपियों के सम्पादन का प्रयास मिलता है। इस काल का सम्पादन प्राय: स्वरुचि पर आधारित रहा। सम्पादकों ने मनमाने ढंग से प्रतिलिपियाँ तैयार की।

फिर भी 'इस काल के सम्पादकों का वहीं तक महत्त्व है, जहाँ तक सम्पादक ने अपनी आधारभूत प्रति का पाठ देते हुए अन्य प्राप्त पाठों को पाठान्तर में दे दिया है। इस प्रकार की लीथो में छपी बहुत-सी प्रतियों का आज के वैज्ञानिक सम्पादन के युग में भी हस्तलिखित प्रति के रूप में उपयोग किया गया है और वे महत्त्वपूर्ण सिद्ध हुई हैं।'' (हिन्दी पाठानुसन्धान, पृ 23)

उन्नीसवीं शती में छापेखानों की शुरुआत के साथ देश में मुद्रण-कार्य का प्रारम्भ हुआ। निश्चय ही यह सभ्यता के विकास में एक ऐतिहासिक घटना थी। विचारों के आदान-प्रदान और सर्वजन सुलभ बनाने में मुद्रण-कला का अतुलनीय योगदान है। यह पराधीनता का दौर था, जिसमें ईसाई मिशनरियों ने अपने धर्म-प्रचार के लिए छापेखानों का भरपूर इस्तेमाल किया। हिन्दी पत्र-पत्रिकाओं के प्रकाशन का भी श्रीगणेश हुआ। देश में कई प्रेस स्थापित हुए। भारत जीवन प्रेस, काशी; चन्द्रप्रभा प्रेस, काशी; नवल किशोर प्रेस, लखनऊ; खड्गविलास प्रेस, बांकीपुर, पटना; बंगवासी प्रेस, कलकत्ता; वेंकटेश्वर प्रेस, मुबई; वेलवेडियर प्रेस, इलाहाबाद का हिन्दी पाठ-मुद्रण में उल्लेखनीय योगदान है। इन मुद्रणालयों से अनेक दुर्लभ ग्रन्थों का प्रकाशन हुआ। कई लुप्तप्राय पाण्डुलिपियाँ इनकी वजह से प्रकाश में आयीं। कन्हैया सिंह के अनुसार इस युग में पढ़ने के लिए भी प्राचीन पुस्तकों के अंशमात्र मिल सकते थे, पूर्ण ग्रन्थ पा सकना कठिन था। ऐसे समय में प्राचीन रचनाओं को छापकर जनसाधारण, साहित्य के विद्यार्थियों एवं विद्वानों तक के लिए उसे सुलभ करा देना कम बड़ा काम नहीं था।

रामसजन मिश्र और शम्भुनाथ चौबे इस युग के सर्वाधिक महत्त्वपूर्ण पाठ-सम्पादक थे। इन्होंने 'पदुमावति' और 'रामचरित मानस' का यथाशक्य प्रामाणिक पाठ मुद्रित कराया। पं रामसजन मिश्र संस्कृत के मर्मज्ञ थे। यद्यपि उन्होंने तुलसी की भाषा को संस्कृत व्याकरण और संस्कृत उच्चारण के ढाँचे में ढालने का प्रयास किया, जो कि तुलसी की भाषा की प्रकृति के विरुद्ध था, तथापि ''यह कहने में किंचित सन्देह नहीं कि उस युग में पं रामसजन मिश्र ने दिशा-दर्शन का कार्य किया। सर्वप्रथम हस्तलेख शैली से भिन्न प्रत्येक शब्द को अलग कर, फिर शब्दों की अर्थसंगति का विचार कर तथा कई

हस्तलिखित प्रतियों का मिलान कर उन्होंने रामचरित मानस का पाठ सम्पादित किया और इस प्रकार उन्होंने हिन्दी में पाठानुसन्धान की नींव डाली।'' डॉ सिंह ने इनके सम्पादन की भूरि-भूरि प्रशंसा की है। आचार्य रामचन्द्र शुक्ल ने पं मिश्र द्वारा सम्पादित 'पदुमावति' और 'मानस' दोनों को लेकर कई सवाल उठाये हैं और उनके कार्य की उपेक्षा की है, पर डॉ सिंह इसे शुक्ल जी का दृष्टि-दोष मानते हैं। उनके लेखे ''पं रामसजन मिश्र द्वारा प्रस्तुत पाठ किसी काम का नहीं, यह कहना उनके श्रम का अवमूल्यन है। शुक्लजी ने या तो इस पाठ को देखा नहीं था या उन्होंने जानबूझकर इसके महत्त्व को कम किया है।'' वे बताते हैं कि मिश्रजी ने इस कथा का खण्डों में विभाजन नहीं स्वीकार किया है और खण्डों के बीच आये शीर्षकों को भी परवर्ती मानकर उन्होंने छोड़ दिया है। नवलकिशोर प्रेस के संस्करण से सतर्कतापूर्वक मिलाने से यह पता चलता है कि उससे पर्याप्त उत्कृष्ट पाठ उसमें प्रस्तुत हुआ है।

डॉ सिंह ने ग्रियर्सन काल को पाठानुसन्धान की दृष्टि से सर्वाधिक महत्त्वपूर्ण काल माना है, क्योंकि यहीं से वैज्ञानिक रीति से पाठानुसन्धान की शुरुआत हुई। इस युग के सर्वाधिक महत्त्वपूर्ण नाम हैं- भागवतदास छत्री और ग्रियर्सन। भागवतदास छत्री जी की सम्पादन दृष्टि को तार्किक और उपयुक्त मानते हुए स-तर्क डॉ सिंह बताते हैं 'बटु विस्वास अचल निज धरमा। तीरज राज समाज सुकरमा।' ''इसमें भागवतदास जी का रेखांकित स्थल का पाठ 'तीरज साज' है। बाद में माताप्रसाद गुप्त और विश्वनाथप्रसाद मिश्र ने 'तीरथ साज' पाठ माना है। पर भागवतदासजी का 'तीरज' पाठ भी महत्त्वपूर्ण और विचारणीय है। 'तीरज साज समाज' में अन्त्यज का स्वारस्य है। साथ ही, उसी छन्द की एक अर्द्धाली के बाद 'अकथ अलौकिक तीरथ राऊ' आया है। अत: तीरथ की पुनरुक्ति भी 'तीरज' पाठ से नहीं होती। इन उदाहरणों से ज्ञात होता है कि वे सरल पाठ के पक्षपाती नहीं थे। उनकी दृष्टि प्रतियों के साक्ष्य, प्राचीन प्रतियों की महत्ता और संगत पाठ की ओर थी।'' (वही, पृ 40) अपने समय में भागवतदास जी के कार्य की बड़ी प्रतिष्ठा रही। ग्रियर्सन और पं शंभुनारायण चौबे ने उन्हीं की प्रेरणा से इन कृतियों पर महत्त्वपूर्ण कार्य किया। चौबे जी तो इनके पाठ के बारे में कहते थे 'पाठ शुद्ध करनेवालों में

काशी मुहल्ला छोटी पियरी के बाबू भागवतदास जी छत्री का नाम अग्रगण्य है। इन्होंने बहुत बड़ा काम किया है और आज भी लोग इनकी प्रति को प्रमाण मानते हैं।' इनके कृतित्व का मूल्याँकन करते हुए कन्हैया सिंह लिखते हैं "इस प्रकार बाबू भागवतदास छत्री ने उस युग में रामचरित मानस के मूल पाठ के अनुसन्धान का प्रामाणिक प्रयास किया, जबकि उन्हें पाठविषयक नवीन पद्धतियों की जानकारी नहीं थी। उन्होंने प्रतियों का पूर्ण साक्ष्य ग्रहण करते हुए प्राचीनतम पाठों को ग्रहण किया और अनुमानित संशोधनों से अपने को विरत रखा। मानस की पाठ-समस्या का पूर्णत: निराकरण न तो उनके द्वारा हो सका और न ही आज तक हो सका है, पर इस महिमाशाली ग्रन्थ के पाठोद्धार की दिशा में उनका कार्य आधारभूत कार्य है, इसमें सन्देह नहीं।" (वही, पृ 42)

पाठानुसन्धताओं ने 'मानस' के अलावा उस समय की सर्वाधिक चर्चित कृति 'पदुमावति' पर बार-बार विचार किया है और यथासम्भव इसका शुद्ध पाठ प्रस्तुत करने का प्रयास किया है। इन विद्वानें में ग्रियर्सन का नाम विशेष उल्लेखनीय है। जयदेव ने अपने शोध-प्रबन्ध में उनके बारे में लिखा है- "जायसी की ख्याति को प्रकाश में लाने का श्रेय एक विदेशी विद्वान् सर जार्ज ग्रियर्सन को है, जिन्होंने जायसी की काव्य-कौमुदी को छिटकाया तथा अपने सहयोगी महामहोपाध्याय पं सुधाकर द्विवेदी से पद्माकर पर टीका लिखाकर एशियाटिक सोसायटी आफ बंगाल से मुद्रित कराया। सुधाकर जी के असामयिक अवसान के कारण जायसी की कीर्ति-कौमुदी को भी ग्रहण लग गया।" (वही पृ 48 से उद्धृत)

ग्रियर्सन ने तीन महत्त्वपूर्ण कृतियों 'बिहारी सतसई', 'रामचरित मानस' और 'पदुमावति' का सम्पादन किया, किन्तु उनका सर्वाधिक महत्त्वपूर्ण कार्य 'पदुमावति' को माना जाता है। यद्यपि वे इसके केवल 286 छन्दों का ही प्रकाशन करा पाये, उसके शेष 274 छन्दों का सम्पादन माताप्रसाद गुप्त के सम्पादन में प्रकाशित हुआ। ग्रियर्सन का कार्य इसलिए विशेष महत्त्व का है कि वे पहले व्यक्ति थे, जिन्होंने पाठालोचन के सिद्धान्तों का पालन किया। उन्होंने प्रत्येक छन्द के साथ छन्दानुसार आलोचनात्मक टिप्पणी और पाठान्तर दिया। विभिन्न प्रतिलिपियों का अध्ययन कर उन्होंने और उनके सहयोगी पं सुधाकर

द्विवेदी ने इसके व्याकरण रूप तथा शब्दों की वर्तनी के सम्बन्ध में एकरूपता लाने का प्रयास किया। यद्यपि कन्हैया सिंह मानते हैं कि किसी आलोचनात्मक पाठ के लिए वर्तनी की एकरूपता आवश्यक नहीं होती क्योंकि वर्तनी की विविधता कविकृत भी हो सकती है। परन्तु, ''इतना तो बहुत ही स्पष्ट है कि ग्रियर्सन की दृष्टि गहराई से पदुमावति के पाठ को पकड़ना चाहती थी। इसके लिए वे कवि की भाषा, प्रकृति, उसके छन्द-विधान की शिथिलता तथा उस रचना की प्राचीनतम प्रतियों के पाठ का अनुशीलन, विवेचन करके ही अपना निष्कर्ष प्रस्तुत कर रहे थे।'' (वही, पृ 46) ग्रियर्सन के पाठ को काफी तर्कसंगत सिद्ध करते हुए सोदाहरण डॉ सिंह ने लिखा है ''ग्रियर्सन द्वारा प्रस्तुत पदुमावति के पाठ ने सर्वप्रथम जायसी की भाषा के वास्तविक निखार को काव्य-रसिकों और भाषाशास्त्रियों के सम्मुख प्रस्तुत किया। इसके पूर्व पं रामसजन मिश्र ने अपने संस्करण में जहाँ-तहाँ रचना की मूल ग्रामीण अवधी को संस्कृतनिष्ठ करके बिगाड़ दिया था। जायसी के द्वारा प्रस्तुत और प्रयुक्त अवधी शब्दों के उच्चरित रूपों पर मतान्तर हो सकता है, पर उन्होंने जो कुछ इस सम्बन्ध में कहा है, वह साधार है और उसमें वजन है। उनके बहुत वर्षों के पश्चात् माताप्रसाद गुप्त ने जब इस रचना का सम्पादन किया तो उन्हें ग्रियर्सन के अधिकांश पाठों को मूलपाठ के रूप में स्वीकार करना पड़ा।'' (वही, पृ 47)

किन्तु, आचार्य रामचन्द्र शुक्ल ने ग्रियर्सन के पाठ की कटु आलोचना की है। उन्होंने व्यंग्य करते हुए यहाँ तक लिखा है कि 'इसकी तड़क-भड़क का तो कहना ही क्या। शब्दार्थ, टीका और इधर-उधर के किस्सों, कहानियों से इसका डीलडौल बहुत बड़ा हो गया है। पर टिप्पणियाँ अधिकतर अशुद्ध और टीका स्थान-स्थान पर भ्रमपूर्ण है।' डॉ सिंह इसपर आपत्ति जताते हुए कहते हैं ''शुक्ल जी ने अनुदारता प्रदर्शन के साथ ही ग्रियर्सन के पाठ पर टिप्पणी करने की अनाधिकार चेष्टा भी की है। शुक्ल जी ने ग्रियर्सन द्वारा प्रयुक्त प्रतियों का दर्शन भी नहीं किया था, फिर भी वे ग्रियर्सन पर पाठ बिगाड़ने का आरोप करते हैं।'' (वही, पृ 48) उनके अनुसार वैज्ञानिक ढंग से पाठसम्पादन का पहला उल्लेखनीय प्रयास ग्रियर्सन के द्वारा ही किया गया। उस दृष्टि से पाठानुसन्धान

के इतिहास में उन्होंने मील के पत्थर का कार्य किया।

ग्रियर्सनोत्तर-काल के सम्पादकों ने प्राय: उनके मार्ग का ही अनुसरण किया है। लाला भगवानदीन, श्यामसुन्दर दास, आचार्य रामचन्द्र शुक्ल, रामकुमार वर्मा आदि इस दौर के प्रतिनिधि पाठसम्पादक माने जाते हैं। श्यामसुन्दरदास को 'कबीर ग्रन्थावली' के सम्पादन के लिए विशेष रूप से जाना जाता है, यद्यपि उन्होंने 'पृथ्वीराज रासो' का भी सम्पादन किया है। रासो की चार आकार की प्रतियाँ मिलती हैं, उनमें सबसे उपयुक्त और प्रामाणिक किसे माना जाय, इसपर मतैक्य नहीं रहा है। नागरी प्रचारिणी सभा के तत्वावधान में सन् 1848 ई में पृथ्वीराज रासो का वृहद संस्करण प्रस्तुत किया गया। पर इससे ज्यादा प्रसिद्धि उनके 'कबीर ग्रन्थावली' को मिली। इसका सम्पादन उन्होंने कबीर पर प्रकाशित दो प्रतियों के आधार पर किया है। साथ ही 'गुरु ग्रन्थ साहब' का भी प्रयोग किया गया है। उन्होंने स्वयं कहा है "इस संस्करण में कबीरदास के जो दोहे और पद सम्मिलित किये गये हैं, उन्हें मैने आजकल की प्रचलित परिपाटी के अनुसार खराद पर चढ़ाकर सुडौल, सुन्दर और पिंगल के नियमों से शुद्ध बनाने का कोई उद्योग नहीं किया।हाँ जहाँ मुझे स्पष्ट लिपिदोष मालूम पड़ा, वहाँ मैंने सुधार दिया है, और वह भी कम-से-कम उतना ही जितना उचित और नितान्त आवश्यक था।" (वही,पृ 59)

आचार्य रामचन्द्र शुक्ल का नाम भी अच्छे पाठसम्पादकों में आदर के साथ लिया जाता है। शुक्लजी ने 'जायसी ग्रन्थावली' का सम्पादन किया। जायसी को हिन्दी जगत् में प्रतिष्ठित करने का श्रेय उन्हें प्राप्त है। कन्हैया सिंह जी भी कहते हैं "शुक्लजी ने ग्रन्थावली में पदुमावति (पद्मावत) का पूर्ण पाठ प्रस्तुत किया है और निश्चय ही अबतक के पूर्ण पाठ के संस्करणों में उनका पाठ इतना अच्छा और विशिष्ट था कि वह अध्ययन, अनुशीलन और शोध का आधार बन सकता था और बना भी। साथ ही 'अखरावट' और 'आखिरी कलाम' का पाठ भी प्रकाशित करके उन्होंने जायसी की इन रचनाओं से भी हिन्दी-साहित्य के अध्येताओं को अवगत कराया। उस समय यह कार्य ऐतिहासिक महत्त्व का कार्य था और इसके लिए आचार्य शुक्ल को जायसी के पाठ के प्रथम उद्धारक का महत्त्व उचित रीति से ही प्राप्त हुआ।" (वही,

पृ 61) आचार्य शुक्ल की आलोचकीय मेधा उनके सम्पादन कार्य में दृष्टिगत होती है। उन्होंने जिस आलोचकीय ईमानदारी और निष्ठा से इस ग्रन्थ का सम्पादन किया है वह अनुकरणीय है। इसीलिए यह कहने में अतिशयोक्ति नहीं कि जायसी पर प्रस्तुत यह समालोचना हिन्दी में उत्कृष्ट आलोचना का नमूना है, आज तक इस ऊँचाई को कोई लाँघ नहीं सका। इस विशेषता के बावजूद कन्हैया सिंह मानते हैं कि अबतक के प्रामाणिक संस्करणों में डॉ गुप्त का पाठ ही जायसी के अभीष्ट पाठ के सर्वाधिक निकट है। सोदाहरण उन्होंने दोनों का अन्तर भी दिखाया है और यह स्पष्ट किया है कि भाषा-शैली आदि सभी दृष्टि से गुप्त का संस्करण अधिक सटीक है, एक उदाहरण देखें-

सारस जोरी किमि हरी मारि गएउ किन खग्गि।
झुरि-झुरि पाँजर धनि भई बिरह कै लागी अग्गि।

- डॉ गुप्त

सारस जोरी कौन हरि मारि बियाधा लीन्ह।
झुरि-झुरि पींजर हौं भई बिरह काल मोहिं दीन्ह।

- आचार्य शुक्ल

जायसी के यहाँ अग्गि, खग्गि रूपों का कितना महत्त्व है, यह बताने की जरूरत नहीं। ऐसी अनेक कमियाँ शुक्ल जी के सम्पादन में मिलती हैं, जबकि शुक्ल जी काव्य और भाषा दोनों के मर्मज्ञ थे। इसीलिए डॉ सिंह का मानना है कि 'शुक्ल जी का संस्करण जायसी की भाषा और उनके काव्य के अध्ययन का आधार नहीं बन सकता।'

हिन्दी-पाठानुसन्धान या कि पाठालोचन का आधुनिक काल माताप्रसाद गुप्त के सम्पादन के साथ 1942 ई में प्रारम्भ होता है। कन्हैया सिंह मानते हैं कि पश्चिमी विद्वानों की भाँति इसे पूर्णत: शास्त्रीय रूप प्रदान करने का कार्य माताप्रसाद गुप्त ने किया। उन्होंने विविध प्राचीन प्रतिलिपियों का अध्ययन कर पृथ्वीराज रासो का सर्वाधिक त्रुटिहीन संस्करण प्रस्तुत किया। डॉ सिंह के अनुसार "सम्पादक ने पृथ्वीराज रासो के मूलपाठ को प्राप्त करने के प्रयास में पर्याप्त सफलता प्राप्त की है और यह हर्ष का विषय है कि हिन्दी-साहित्य के इस प्राचीनतम और एक सर्वाधिक महत्त्वपूर्ण महाकाव्य को वे अधिक-

से-अधिक प्रामाणिक रूप में प्रस्तुत करने में समर्थ हुए हैं।'' (वही,पृ 78) अधिकतर विद्वान् यह मानते हैं कि पदुमावति की मूल प्रति अरबी या फारसी लिपि में थी जिससे नागरी लिपि में लिप्यन्तरण हुआ। किन्तु माताप्रसाद गुप्त मानते हैं कि मूल प्रति नागरी में लिखी हुई रही होगी, जिसे अन्य लिपियों में अन्तरित किया गया। कन्हैया सिंह भी इस मामले में उनसे सहमत नहीं हैं। डॉ गुप्त ने उपलब्ध प्रतिलिपियों की भाषा, उनकी छन्द-योजना, उनमें साम्य, प्रक्षेप तथा पाठान्तर की छानबीन करते हुए इस कृति की प्रामाणिक प्रतिलिपि तैयार की है। डॉ सिंह का मत है ''इस दिशा में उन्होंने सर्वाधिक महत्त्वपूर्ण कार्य यह किया है कि आचार्य शुक्ल के संस्करण के 43 छन्दों को उन्होंने प्रक्षिप्त सिद्ध करके उन्हें मूल पाठ से अलग कर दिया।'' (वही, पृ 103) उनके इस प्रयास की सराहना पद्मावत संजीवनी भाष्य के सम्पादक वासुदेवशरण अग्रवाल ने भी की है। वे लिखते हैं ''यदि यह संस्करण मुझे उपलब्ध न होता तो जायसी के मूल अर्थों तक पहुँचने का मार्ग मुझे कभी मिल सकता, इसमें सन्देह है। पद्मावत के मूलपाठ पर जमी हुई काई को पाठसंशोधन की वैज्ञानिक युक्ति से हटाकर श्री माताप्रसाद गुप्त ने हिन्दी-साहित्य क्षेत्र में महत्त्वपूर्ण कार्य किया है।श्री माताप्रसाद गुप्त ने कोई चमत्कार या जादू नहीं किया। उन्होंने उपलब्ध हस्तलिखित प्रतियों की छानबीन करके पाठशोधन की वैज्ञानिक प्रणाली से पाठ निर्णय किया है।'' (वही,पृ 108 से उद्धृत)

'दादूदयाल ग्रन्थावली' का सम्पादन भी सन्त परम्परा के संरक्षण की दृष्टि से एक महत्त्वपूर्ण प्रयास है । इसका सम्पादन आचार्य परशुराम चतुर्वेदी द्वारा किया गया है। दादूदयाल के नाम से प्राप्त सात प्रतियों के संशोधन से इसका सम्पादन किया गया है। डॉ सिंह ने इसे सिद्धान्त एवं व्यवहार दोनों दृष्टि से अनुकरणीय सम्पादन माना है। सम्पादक ने इसमें पाठालोचन की अद्यतन प्रणालियों का उपयोग किया है।

'केशव ग्रन्थावली' का सम्पादन पं विश्वनाथप्रसाद मिश्र के द्वारा किया गया। केशव जिन्हें आचार्य शुक्ल ने 'कठिन काव्य का प्रेत' घोषित कर दिया था, उनकी रचनाओं की छानबीन करते हुए पं मिश्र ने तमाम भ्रान्तियों को दूर किया। उन्होंने ग्रन्थावली के तीन भाग में केशव की नौ रचनाओं को प्रामाणिक

मानते हुए संकलित किया। उनका मानना था कि वैज्ञानिक के साथ-साथ साहित्यिक प्रक्रिया को भी सम्पादन में लाया जाना चाहिए। इस ग्रन्थ का सम्पादन उन्होंने इसी रीति से किया है। उनके शब्दों में "दोनों प्रणालियों का समन्वय ही श्रेयस्कर है, किसी एक पर चलने से समुचित कार्यसम्पादन नहीं हो सकता। प्रस्तुत ग्रन्थावली के सम्पादन में इसी समंजसता से काम लिया गया है। शब्द के लिए प्राचीन प्रतियों का अधिक विश्वास किया गया है और अर्थ की संगति का भी ध्यान रख गया है।" (वही, पृ 150) कन्हैया सिंह का कहना है कि वैज्ञानिक प्रणाली को लेकर पं मिश्र की धारणा बहुत सही नहीं लगती। उन्होंने वैज्ञानिक विधि के केवल वाह्य-स्पर्श का प्रयत्न किया है। और अपनी भूमिका में सम्पादन का कोई सिद्धान्त भी नहीं बताया है। प्रेक्षपों को लेकर भी उनका कोई स्पष्ट मत नहीं रहा है। इसीलिए वे यह आशंका व्यक्त करते हैं कि 'निश्चयात्मक ढंग से यह नहीं कह सकते कि उन्होंने प्रेक्षपों के निराकरण में कितनी सफलता प्राप्त की है।' वे यह भी प्रश्न उठाते हैं कि "रसिकप्रिया का सम्पादन चार प्रतियों के आधार पर हुआ है। इनमें से तीन प्रतियों में, जिसमें से एक सबसे प्राचीन प्रति भी है, अन्तिम चरण में मोहन के 'मने' पाठ है। पर इस पाठ को मिश्र जी ने नहीं ग्रहण किया है। पाठ-सम्पादन हो जाने के उपरान्त एक विमर्श में उन्होंने बताया कि अब उन्हें 'मने' पाठ ही ठीक प्रतीत होता है। विधि अनुसार काम न होने पर स्वरुचि प्रेरित लाल बुझक्कड़ी को इसी प्रकार पर्याप्त स्थान मिलता रहता है।" यह भी कि "विद्वान् सम्पादक ने किसी निर्धारित मान्यता के अनुसार पाठ ग्रहण नहीं किया है प्रत्युत जहाँ जिस प्रति का पाठ ठीक लगा है उसे ग्रहण कर लिया है। इस प्रकार जो पाठ प्रस्तुत किया गया है वह उत्तम कोटि का तो है, पर यह उत्तमता कविकृत है या प्रतिलिपिकार कृत, इस सम्बन्ध में कुछ साधार नहीं कहा जा सकता।" (वही, पृ 156)

पाठसम्पादन की दृष्टि से महत्त्वपूर्ण हलधरदास कृत 'सुदामा चरित्र' का सम्पादन सियाराम तिवारी के द्वारा किया गया है। पाठानुसन्धान की वैज्ञानिक विधि का अनुगमन करते हुए सम्पादक ने उपलब्ध प्रतियों की पड़ताल करते हुए सन्तुलित पाठ तैयार करने का यत्न किया है। इस रचना की प्राप्त सैंतीस

प्रतियों का उल्लेख किया गया है। सम्पादक की विशेषता यह भी है कि वह कवि की तलस्पर्शी दृष्टि के साथ तादात्म्य स्थापित करने में सफल रहा है। डॉ सिंह इस कृति के सर्वांगीण पक्षों को देखकर इस नतीजे पर पहुँचे हैं "इसप्रकार सम्पूर्ण रचना के पर्यावलोचन से इस निष्कर्ष पर पहुँचा जा सकता है कि प्रस्तुत सम्पादन के कुछ स्थलों पर स्वीकृत पाठों में मतान्तर की संभावना हो सकती है, जो किसी भी सम्पादन में होती है, पर समग्र रीति से विचार करने पर यह निर्विवाद रूप से कहा जा सकता है कि सम्पादक ने हलधरदास के सुदामा चरित्र के पाठ-पुनर्निमाण का श्लाघनीय कार्य किया है।" (वही, पृ 177)

इस प्रकार कन्हैया सिंह के हिन्दी-पाठानुसन्धान सम्बन्धी दृष्टिकोण को देखकर यह कहा जा सकता है कि उन्होंने इस दिशा में निश्चय ही एक बड़े अभाव की पूर्ति की है। जिस मनोयोग और तार्किक रीति-नीति से उन्होंने सम्पादन के सिद्धान्तों और मूल्यों को दृष्टिगत रखते हुए यथाशक्य उपलब्ध प्रतिलिपियों के साक्ष्य की पैरवी की, उन्हें सुरक्षित रखने पर बल दिया है, वह उनकी निष्ठा का परिचायक है। हिन्दी पाठसम्पादन की पूरी परम्परा का जिस कालक्रमिक रूप से उन्होंने परिचय दिया है और पाठों की प्रतिलिपियों और पाठानुसन्धाताओं के मत की तार्किक ढंग से विवेचना की है, उसपर आलोचनात्मक दृष्टि डाली है, वह श्लाघनीय है। निश्चय ही हिन्दी पाठानुसन्धान के स्वरूप का वैज्ञानिक रीति से विवेचन करनेवालों में उनका अतुलनीय योगदान है।

स्नातकोत्तर हिन्दी-विभाग,
भाषा भवन, शैक्षणिक परिसर,
रा तुम नागपुर विश्वविद्यालय,
नागपुर-440033

कन्हैया सिंह के साहित्यिक निबन्ध

सत्येन्द्र कुमार दुबे

किसी कृति की उत्कृष्टता का आधार उसकी गुणवत्ता होती है, और गुणवत्ता का आधार उपयोगिता। अपनी विषयवस्तु, योजना तथा शिल्पकौशल में श्रेष्ठतम रूप में संयोजित होकर भी रचना को उपयोगिता की कसौटी पर खरा उतरने का चरण शेष रह जाता है। विद्वतसमाज भर में समाद्रित ऐसी रचना की परिधि सीमित रह जाती है, जब वह किसी सामान्य अध्यवसायी के उपयोग में नहीं आ पाती। कन्हैया सिंह का सम्पूर्ण सृजन उपयोगिता की कसौटी पर खरा उतरता है; वह सिर्फ पुस्तकालयों की शोभावर्धक वस्तु बनकर रह जानेवाली रचनाओं में से नहीं है। यहाँ उनकी एक ऐसी कृति विवेच्य है, जो प्रथम दृष्ट्या सामान्य सी समझी जा सकती है, किन्तु साधारण स्वरूप में यह पुस्तक असाधारण रचना है। इस पुस्तक की गुणवत्ता, इसकी उपयोगिता और इसका वैचारिक धरातल देखने पर पता चलता है कि छात्रोपयोगी कह दी जाने वाली यह पुस्तक हिन्दी-साहित्य ही नहीं बल्कि साहित्य मात्र के प्रति एक दृष्टि विकसित करने में भी सक्षम है। इस पुस्तक में संकलित निबन्धों में शब्द सम्प्रत्ययों की व्याख्या से लेकर केन्द्रीय विषयवस्तु के विवेचन-विश्लेषण तक की सभी चीजों को सरलता से व्यक्त किया गया है जिसके कारण यह पुस्तक विश्वविद्यालयी छात्रों का कण्ठहार तो बनी ही, साथ ही सुविज्ञ लेखकों के लिए भी साहित्य और शब्द के आधारभूत तथ्यों को समझने में अत्यन्त सहायक सिद्ध होने वाली महत्ता रखती है।

साहित्यिक निबन्धों की इस पुस्तक में निबन्धों की विषयवस्तु एवं उनके संकलन का क्रम इस प्रकार व्यवस्थित है कि यह ग्रन्थ निबन्ध-संकलन होते हुए

भी साहित्य के इतिहास-प्रबन्ध सा बन पड़ा है; अर्थात् यह पुस्तक अलग-अलग निबन्धों को पढ़ने के उद्देश्य से ग्राह्य होने के साथ ही अपनी श्रृंखलाबद्धता के कारण 'हिन्दी-साहित्य का इतिहास' के रूप में भी महत्त्व रखती है। हिन्दी भाषा, संस्कृति और साहित्य का समवेत एवं विशिष्ट श्रृंखलाबद्धता के साथ साक्षात्कार कराने वाली यह पुस्तक हिन्दी-साहित्य का व्यवस्थित संक्षिप्त इतिहास के रूप में भी अपना महत्त्व रखती है। यहाँ यह प्रश्न उठ सकता है कि हिन्दी-साहित्येतिहास की अनेक पुस्तकें होने के बावजूद तथा बावजूद इसके कि डॉ सिंह इसी विषय-सामग्री को हिन्दी-साहित्य का संक्षिप्त इतिहास के रूप में भी प्रस्तुत कर सकते थे, किन्तु क्या आवश्यकता पड़ी कि साहित्यिक निबन्धों का संग्रह करते हुए कवि साहित्येतिहास दृष्टि को लेकर भी सतर्क रहे! तो इस सन्दर्भ में कन्हैया सिंह की निबन्धकार व साहित्येतिहासकार की दोहरी भूमिका को यहाँ समर्थन देने के लिए आचार्य रामचन्द्र तिवारी का कथन ध्यान में आता है- "आलोचक रचना और उसके पाठकों के बीच सेतु के रूप में स्थित एक ऐसा अनावश्यक प्राणी है, जिसकी आवश्यकता बराबर अनुभव की गयी है।"1

कन्हैया सिंह की 'साहित्यिक निबन्ध' पुस्तक के महत्त्व का विधिवत अध्ययन करने के लिए इसे सात उपभागों में बाँटकर देखे जाने की आवश्यकता महसूस होती है। इस पुस्तक में कुल 47 निबन्ध संकलित हैं। पुस्तक को साहित्येतिहास प्रबन्ध के रूप में ग्रहण करते हुए पहले निबन्ध से पाँचवे निबन्ध तक की विषय-सामग्री को हिन्दी-साहित्येतिहास की पीठिका के रूप में ग्रहण कर सकते हैं। छठे निबन्ध से लेकर पन्द्रहवें निबन्ध तक की विषयवस्तु को हिन्दी-साहित्य की बुनियाद के रूप में रख सकते हैं। सोलहवें निबन्ध से लेकर चौबीसवें निबन्ध तक को राष्ट्रीय-सांस्कृतिक अस्मिता के अध्याय के रूप में ले सकते हैं। पच्चीसवें निबन्ध से लेकर इकतीसवें निबन्ध तक को हिन्दी-साहित्य की नयी दिशा के रूप में देखते हुए बत्तीसवें निबन्ध से लेकर अड़तीसवें निबन्ध तक की सामग्री को कथाकाव्यों का कायान्तर प्रभाग के अन्तर्गत देख-परख सकते हैं। निबन्ध संख्या उन्तालीस से लेकर इकतालीस तक के तीन निबन्धों को इस ग्रन्थ के भाषा और लिपि विषयक अध्याय के रूप में देख सकते हैं।

तैंतालीसवें निबन्ध से लेकर अन्तिम, अर्थात् सैंतालीसवें निबन्ध तक को चेतना का संस्कार विषयक प्रभाग के रूप में नियोजित कर सकते हैं। इस प्रकार 'साहित्यिक निबन्ध' शीर्षक से जानी-पहचानी जाने वाली कन्हैया सिंह की पुस्तक को हिन्दी का संक्षिप्त साहित्येतिहास ग्रन्थ के रूप में भी पढ़ा-पढ़ाया जा सकता है। विश्वविद्यालयों के पाठ्यक्रम इस रूप में तत्पर न हों तो भी शिक्षक और अध्ये इसका इस रूप में व्यावहारिक इस्तेमाल कर सकते हैं। हिन्दी की कक्षाओं में अपने भाद्रपदी अज्ञानान्धकार के साथ अवतरित होनेवाले हिन्दीशिक्षकों के लिए यह पुस्तक लालटेन सिद्ध हो सकती है।

हिन्दी-साहित्येतिहास की पीठिका

कन्हैया सिंह जी की पुस्तक 'साहित्यिक निबन्ध' को जब हम हिन्दी-साहित्येतिहास की पुस्तक के रूप में देखने का प्रस्ताव करते हैं, तो इसके आरम्भिक पाँच निबन्धों अथवा अध्यायों में भाषा, समाज, संस्कृति और साहित्य की विवेचना मिलती है। ये विवेचनाएँ आगे के अध्यायों में विश्लेषित हिन्दी-साहित्येतिहास की सामग्री को समझने के लिए आधारदृष्टि भी देती हैं। विवेच्य ग्रन्थ के पहले निबन्ध 'साहित्य और समाज' में लेखक लिखता है- "साहित्य में युगानुरूप परिवर्तनों का होना भी जीवन से उसकी सम्बद्धता के कारण ही होता है। साहित्य अपने युग के सामाजिक जीवन के ही अनुरूप होता है। साहित्य के इतिहास लिखने वाले उसे जिन विशिष्ट धाराओं में विभाजित कर लेते हैं; वे धाराएँ तत्कालीन सामाजिक जीवन की परिचायिका होती हैं।"2 इन वाक्यों में लेखक साहित्येतिहास दर्शन की एक झलक प्रस्तुत कर देता है और आगे पूरा निबन्ध हिन्दी-साहित्येतिहास का संक्षिप्त परिचय प्रस्तुत करते हुए साहित्य और समाज की अन्तर्सम्बद्धता का समुचित विवेचन करता है।

विवेच्य ग्रन्थ का दूसरा निबन्ध 'साहित्यालोचक और साहित्यस्रष्टा' अनेक कारणों से बड़ा महत्त्व रखता है। यह निबन्ध रचना और आलोचना की परस्पर-सामाजिकता पर प्रकाश डालने के साथ यह भी बताता है कि सर्जनात्मकता दोनों से अपेक्षित है। इस निबन्ध के सन्दर्भ में यह बात महत्त्वपूर्ण है कि पूरी पुस्तक को साहित्येतिहास-ग्रन्थ के रूप में देखने-समझने के लिए

एक दृष्टि इसी निबन्ध से मिल जाती है। इस निबन्ध को पढ़ने से इस सजगता का भी बोध होता है कि प्रत्येक पाठक को न्यूनतम आलोचकीय विवेक-सम्पन्न होना ही चाहिए। यानी 'साहित्यालोचक और साहित्यस्रष्टा' शीर्षक इस निबन्ध को आरम्भ में ही पा जाने से पाठक को कृति की रचना-प्रक्रिया से गुजरने का मानचित्र-सा मिल जाता है। इस निबन्ध में कन्हैया सिंह ने भारतीय और पाश्चात्य आलोचना-परम्पराओं की चर्चा करते हुए सामान्य पाठक की दृष्टि को विशिष्ट बनाने का आचार्यसुलभ प्रयत्न किया है। रचना के उपरान्त आलोचना के मानदण्डों का निर्धारण करते हुए लेखक ने इस अध्याय में यह स्पष्ट किया है कि भावविह्वल रचना और रचनाकार को अतिवाद से बचाने का काम सजग पाठकीय दृष्टि या आलोचना करती है। इस प्रकार यहाँ एक तरह से स्पष्ट कर दिया गया है कि पाठकीय जिम्मेदारी लेखकीय जिम्मेदारी से कमतर नहीं है। हिन्दी सम्पूर्ण भारतीय संस्कृति का संवहन करनेवाली भावना का नाम है। अत: लेखक ने विवेच्य ग्रन्थ के आरम्भिक अध्यायों में भारतीय संस्कृति की अलग से संक्षिप्त किन्तु आवश्यक चर्चा की है। भारतीय संस्कृति के विषय में दो निबन्ध, पहला- 'भारतीय संस्कृति' तथा दूसरा- 'भारतीय संस्कृति में समन्वय' इस पुस्तक के लिए बहुत महत्त्वपूर्ण है। इन दो निबन्धों के माध्यम से लेखक ने एक ओर भारतीय संस्कृति का अर्थ व स्वरूप स्पष्ट किया है तथा दूसरी ओर भारतीय सांस्कृतिक विविधता का हिन्दी-साहित्य पर पड़ने वाले प्रभावों की चर्चा भी की है। इन दो निबन्धों का सबसे बड़ा महत्त्व यह है कि हिन्दी-साहित्य को समग्र भारतीय इतिहास और सांस्कृतिक परिवेश से जोड़कर देखने की साफ दृष्टि देते हैं ये दो निबन्ध।

हिन्दी-साहित्य की बुनियाद

कन्हैया सिंह की पुस्तक 'साहित्यिक निबन्ध' में संकलित छठे निबन्ध से लेकर पन्द्रहवें निबन्ध तक की विषय-सामग्री हिन्दी-साहित्य के आदिकाल से लेकर भक्तिकाल तक की सीमा को समेटती है। इन दस निबन्धों की शृंखला के माध्यम से हिन्दी-साहित्येतिहास की सशक्त बुनियाद की तथ्यवत् चर्चा की गयी

है। इन निबन्धों का सर्वाधिक महत्त्वपूर्ण व सौन्दर्यपरक पक्ष यह है कि लेखक ने हिन्दी-साहित्येतिहास को इन निबन्धों के माध्यम से अपने ढंग से प्रस्तुत करते हुए भी महत्त्वपूर्ण हिन्दी-साहित्येतिहास लेखकों के सुप्रसिद्ध उद्धरण भी दे रखा है, जिससे कि साहित्येतिहास के विभिन्न ग्रन्थों को देखने-पढ़ने की जिज्ञासा भी छात्र या सामान्य पाठक के भीतर उत्पन्न हो सके। 'भक्तिकाव्य की दार्शनिक भूमिका' निबन्ध विवेच्य पुस्तक का ऐसा अध्याय है कि यदि लेखक इस निबन्ध को यहाँ न प्रस्तुत करता, तो आदिकाल से भक्तिकाल को जोड़ते हुए साहित्येतिहास के रूप में प्रभाव उत्पन्न करना इस ग्रन्थ के लिए असम्भव हो जाता, अर्थात् शृंखला विछिन्न होती हुई दिखाई देने लगती। दूसरी बात यह कि यह निबन्ध भक्तिकाव्य के दार्शनिक धरातल और भारतीय ऐतिहासिक-सांस्कृतिक परिप्रेक्ष्य में भक्तिकाव्य के महत्त्व को समझने के लिए आवश्यक दृष्टि पहले ही दे देता है।

राष्ट्रीय-सांस्कृतिक अस्मिताबोध का काव्य

विवेच्य ग्रन्थ के सोलहवें निबन्ध से लेकर चौबीसवें निबन्ध तक की विषयवस्तु को हिन्दी-साहित्य में राष्ट्रीय-सांस्कृतिक अस्मिताबोध के रूप में रखते हुए देखने-परखने का प्रयास किया जा सकता है। इन नौ निबन्धों में रीतिकाल से लेकर छायावाद तक के हिन्दी-साहित्य की ऐतिहासिक दृष्टि से विवेचना की गयी है। सत्ता की भाषा और सत्ता के साहित्य के बढ़ते वर्चस्व के प्रतिरोध में रीतिकालीन आचार्यों-कवियों के कृतित्व को देखते हुए इस काल के साहित्य को राष्ट्रीय-सांस्कृतिक अस्मिता के साहित्य के रूप में देखे जाने का प्रस्ताव वैसे ही किया जाना चाहिए, जैसे कि भारतेन्दु-युग से लेकर छायावादी हिन्दी-साहित्य को राष्ट्रीय-सांस्कृतिक चेतना के महत्त्वपूर्ण साहित्य के रूप में देखा जाता है। हालाँकि कन्हैया सिंह ने अपने इस 'साहित्यिक निबन्ध' नामक ग्रन्थ में भारतेन्दु युग की चर्चा को छोड़ दिया है, फिर भी आगे के निबन्धों में इस युग की चर्चा हो गयी है। छायावाद तक के हिन्दी-साहित्य विषयक निबन्धों में लेखक ने राष्ट्रीय-सांस्कृतिक चेतना को महत्त्व दिया है।

हिन्दी-साहित्य की नयी दिशा

छायावाद के दौर में ही साहित्य की जनोन्मुख चेतना को स्वर मिला था, जो तुरन्त आगे जाकर मार्क्सवादी दर्शन से परिचित हुआ और सन् 1936 से विधिवत् हिन्दी-साहित्य को मार्क्सवादी संस्कार मिलने लगा। यहाँ से समूचे हिन्दी-साहित्य का उत्तरार्द्ध माना जाना चाहिए। छायावाद तक हिन्दी-साहित्य भले ही वस्तु और शिल्प के स्तर पर विविध रूपात्मक रहा हो, फिर भी उसके केन्द्र में भारतीय चिन्तन-परम्परा और ऐतिहासिक परिस्थितियों का प्रभाव ही रहा है; किन्तु जब मार्क्सवाद हिन्दी में आया, तो उसने साहित्य को एकतरफा नियंत्रित करने का काम ही नहीं किया, बल्कि आगे के साहित्य की मुख्यधारा का भी नियन्ता बन बैठा। विवेच्य ग्रन्थ के पच्चीसवें निबन्ध से लेकर इकत्तीसवें निबन्ध तक की सामग्री को इसी नयी धारा के रूप में देखा जाना चाहिए। नयी धारा का संकेत करने वाले इन सात निबन्धों की श्रृंखला के मध्य में लेखक ने प्रसाद, पन्त और निराला विषयक तीन निबन्धों को रखते हुए पूर्वार्द्ध के हिन्दी-साहित्य और हिन्दी-साहित्य के उत्तरार्द्ध को जोड़े रखने का महत्त्वपूर्ण कार्य किया है। इस पुस्तक के भीतर ऐसी ही छोटी-छोटी बातें या सावधानियाँ इस ग्रन्थ को साहित्यिक निबन्धों का संग्रह से ऊपर ले जाकर हिन्दी-साहित्येतिहास के ग्रन्थ की पहचान देती हैं।

कथाकाव्यों का कायान्तर

'साहित्यिक निबन्ध' के बत्तीसवें निबन्ध से लेकर अड़तीसवें निबन्ध तक लेखक ने हिन्दी नाटक, निबन्ध, कहानी और उपन्यास के विकास की चर्चा पृथक-पृथक अध्यायों में की है। इन्हें हम कथाकाव्य के विविध रूप के अन्तर्गत रखते हुए अध्ययन करना उचित समझते हैं। कन्हैया सिंह ने भी विधाओं को एक साथ देखने की बात विवेच्य पुस्तक के पहले निबन्ध में की है- "काव्य के उस पक्ष में, जिसे हम प्रबन्ध-काव्य के रूप में जानते हैं तथा इसी वर्ग के अन्तर्गत हमारे सम्पूर्ण कथात्मक साहित्य—नाटक, उपन्यास, कहानी आ जाते हैं; जीवन का तो यथावत् चित्रण ही होता है।"3 प्रसाद के नाटकों को केन्द्र में रखकर हिन्दी नाटक के इतिहास या विकास का अध्ययन

किये जाने की परम्परा सर्वविदित है। विवेच्य ग्रन्थ में लेखक ने भी 'प्रसाद के नाटक' विषयक निबन्ध से ही हिन्दी नाटकों के विकास के अध्ययन की दिशा का ही अनुसरण किया है, किन्तु एक मौलिकता के साथ। नाटक के विकास को कुल सात निबन्धों के माध्यम से विवेचित करते हुए लेखक की मौलिक दृष्टि यह रही है कि प्रसादोत्तर नाटकों में वे नाटक जो प्रसाद की नाट्यदृष्टि परम्परा से जुड़ते हैं, उन्हें विषय बनाया गया है तथा अभारतीय दृष्टि से प्रेरित असंगत नाटकों-जैसी परम्परा की लेखक ने उपेक्षा कर दी है, जो हिन्दी-साहित्य और संवेदना के विकास के निरूपण के लिए आवश्यक भी था।

राष्ट्रभाषा और लिपि

विवेच्य ग्रन्थ में लेखक ने भाषा और लिपि विषयक विवेचना भी की है। हिन्दी भाषा और लिपि को लेकर अनेक महत्त्वपूर्ण प्रश्न बनते ही हैं। लेखक ने इस ग्रन्थ के उन्तालीसवें निबन्ध से लेकर बयालीसवें निबन्ध तक के सिर्फ चार अध्यायों में हिन्दी भाषा, भाषा और लिपि, राजभाषा बनाम राष्ट्रभाषा, हिन्दी भाषा और लिपि जैसे महत्त्वपूर्ण विषयों पर भरपूर सामग्री प्रस्तुत कर दी है।

चेतना का संस्कार

कन्हैया सिंह की 'साहित्यिक निबन्ध' पुस्तक को हिन्दी-साहित्य का संक्षिप्त इतिहास-ग्रन्थ के रूप में महत्त्व रखनेवाली पुस्तक कहने के लिए जो तर्क रखे गये हैं उसी क्रम में एक और महत्त्वपूर्ण कड़ी को जोड़ देना आवश्यक प्रतीत होता है कि पहले निबन्ध से लेकर बयालीसवें निबन्ध तक हिन्दी भाषा, समाज, संस्कृति और साहित्य को शृंखलाबद्ध रूप में अभिव्यक्ति देनेवाली यह पुस्तक अपने अन्तिम चार निबन्धों में साहित्य और साहित्येतिहास से परे जीवन और समाज के प्रश्नों को लेकर उपस्थित होती हुई मानो इस बात का प्रस्ताव कर रही हो कि हिन्दी-साहित्य को ऐतिहासिक पद्धति से पढ़ लेने के बाद, जीवन के कुछ ज्वलंत प्रश्नों का सामना करते हुए अपनी बौद्धिक और संवेदनात्मक सामर्थ्य की परीक्षा करें। ग्रन्थ के तैतालीसवें निबन्ध से लेकर सैंतालीसवें, यानी अन्तिम निबन्ध तक के इन पाँच अध्यायों को 'चेतना का संस्कार' शीर्षक देने के पीछे यही तर्क है।

पुस्तक लिखते समय किन बातों का विशेष ध्यान रखा जाना चाहिए, इस पुस्तक को पढ़ते हुए लग जाता है। विवेच्य सन्दर्भ में लेखक कन्हैया सिंह जी इस विषय में सिद्ध जान पड़ते हैं कि विषय की गम्भीरता को पकड़े रहने तथा सामान्य पाठक की रुचि और समझ को बनाये रखने में आद्योपान्त एक साथ सफल होते हुए कैसे ग्रन्थ-रचना की जाती है। इस सन्दर्भ में देवीशंकर अवस्थी का स्मरण हो आता है- "समीक्षक के मस्तिष्क में लेखक और पाठक दोनों होते हैं अत: उसे एक ओर लेखक के अभिप्रेत को सहानुभूति देनी होती है और दूसरी ओर, उस पाठक-समाज की कठिनाइयों में प्रवेश करना होता है, जो एक नये विचार को जीवन देने का प्रयास करते हैं"4

कन्हैया सिंह प्रणीत साहित्यिक निबन्ध ग्रन्थ को उपर्युक्त सात प्रभागों में बाँटकर देखने से कृति का वास्तविक महत्त्व सामने आता है। बहुत आश्वस्त होकर और आत्मविश्वास के साथ यह कहा जा सकता है कि यदि यह पुस्तक इन सात प्रभागों के अन्तर्गत सम्पादित कर दी जाये, तो हिन्दी के साहित्यिक निबन्ध संग्रह के रूप में तो यह महत्त्वपूर्ण पुस्तक होगी ही साथ ही संक्षिप्त हिन्दी-साहित्येतिहास की महत्त्वपूर्ण और लोकप्रिय, छात्रोपयोगी व शिक्षकोपयोगी पुस्तक भी होगी, एक ऐसे बटुए की तरह जिसमें मूल्यवान् स्वर्ण मुद्राएँ छोटी सी गाँठ में बंधी रहती हैं। यह कहा जा सकता है कि इस ग्रन्थ के आरम्भिक निबन्ध पाठ को वैचारिक संस्कार देने का कार्य करते हैं, तो बीच के निबन्ध हिन्दी के विशाल साहित्य के इतिहास का वर्णन करनेवाली विषयवस्तु समेटे हुए हैं तथा आखिरी चार निबन्ध नवअर्जित दृष्टि की कसौटी के रूप में खड़े हैं।

सन्दर्भ सूची

1 आलोचक का दायित्व- रामचन्द्र तिवारी, पृ0सं0 1

2 साहित्यिक निबन्ध- कन्हैया सिंह, पृ0सं0 3

3 वही, पृ0सं0 2

4 आलोचना और आलोचना- देवीशंकर अवस्थी, पृ0सं0 43

ऐसोसिएट प्रोफेसर-हिन्दी

युवराजदत्त स्नातकोत्तर महाविद्यालय

लखीमपुर-खीरी

बहुत कुछ सिखाती है सूफ़ी काव्य की मीमांसा

धनंजय चोपड़ा

यह अचानक नहीं है कि कन्हैया सिंह लगातार सूफ़ी मत और सूफ़ी काव्य को अपने अध्ययन और लेखन का विषय बनाये रहे। वास्तव में उन्होंने जिस भूमि को अपनी कर्मभूमि बनाया और जिस जीवन शैली को अपनाया वह उन्हें सहजता से ही सूफ़ी-सन्तों से जोड़े रखती है। वे अपनी सूफियानी फितरत के लेखक होने के नाते कभी जायसी को गाते मिले, तो कभी पूर्वांचल के सूफ़ी कवियों को। सच तो यह है कि उनके जीवन का बड़ा हिस्सा इन्हीं सूफ़ी कवियों को समझते-समझाते बीता है। 'हिन्दी सूफ़ी काव्य में हिन्दू संस्कृति', 'सूफ़ी मत', 'युगद्रष्टा महाकवि मालिक मुहम्मद जायसी', 'सूफ़ी काव्य : सांस्कृतिक अनुशीलन', 'उदार इस्लाम का सूफ़ी चेहरा' आदि पुस्तकों के माध्यम से डॉ सिंह ने सोच-विचार की जो जमीन तैयार की है, उसके लिए हिन्दी जगत् सदैव उनका ऋणी रहेगा।

मुझे उनसे व उनकी रचनाओं से जुड़ने का बहुत ही आत्मीय अवसर मिला। सच पूछिए तो मेरा उनसे जुड़ना भी सूफ़ी-सन्तों के काव्य को लेकर ही हुआ। उन दिनों मैं हिन्दुस्तान दैनिक समाचार पत्र में कार्यरत था। मुझे आजमगढ़ शहर में ब्यूरो प्रमुख बनाकर भेजा गया। साहित्यिक अभिरुचि होने के कारण मैं एक दिन कन्हैया सिंह के घर पहुँच गया। वे सफेद धोती-कुर्ता पहने अपने कमरे में बैठे कुछ रच रहे थे। उस दिन उनकी आत्मीयता ने मुझमें उन्हें जानने और समझने की ललक पैदा कर गयी। बातचीत में जब मैंने उन्हें बताया कि मैं राधास्वामी मत का हूँ और कबीर, दादू, पलटू और मलूक को खूब पढ़ा है, तो वे बहुत खुश हुए और अपने सूफ़ी अध्ययन के

सम्बन्ध में बताने लगे। अचानक मुझे लगा कि ये तो सूफ़ी रचनाओं के एक अद्‌भुद खजाने से कम नहीं हैं। फिर तो कन्हैया सिंह से मेरी जब भी मुलाकात होती, तो चर्चा के केन्द्र में कोई-न-कोई सूफ़ी-सन्त और उसकी रचनाएँ ही होतीं। सच कहूँ तो यही बात उनकी रचनाओं में है, जिन्हें पढ़ते हुए हम कई कालखण्डों और कई रचनाकारों व विचारकों के सोच-विचार से होकर गुजरने का अनुभव सहज ही पा लेते हैं।

कन्हैया सिंह मानते हैं कि सूफ़ी-साहित्य हमारे सामाजिक ताने-बाने की एकता को बनाने और बचाने का काम करता है। वे कहते हैं कि 'कुछ सूफ़ी मुस्लिम सत्ता के हस्तक अवश्य थे और प्रछन्न रूप से इस्लाम के प्रचारक थे, पर सच्चे सन्त और सूफ़ी कवि हिन्दू और मुसलमानों को एकता का सन्देश दे रहे थे।' वे कई स्थानों पर इसे सिद्ध भी करते हैं। वे इन सूफ़ी कवियों की राष्ट्रीय दृष्टि को सामने लाकर लोगों को यह सन्देश देना चाहते हैं कि राष्ट्र की उन्नति और एकता सर्वोपरि होना चाहिए। वे खूब जोरदारी से राष्ट्र, राष्ट्रवाद और राष्ट्रीयता पर अपने विचार रखते हैं और अपने पाठक को सन्तुष्ट कर देने में कोई कोताही नहीं बरतते।

बड़ी बात यह है कि सूफ़ी कवियों की बात करते हुए डॉ सिंह बहुत बारीकी से उन शब्दों की व्याख्या करते हुए आगे बढ़ते हैं, जो सूफ़ी रचनाओं को बनाते हैं, सँवारते हैं। इन्हें पढ़ते हुए कई बार ऐसा लगता है कि डॉ सिंह स्वयं में सूफ़ी शब्दों के परिभाषिक कोष हों। भाषा और शैली ऐसी कि पढ़नेवाला उसी में रम-सा जाए- 'प्रेम की ज्योति अन्त:करण में जगाये हुए, विरह में जलता हुआ साधक भावोल्लास की दशा में पहुँचता है और संसार समस्त सत्ता का उसे विस्मरण हो जाता है। उसका अहं मिट जाता है और वह जीवन रहते ही मृत जैसा हो जाता है। सांसारिक दृष्टि से यह उसका मरण है। सूफ़ी दर्शन में इसे फना कहा जाता है। बहुत दिनों तक उसे सूफ़ी साधना का चरम समझा जाता था। यही वह अन्तिम अवस्था है, जिसके लिए जीव बेचैन रहता है। इसकी उपलब्धि के पश्चात् आत्मा का परमात्मा से तादात्म्य हो जाता है। आगे चलकर नवीं शताब्दी के सूफ़ी चिन्तक अल-सर्राज ने फना से आगे की अवस्था बका को माना और उसे ही सूफ़ी का चरम लक्ष्य बताया।'

कहा तो यह भी जा सकता है कि सूफ़ीयाना अन्दाज पाये बिना उसकी इतनी सरल और सहज व्याख्या हो ही नहीं सकती। यही वजह है कि पढ़नेवाला उसमें रम जाता है और उसमें औरऔर पढ़ने की ललक बढ़ती ही जाती है।

कन्हैया सिंह ने अपने लेखन को विस्तार देने और अधिक उपयोगी बनाने में कोई कोर-कसर नहीं छोड़ी। वे जब सूफ़ी काव्य की बात करते हैं, तो साथ-ही-साथ सन्त कवियों को भी ले लेते हैं। वे योग और प्रेम समझाने के लिए यदि नाथपन्थियों का उदाहरण लेते हैं, तो जायसी को भी साथ रखते हैं। मैं इसे रचना-संसार में साहित्य का सामाजिक समरस रूप कहता हूँ। कई बार वे बड़ी ही बेबाकी से कई मतों को खारिज करते हैं और नयी अवधारणा को सामने रखते हैं, लेकिन आग्रह के रूप में। किसी जोर-जबरदस्ती की गुँजाइश वहाँ नहीं है। सच तो यह है कि यहाँ उनकी मंशा साफ झलकती है कि वे समाज को बेहतर बनाने का हर सम्भव प्रयास कर रहे हैं। वे यह बताने से नहीं चूकते कि हमारे सामाजिक सरोकारों की आध्यात्मिकता और व्यावहारिकता का पर्याय क्या है और हमें उन्हें किस रूप में लेना चाहिए। यहाँ यह कहना भी जरूरी है कि डॉ सिंह केवल अपनी व्याख्या देकर चुप नहीं होते, वे अबतक के विद्वान् इस विषय पर क्या कहते-लिखते रहे हैं, उससे भी परिचित कराते चलते हैं और यही वजह है कि उनका लिखा किसी कोष की तरह धरोहर बन जाता है।

दरअसल कन्हैया सिंह अपनी बातचीत में हमेशा सामाजिक संस्थाओं की उपादेयता पर जोर देते हैं और सूफ़ी-सन्तों के आग्रहों के अनुसरण को सही ठहराते हैं। वे मानते हैं कि जिस सामाजिक समरसता को हम पाना चाहते हैं, उसका रास्ता इन्हीं सूफ़ी व सन्त काव्य से होकर गुजरता है।

पत्रकारीय सोच के हिसाब से कन्हैया सिंह की एक बात मुझे बहुत भाती रही है कि वे जिस परिवेश में रहते हैं, उसे बखूबी जीते हैं और उसपर पूरी ठसक के साथ कलम चलाते हैं। अब देखिए न कि वे आजमगढ़ में रहते हैं, तो उन्होंने आजमगढ़ के लेखकों पर ही नहीं, पूर्वांचल के कई लेखकों और उनके रचनाकर्म से लोगों को परिचित कराने का बीड़ा उठाया और उसे बखूबी निभाया भी। इन लेखकों में राहुल सांकृत्यायन, अयोध्यासिंह हरिऔध

हैं, तो चन्द्रबली पाण्डेय भी हैं और पूर्वी उत्तरप्रदेश के कई सन्त कवि भी। उनकी लेखनी आजमगढ़ के वीर कुंवर सिंह पर चलती है, तो महायोगी गोरखनाथ पर। यह सब कुछ उनके आलोचना और सृजनात्मक रचनाकर्म से अलग है और लोगों को सीधे-साधे अपने सामाजिक परिवेश से जोड़कर बेहतर होने में सहायक बनता है।

आजमगढ़ में रहते हुए मैंने पाया कि वे किसी संस्था से कम नहीं हैं। सुबह-सुबह ठण्डी सड़क पर टहलते हुए डॉ सिंह मिल जायें और किसी विषय पर चर्चा शुरू हो जाये, तो समझिए कि आप को ऐसा बहुत कुछ मिलने जा रहा है, जो आप अपने पीछे आ रही पीढ़ियों को स्थानान्तरित कर सकते हैं। एक पत्रकार होने के नाते मैं उनसे कई मुद्दों पर राय लेने पहुँच जाता था। यहाँ मैं यह बता दूँ कि मैं वहाँ ब्यूरो प्रभारी था और अपने किसी भी संवाददाता को भेज सकता था, लेकिन मैं इस लोभ को नहीं छोड़ पाता था कि उनके पास जाने का मतलब है कि बहुत कुछ नया और सार्थक मिल सकता है। बस इसलिए मैं पहुँचता था। पहले तो वे पूछते कि जो कहेंगे वह वैसा ही छपेगा न। और मेरे हामी भरने पर वे बड़ी ही बेबाकी से अपनी बात कहते। चलते-चलते कुछ पढ़ने की सामग्री भी मिल जाती। मैं इतना तो दावे के साथ कह सकता हूँ कि भारतीय साहित्य परम्परा में अब ऐसे लोग बहुत कम ही बचे हैं, जो अपने पीछे आ रही पीढ़ी के सोच-विचार के विकास की चिन्ता रखते हैं। कन्हैया सिंह इस परम्परा के ही वाहक हैं। यह हम सबके लिए बहुत महत्त्वपूर्ण है कि वे अभी भी रच रहे हैं।

प्रभारी, सेण्टर ऑफ मीडिया स्टडीज, इलाहाबाद विश्वविद्यालय

पत्राचार का पता : 515, विनायक इनकलेव, अशोक नगर, प्रयागराज- 211002

कन्हैया सिंह : एक साक्षात्कार

सूर्यपाल सिंह

(कन्हैया सिंह से मेरा परिचय पच्चीस वर्ष पूर्व हुआ। उन्होंने 1 अगस्त, 2010 को अपने पचासी वर्ष पूरा किया है। लेखन और सामाजिक-राजनीतिक क्षेत्र में निरन्तर सक्रिय डॉ सिंह, भाषा-विज्ञान, पाठालोचन और सूफ़ी साहित्य के अधिकारी विद्वान् हैं। पर विद्वता उनके लिए बोझ नहीं है। अपने ही रूप-रंग, कद-काठी पर ठिठोली करनेवाला यह रचनाकार घूमफिर कर आजमगढ़ ही केन्द्रित रह। पैरों में शनीचर का वास। यदि घर पर रहे तो सुबह लेखन और शाम को टन्नी उठा इष्ट मित्रों का हाल-चाल, दुआ-सलाम। उसी में देश, समाज, राजनीति की चर्चा। साहित्य और समाज पर प्रभूत लेखन। उसमें स्थानीयता और वैश्विकता का समाहार। 'पूर्वापर'- के प्रवेशांक से ही उनके लेख पत्रिका में छपते रहे हैं। इस अंक में उनका लेख है ही, साक्षात्कार भी प्रस्तुत है। इसमें उनके व्यक्तित्व एवं कृतित्व को समझने के सूत्र मिलेंगे।—सं)

प्रश्न 1 डॉ साहब आपने प्रयाग विश्वविद्यालय से एमए किया, जबकि काशी हिन्दू विश्वविद्यालय आपके निकट था। क्या इसके पीछे कोई विशेष प्रयोजन था?

उत्तर : मैंने बीए आजमगढ़ से ही किया। एमए (हिन्दी) के लिए काशी और प्रयाग दोनों विकल्प थे। डॉ हजारीप्रसाद द्विवेदी और आचार्य विश्वनाथ प्रसाद मिश्र का आकर्षण कम नहीं था, पर प्रयाग की अलग छवि थी। वह उत्तर भारत का आक्सफोर्ड कहा जाता था। धीरेन्द्र वर्मा, रामकुमार वर्मा, माताप्रसाद गुप्त के साथ वहाँ नयी पीढ़ी के धर्मवीर भारती, जगदीश गुप्त, रघुवंश, रामस्वरूप चतुर्वेदी विभाग में आ गये थे। पाठ्यक्रम और लेखन दोनों में वैज्ञानिक दृष्टि, आधुनिकता और नये प्रयोगों के लिए प्रयाग प्रसिद्ध

था। अन्य भी आकर्षण थे। इतिहास में ईश्वरी प्रसाद, विधि में प्रो के के भट्टाचार्य, संस्कृत में क्षेत्रेश चन्द्र चट्टोपाध्याय व बाबूराम सक्सेना, अंग्रेजी में एमसी देव व फिराक सभी दिग्गज थे।

प्रश्न 2 आपने एमए करने के बाद किन परिस्थितियों में एलएलबी करने का निर्णय लिया, जब कि आप विधि के क्षेत्र में कम और हिन्दी के क्षेत्र में आजीवन जुड़े रहे।

उत्तर : एमए हिन्दी में पाँचवाँ स्थान योग्यता क्रम में मिला। प्रथम श्रेणी भी एक अंक से रुक गयी। कुछ खिन्नता में और कुछ विधि में रुचि ने वहाँ ला दिया। वहाँ मैंने हिन्दी की कमी पूरी की। योग्यता क्रम में प्रथम आया। कुलपति पदक तथा पाँच स्वर्णपदक पाया। प्रोफेसर भट्टाचार्य बहुत मानते थे। वे चाहते थे एलएलएम करूँ। पर 'ला' तो पड़ाव था। हिन्दी-लेखन चल रहा था। अत: फिर बैतलवा डार पर।

प्रश्न 3 हिन्दी के विभागाध्यक्ष धीरेन्द्र वर्मा थे। उनके सम्बन्ध में आपकी कैसी धारणा रही है? विभाग की गरिमा के सम्बन्ध में आपके विचार!

उत्तर : धीरेन्द्र वर्मा भाषा-विज्ञान के निष्णात विद्वान् और प्राचीन-नवीन काव्य की अद्यतन गतिविधियों के अद्यतन कोश थे। आदर्श शिक्षक थे। जितने गम्भीर उतने ही उदार। अनुशासन रोम-रोम में। बन्द गले की कालरवाली कोट, कड़क पैण्ट और दो पल्ली टोपी, सदैव साफ और सुव्यवस्थित वेश। विभाग में रामकुमार वर्मा, माताप्रसाद गुप्त से लेकर रामस्वरूप चतुर्वेदी तक सबके गुरु रहे। हिन्दी से नहीं संस्कृत से एमए थे और पेरिस से 'ब्रजभाषा' के भाषावैज्ञानिक अध्ययन पर डॉट ली। शोध-प्रबन्ध फ्रेंच में 'ला लांग ब्रज' नाम से मूलरूप में था। भाषा-विज्ञान को रोचक बनाने की क्षमता उनके शिक्षण में थी। रामकुमार वर्मा कवि के रूप में उनसे भी अधिक विख्यात थे। माताप्रसाद गुप्त रिसर्चर थे और इस क्षेत्र में बेजोड़ थे।

प्रश्न 4 आजमगढ़ के कॉलेज में कब आये? आपने कब लिखना शुरू किया और आपके लेखन का क्षेत्र मुख्यत: क्या था?

उत्तर : डीएवी में तो अक्टूबर, 1962 में आया। उसके पहले जुलाई, 1960 से 3 अगस्त, 1961 तक आजमगढ़ में अधिवक्ता रहा। 4 अगस्त,

1961 को टीडी कॉलेज जौनपुर में 'लॉ' का प्रवक्ता बना और अक्टूबर मध्य '62 तक रहकर डीएवी आ गया। फिर यहाँ से '66-'69 में आगरा विश्वविद्यालय में केएम मुन्शी हिन्दी तथा भाषा विज्ञान विद्यापीठ में प्रवक्ता बना पर एक ही साल बाद आजमगढ़ लौट आया।

टीडी कॉलेज में आने के पहले मेरा एक कहानी-संग्रह छप गया। लेख तो प्रयाग के छात्र-जीवन से ही साहित्य-सन्देश (आगरा) मासिक और सम्मेलन-पत्रिका प्रयाग में छपने लगे थे। 'पाठ-सम्पादन के सिद्धान्त' जौनपुर के काल में छपा। शोध-प्रबन्ध आगरा में, शेष तो आजमगढ़ में ही या जेल में।

प्रश्न 5 पाठालोचन और भाषा-विज्ञान दुरूह विषय माने जाते हैं। शास्त्रीय और तकनीकी भी हैं। इनमें रुचि कैसे जगी?

उत्तर : भाषा विज्ञान में धीरेन्द्र जी ने रुचि जगायी। उनकी ही पुस्तक 'हिन्दी भाषा और नागरी लिपि' जैसी पुस्तक मैंने भी उसी शीर्षक से लिखी जो विश्वविद्यालय प्रकाशन, वाराणसी से छपी और 'हिन्दी भाषा, साहित्य और नागरी लिपि, नाम से आज भी चल रही है। दस से अधिक आवृत्तियाँ हो चुकी हैं। पाठालोचन में माताप्रसाद गुप्त ही प्रेरक और आदर्श थे। 'पृथ्वीराज रासो' के सम्पादन में पाण्डुलिपि तैयार कराने में उन्होंने मेरा उपयोग किया और वे मेरे इस विषय के प्रकाशित हो रहे लेखकों पर मुझे प्रोत्साहन देते रहे। शास्त्रीय और तकनीकी विषयों में मेरा मन अधिक लगता है। इसी कारण मैंने छात्र जीवन से ही इन विषयों में लिखना प्रारम्भ कर दिया। विधि क्षेत्र में इसी रुचि से मुझे लैम्सडन गोल्ड मेडल मिला, जो मेरे विश्वविद्यालय का प्रेस्टीज मेडल होता है।

प्रश्न 6 आपने कई जगह कार्य किया पर भागकर आजमगढ़ ही आ गये।

उत्तर : हर प्रवास में कुछ-न-कुछ मिलता है। जौनपुर हृदय नारायण सिंह प्राचार्य से बहुत कुछ सीखा। आगरा में विद्यापीठ के निदेशक माताप्रसाद गुप्त थे। उनका एक वर्ष का साथ बड़ा मूल्यवान् था। पं उदयशंकर शास्त्री का स्नेह, राम विलास शर्मा का प्राय: वार्त्ता की मेज पर साथ, ब्रजेश्वर वर्मा, प्रेमस्वरूप गुप्त सबसे कुछ-न-कुछ मिला। रूसी महिला मास्को यूनिवर्सिटी में प्रवक्ता नताल्या मिखियानोवा उपाख्य सजानोवा का निर्देशन किया—सूर

के पदों का रूसी अनुवाद। वह बड़ा ही उपयोगी और काम का अनुभव था। पॉलिटिक्स वहाँ बहुत थी, अत: एक वर्ष अवकाश के बाद वहाँ से भाग आया।

प्रश्न 7 आगरा विश्वविद्यालय के एक वर्ष में आपकी उपलब्धियाँ?

उत्तर : राजनीति मेरा पथ-भ्रम था। पर था और जीवनभर साथ लगा रहा। बीए में इलाहाबाद में प्रवेश लेकर भी आजमगढ़ रह गया—राजनीति के मोह में। शिब्ली कॉलेज छात्रसंघ का अध्यक्ष बना और विद्यार्थी परिषद् का जिलाध्यक्ष/रास्वसंघ का सक्रिय सदस्य, नगरपालिका अध्यक्ष, संघ का विभाग कार्यवाह, संघ के कई आनुषंगिक क्षेत्रों का प्रदेश स्तर का पदाधिकारी और अन्त में 19 महीने का इमरजेन्सी की मीसा/नैनीजेल में। पर सब में समय निकालकर लिखता रहा। इन दो क्षेत्रों का समायोजन सम्भव नहीं होता। अत: मुझे लगता है कि मेरी राजनीति ने मेरे साहित्य की गति रोकी और साहित्य, साहित्यकार का इगो, ठसक आदि ने राजनीति को लगाम लगायी।

प्रश्न 8 आपने राजनीति और साहित्य दोनों क्षेत्रों सक्रियता से भाग लिया। इससे आपको क्या सुविधा-असुविधा हुई? आपने दोनों का सन्तुलन कैसे बनाया? आपातकाल में राजनीति के कारण आपको लम्बी जेल मिली, उसका अनुभव क्या रहा?

उत्तर : आपातकाल के संस्मरण मैं 'अन्धेरे के अध्याय' में लिख चुका हूँ। आपातकाल पर टिप्पणी भी उस पुस्तक की लम्बी भूमिका में है। आपातकाल एक कलंक था, भारत के इतिहास में। एक महिला की जिद और कुर्सी मोह का नग्न नृत्य। लोक ने उत्तर प्रदेश की 85 की 85 सीटों से हराकर उन्हें बता दिया कि वह निर्णय कैसा था। पर जनता पार्टी के शासन ने जनता को और निराश किया। महिला के कुर्सी मोह के विरुद्ध पानी पी पीकर कोसनेवाले चौधरी चरण सिंह और चन्द्रशेखर ने कुर्सी—मोह में उसे भी पछाड़ दिया। नतीजा यह है कि आज भी अघोषित आपातकाल जैसा शासन दिल्ली और लखनऊ दोनों में है—

कहु केहि रंकिंह करउँ नरेशू।
कहु केहि नृपिंह निकारौं देसू।।

प्रश्न 9 वर्तमान हिन्दी-साहित्य पर आपकी टिप्पणी?

उत्तर : वर्तमान हिन्दी-साहित्य में सृजनात्मक लेखन बहु आयामी हुआ है और हिन्दी ही नहीं अन्य भारतीय भाषाओं में उपन्यास-कहानी में विशेष प्रयोग और विविधिताएँ आयी हैं। पर कविता के क्षेत्र में दुरूहता और कला ने उसे 'जन' से काटकर 'विशिष्ट जन' की चीज बना दिया है और शुद्ध कविता कम वाद-विवादग्रस्त अधिक हो गयी है। आलोचना खेमेबन्दी की शिकार है और आलोचक दरबार की भी चिन्ता अधिक करते हैं। सुविधा, सम्मान, पुरस्कार पद से सत्ता बुद्धिजीवियों पर हावी है। पर इसी में कुछ स्वतन्त्र और स्वाधीन भी हैं।

प्रश्न 10 विश्व के स्तर पर हिन्दी की क्या सम्भावना है।

उत्तर : स्वदेश में हिन्दी की गरिमा पर वैश्विक परिवेश में हिन्दी की स्वीकार्यता बढ़ेगी।

प्रश्न 11 लेखन के क्षेत्र में आपकी भावी योजनाएँ क्या हैं?

उत्तर : इस समय मैं 'वीर कुँवर सिंह', युग प्रवर्तक गोरखनाथ, आलोचना के नये प्रत्यय, इतिहास और विमर्श, संस्मरणों के आलोक में नये चार पुस्तकें प्रेस में हैं। हिन्दी साहित्य में 'पाठालोचन' पर मुझे एक आधिकारिक लेखक माना जाता है। सूफ़ीसाहित्य के अध्ययन को मैंने चन्द्रबली पाण्डे के कार्यों से आगे बढ़ाया है। राहुल सांकृत्यायन और हरिऔध जैसे बहुआयामी रचनाकारों की आलोचना 100-125 पृष्ठों में जो मैंने की है, वह गागर में सागर जैसी है। मैंने जो कुछ काम किया है, नया किया है, पृष्ठपेषण नहीं, कुछ छात्रोपयोगी पुस्तकों को छोड़कर।

सम्पादक
पूर्वापर पत्रिका
गोण्डा

कन्हैया सिंह की राहुल विषयक दृष्टि

आलोक गुप्त

हिन्दी विश्व की सबसे लोकप्रिय तथा सबसे ज्यादा बोली जानेवाली भाषाओं में से एक है। इसको लोकप्रिय बनाने में अनेक साहित्य-चिन्तकों का हाथ है, जो निरन्तर साहित्य-सेवा कर रहे हैं। किसी भाषा के रचनाकार उस भाषा को समृद्ध करते हैं, तो आलोचक उसमें परिशोधन करके उसको परिष्कृत करते हैं। कालक्रम की दृष्टि से भारतेन्दु हरिश्चन्द्र को आधुनिक हिन्दी का प्रथम आलोचक तथा उनकी पुस्तक 'नाटक' (1883) शीर्षक शास्त्रीय निबन्ध को आधुनिक हिन्दी का प्रथम सैद्धान्तिक आलोचना माना जाता है। लेकिन आचार्य रामचन्द्र शुक्ल जी ने हिन्दी में 'समालोचना' के सूत्रपात का श्रेय बालकृष्ण भट्ट और चौधरी बदरीनारायण 'प्रेमघन' को दिया है; क्योंकि ''समालोच्य पुस्तक के विषयों का अच्छी तरह विवेचन करके गुण-दोष के विस्तृत निरूपण की चाल उन्हीं ने चलायी।' बच्चन सिंह ने लिखा है—''भट्ट जी हिन्दी के पहले आलोचक हैं और 'संयोगिता-स्वयंवर' पर लिखी गयी उनकी शीर्षक आलोचना पहली आलोचना (1886) है।'' इसके बाद आलोचना के क्षेत्र में महावीरप्रसाद द्विवेदी, रामचन्द्र शुक्ल, राहुल सांकृत्यायन, नन्ददुलारे वाजपेयी, हजारीप्रसाद द्विवेदी, नगेन्द्र, रामविलास शर्मा, अज्ञेय, रामस्वरूप चतुर्वेदी, नामवर सिंह प्रभृत विद्वानों ने महत्त्वपूर्ण कार्य किया। इसी कड़ी में भाषाविद् आलोचक कन्हैया सिंह का योगदान सराहनीय है। आपने कई आलोचनात्मक पुस्तकें लिखीं हैं।

रामस्वरूप चतुर्वेदी ने अपनी पुस्तक 'हिन्दी साहित्य और संवेदना का

विकास' में लिखा है—"कवि का काम यदि दुनिया में ईश्वर के कामों को न्यायोचित ठहराना है, तो साहित्य के इतिहासकार का काम है कवि के कामों को साहित्येतिहास की विकास-प्रक्रिया में न्यायोचित दिखा सकना।" आचार्य रामचन्द्र शुक्ल ने इसे कहा था—"इन्हीं चित्तवृत्तियों की परम्परा को परखते हुए साहित्य परम्परा के साथ उनका सामंजस्य दिखाना।" यानी कवि, यदि अपने इर्द-गिर्द के संसार और जीवन को देख-परखकर उसे अर्थ देता है, तो आलोचक और इतिहासकार कवि की इस रचना में अर्थ का सन्धान करता है और उसे संवर्द्धित करता है।

कन्हैया सिंह की पुस्तक 'राहुल सांकृत्यायन' और 'राहुल सांकृत्यायन समग्र अनुशीलन' बहुत महत्त्वपूर्ण है। इसमें राहुल सांकृत्यायन के व्यक्तित्व और कृतित्व का विशद विवेचन किया गया है। डॉ सिंह ने अपनी पुस्तक 'राहुल सांकृत्यायन' में राहुल जी के बारे में शुरुआत में जो बताया है, वह दर्शनीय है—"राहुल सांकृत्यायन विश्व-विश्रुत विद्वान् और अनेक भाषाओं के ज्ञाता थे। ज्ञान के विविध क्षेत्रों में उनका अवदान अतुलनीय है। भाषा और साहित्य के अज्ञात गुहान्धकारों को प्रकाशित करने, इतिहास और पुरातत्त्व के अछूते क्षेत्रों को उद्घाटित करने, विश्वभ्रमण का कीर्तिमान स्थापित करते हुए यात्रा-वृत्तान्तों के विपुल साहित्य-लेखन और यात्रा-वृत्तान्त को 'घुमक्कड़शास्त्र' के रूप में शास्त्र प्रतिष्ठा देने, अपनी जीवन-यात्रा के पाँच भागों में एक अनुपम आत्मकथा लिखने और दर्जनों महत्त्वपूर्ण ज्ञात-अज्ञात लोगों की जीवनी प्रस्तुत करने से लेकर पुरातत्त्व, इतिहास और समाज-दर्शन, अर्थशास्त्र के जीवन्त पहलुओं को उद्घाटित करनेवाली विश्व प्रसिद्ध कहानियों और उपन्यासों के सृजन, दर्शन और राजनीति पर समर्थ साहित्य रचना के साथ ही उन्होंने राष्ट्रीय स्वतन्त्रता-आन्दोलन में सक्रिय भागीदारी, किसान-आन्दोलन की अगुआई, राष्ट्रभाषा हिन्दी और जनपदीय भाषाओं की प्रतिष्ठा के लिए एक सिपाही की भाँति सक्रिय संघर्ष करते हुए विदेशों के विश्वविद्यालयों में प्रतिष्ठापूर्ण आचार्य के रूप में अध्यापन और अपने समर्थ पद-संचरण से देश और विदेश के दुर्गम क्षेत्रों को अनवरत देखा-परखा। इतने कार्यों को एक साथ सम्पन्न करना एक साधारण आदमी के वश का

कार्य नहीं था। वे चलते-फिरते विश्वकोष थे और कर्मशक्ति के कीर्तिमान् थे ऐसे महापुरुष शताब्दियों में विश्व-पटल पर अवतीर्ण होते हैं। राहुल उन्हीं महापुरुषों में एक थे।''

कन्हैया सिंह राहुल सांकृत्यायन के घुमक्कड़ी प्रवृत्ति के विषय में बताते हुए कहते हैं कि, ''राहुल जी का बचपन उनके पैतृक ग्राम कनैला में न बीतकर ननिहाल पन्दहा में बीता। नाना रामशरण पाठक युवावस्था में फौज में नौकरी कर चुके थे, जो अपने सैनिक-जीवन के किस्से-कहानियाँ उन्हें सुनाया करते थे। सम्भवत: विभिन्न देशों-प्रदेशों के वर्णनों को सुनकर उन्हें अपनी आँखों से देखने की इच्छा ने ही उनमें यायावरी का मानसिक आधार तैयार किया। जिसे कक्षा तीन की उर्दू पुस्तक में इस्माइल मेरठी के शेर ने सक्रियता प्रदान की—

''सैर कर दुनिया की गाफिल, जिन्दगानी फिर कहाँ।
जिन्दगानी गर रही तो, नौजवानी फिर कहाँ।''

राहुल जी के बचपन का नाम केदारनाथ पाण्डेय था। जब वे बिहार के छपरा जिले के परसा मठ में वैष्णव साधु हुए तब उनका नाम पड़ा बाबा रामउदारदास। कन्हैया सिंह ने बताया है कि जब 1927-28 में वे श्रीलंका में संस्कृत-अध्यापक नियुक्त हुए, तब वहाँ वे बौद्ध धर्म ग्रन्थों, साहित्य तथा पालि भाषा का अध्यापन कर बौद्ध धर्म में दीक्षित होकर बौद्ध भिक्षु बन गये तथा भगवान् बुद्ध के पुत्र राहुल के नाम को अपने नाम के साथ जोड़ लिया, जो न केवल आजीवन उनके नाम के साथ जुड़ा रहा बल्कि पहचान का एक मात्र पर्याय बन गया, सरयू परीय ब्राह्मणों में सोलह प्रतिष्ठित गोत्र हैं—

गर्गश्च गौतमश्चैव शांडिल्यश्च पराशर:।
सार्वाणि: कश्यपोवत्सो भरद्वाजोश्च मालव:।
कौशिको भार्गवश्चैव वत्स: कात्यायनोऽङ्गिरा।
सांकृत्योजामदग्नश्च षोडशैते प्रतिष्ठित:।।

(सरयूपारीण ब्राह्मण-वंशावली पृष्ठ 5)

इन्हीं प्रतिष्ठित सोलह गोत्रों में परिगणित 'सांकृत' गोत्र में केदारनाथ उपाख्य राहुल उत्पन्न हुए थे, जिन्होंने अपने इसी सांकृत गोत्र के आधार पर

बौद्ध परम्परा के अनुसार 'सांकृत्यायन' जोड़ लिया।

अपनी जिज्ञासु व घुमक्कड़ प्रवृत्ति के चलते घर-बार त्यागकर साधुवेषधारी संन्यासी से लेकर वेदान्ती, आर्यसमाजी व किसान नेता एवं बौद्ध-भिक्षु से लेकर साम्यवादी चिन्तक तक लम्बा सफर तय किया। उनकी अद्‌भुत तर्कशक्ति और अनुपम ज्ञान-भण्डार को देखकर ही काशी के पण्डितों ने उन्हें महापण्डित की उपाधि दी। राहुल जी का व्यक्तित्व बहुआयामी तथा विविधतापूर्ण था। कहा जाता है कि उन्हें देशी-विदेशी 36 भाषाओं का ज्ञान था। आलोचक नामवर सिंह ने एक प्रसंग में कहा था कि "राहुल जी ने अपना सारा काम चाहे वह पालि-सम्बन्धी हो या प्राकृत, अपभ्रंश-सम्बन्धी हो या संस्कृत अपनी सारी जान हिन्दी में निचोड़ दिया था।" निराला के शब्दों में कहें तो—"हिन्दी के हित का अभिमान वह, दान वह।"

राहुल के स्वतन्त्रता सम्बन्धी विचारों को रेखांकित करते हुए कन्हैया सिंह ने कहा है कि—"राहुल जी केवल विचारक और लेखक ही नहीं थे, सामाजिक, राजनैतिक कार्यकर्त्ता भी थे। वे किसानों व दलितों के मसीहा थे। अत: असहयोग-आन्दोलन से लेकर किसान-आन्दोलन तक में काम किया, जहाँ लाठियाँ भी खानी पड़ीं। बिहार के किसान- आन्दोलन के कार्यकर्त्ताओं एवं नेताओं की स्मृति में फिरंगिया के रचयिता श्री मनोरंजन की पंक्तियाँ द्रष्टव्य हैं—

"राहुल के सर खून बहे,
फिर क्यों वह खून उबल न उठे?"

वस्तुत: राहुल जी "हिन्दी नवजागरण-काल के आगे बढ़े हुए दौर के नेता थे। 1857 के स्वतन्त्रता संग्राम से शुरू हुए हिन्दी नवजागरण की जिस मशाल को लेकर भारतेन्दु हरिश्चन्द्र, पं महावीरप्रसाद द्विवेदी, आचार्य रामचन्द्र शुक्ल तथा प्रेमचन्द आगे बढ़े, राहुल जी उसकी अगली कड़ी थे।"

हम एक ऐसे समाज में जी रहे हैं, जिसमें जीवित व्यक्ति की कद्र नहीं होती, मरने के बाद उसके कार्यों को याद किया जाता है या जब आवश्यकता होती है, तब उसपर ध्यान नहीं दिया जाता है। डॉ सिंह बताते हैं कि हर

महान् व्यक्ति की तत्कालीन समाज द्वारा उपेक्षा तथा अवहेलना की जाती है और राहुल जी भी इससे बच नहीं सके। जो महान् विभूति अपनी बहुमुखी प्रतिभा के कारण देश एवं काल की सीमाएँ लाँघकर सार्वदेशिक एवं सार्वकालिक हो गयी थी, उसे अपने ही देश-प्रदेश एवं जनपद में समुचित महत्त्व नहीं दिया गया। भारतीय बाल अधिकार कार्यकर्त्ता कैलाश सत्यार्थी को नोबेल पुरस्कार मिलने से पहले भारत के लोग ही उन्हें नहीं जानते थे। पुरस्कार मिलने के बाद लोग उनके कामों को जान सके। इस तरह के कितने ही विद्वान् और सामाजिक कार्यकर्त्ता उपेक्षा का शिकार हो जाते हैं।

राहुल सांकृत्यायन की कहानियों और उपन्यासों का विस्तार इतिहास की कथा-व्यथा को लेकर हुआ था। इस पर डॉ सिंह जी लिखते हैं, "राहुल मूलत: एक विचारक, चिन्तक और इतिहास की परतों में अपनी पारदर्शी दृष्टि से झाँकनेवाले अनुसन्धित्सु थे। इसी दिशा में उन्होंने विश्व के भूगोल को अपने पैरों से नापा और अतीत को धरती के अन्तस्तल में सुरक्षित साक्ष्यों से लेकर पुराभाषाओं की शब्द-यात्रा तक छानकर निकालने का अथक प्रयास किया। इसी ऐतिहासिक दृष्टि के कारण राहुल की कहानियाँ अन्यों की भाँति व्यक्ति की कहानियाँ नहीं, अपितु जातियों और युगों की कहानियाँ हैं। जैसे अपने दो डग से राहुल ने धरती का कोना-कोना नाप डाला, उसी प्रकार अपनी अन्तर्प्रज्ञा से उन्होंने 8000 वर्ष के अतीत का भावबोध किया और अपने मानस-चक्षु से उस काल-खण्ड के बदलते युगों के नर-नारी, परिवार-समाज, गण-समूह, राजशाही और सामन्तशाही खान-पान एवं संस्कृतियों का प्रत्यक्ष दर्शन किया।"

जब दो साहित्य, रचनाकार या उनकी रचना का तुलनात्मक अध्ययन किया जाता है, तो उसका फलक विस्तृत होने के साथ वह अधिक बोधगम्य हो जाता है तथा उसको पढ़ने पर उसकी स्मृति भी लम्बे समय तक बनी रहती है। आजकल शोधकार्य में भी तुलनात्मक अध्ययन पर जोर दिया जाता है। रामस्वरूप चतुर्वेदी ने अपनी 'हिन्दी साहित्य और संवेदना के विकास' में भी तुलनात्मक पद्धति का प्रयोग आवश्यकतानुसार किया है। इसी तरह कन्हैया सिंह जी भी तुलनात्मक पद्धति का प्रयोग करते हुए लिखते हैं,

"प्रसाद ने ऐतिहासिक नाटकों के द्वारा न केवल हिन्दी साहित्य की कला-सर्जना की अभिवृद्धि की है, बल्कि मौर्य-गुप्त कालीन भारतीय इतिहास की अनेक विलुप्त शृंखलाओं को जोड़कर इतिहासकारों की आँख भी बोल दी है। इसी प्रकार का कार्य राहुल सांकृत्यायन ने अपने उपन्यासों द्वारा किया है। प्रसाद और राहुल की इतिहास-दृष्टि और सांस्कृतिक-सामाजिक दृष्टि में अन्तर अवश्य था। इसी अन्तर के चलते प्रसाद ने राजाओं और राजवंश के मुख्य परिवेश में कुछ सामान्य श्रेष्ठ चरित्रों की खोज और सृष्टि की थी, पर राहुल ने राजशाही के तूफान में भी लोकमणियों की तलाश की और यह प्रतिष्ठित किया कि प्रतिभा, पौरुष और पराक्रम से साधारण आदमी भी असाधारण बन सकता है, और असाधारणता तक समाज को पहुँचाने में लोकशाही उपयुक्त माध्यम होती है। इसी प्रकार के साधारण लोक व्यक्तित्ववाले सिंह और जय थे।"

किसी कहानी या उपन्यास में लेखक क्या कहना चाहता है, उसको कम-से-कम शब्दों में व्यक्त करने में कन्हैया सिंह सिद्धहस्त हैं। उन्होंने राहुल की प्रत्येक कहानियों, उपन्यासों आदि के सार तत्त्व को कम-से-कम शब्दों में व्यक्त किया है। राहुल जी ने हिन्दी साहित्य के इतिहास के आदिकाल की सामग्री सुलभ कराने, उसके पाठ को सम्पादित करने और उसकी भाषा को सुनिश्चित करने का महनीय कार्य किया। जिस तरह राहुल पल्लवग्राही विद्वान् नहीं थे तथा किसी विषय में मूल तक पहुँचने का प्रयास करते थे, उसी तरह कन्हैया सिंह भी किसी भी दशा में मूल तक पहुँचकर तथ्यों का अन्वेषण करने में सिद्धहस्त हैं।

राहुल जी ने दक्खिनी हिन्दी की खड़ीबोली और उर्दू के विकास की दृष्टि से अध्ययन किये जाने की बात कही थी, इस पर कन्हैया सिंह ने ध्यान दिलाया है कि हिन्दी के विद्वानों का ध्यान इधर जाना चाहिए और राहुल जी के इस अधूरे कार्य को पूरा करना चाहिए। राहुल जी ने साहित्य के सर्जनात्मक पक्ष के साथ ही उसके इतिहास के अँधेरे में प्रविष्ट होकर अनेक अमूल्य निधियों का उद्घाटन और उनका महत्त्व प्रतिपादन किया।

राष्ट्रभाषा और मातृभाषा के सम्बन्ध में कन्हैया सिंह के विचार राहुल सांकृत्यायन के विचारों को आगे बढ़ानेवाले लगते हैं। उनका मत है कि राष्ट्र के निर्माण में भाषा और संस्कृति का महत्त्वपूर्ण हाथ होता है। जिस राष्ट्र के पास अपनी भाषा नहीं होती, वह गूँगा होता है। पराधीन भारत में अंग्रेजी का वर्चस्व बढ़ा और अपनी देशभाषाओं की उपेक्षा हुई। राष्ट्रीय आन्दोलन के साथ राष्ट्रभाषा हिन्दी की प्रतिष्ठा का कार्य भी हुआ। राहुल जी भाषा को संस्कृति की वाहिका मानते हैं। भारतीय संघ की राष्ट्रभाषा या अन्तर्प्रान्तीय सम्बन्ध की भाषा हिन्दी ही होनी चाहिए, इसके सम्बन्ध में राहुल जी दृढ़ थे। राहुल जी हिन्दी की समस्त बोलियों को जनपदीय बोलियाँ या मातृभाषाएँ कहते थे। इस सम्बन्ध में उनका मानना था कि यदि हम अपनी तरुण और वयस्क जनता को दस-पन्द्रह साल के भीतर शत-प्रतिशत साक्षर और शिक्षित बनाना चाहते हैं, तो मातृभाषाओं के बिना यह काम नहीं हो सकता। भाषा को राहुल जी 'बहता नीर' मानते थे और उसके स्वाभाविक विकास के पक्षधर थे।

कन्हैया सिंह की पुस्तक 'राहुल सांकृत्यायन समग्र अनुशीलन' राहुल की जन्म- शताब्दी के अवसर पर निकला था। इस पुस्तक में कन्हैया सिंह समेत कुल चौंतीस लेख संग्रहीत किये गये हैं। जिसमें रामचन्द्र तिवारी, पं नर्मदेश्वर चतुर्वेदी, कुबेरनाथ राय और नगेन्द्र के दो-दो लेख संगृहीत हैं। विद्यानिवास मिश्र का लेख घटनाप्रधान है। कन्हैया सिंह का लेख 'राहुल की जीवन यात्रा' राहुल के जीवन के विषय में महत्त्वपूर्ण जानकारी प्रदान करता है। यह 'राहुल सांकृत्यायन' पुस्तक के प्रथम अध्याय के रूप में भी है। रामचन्द्र तिवारी का पहला लेख घटनाप्रधान है तथा दूसरे लेख में राहुल की इतिहास दृष्टि और हिन्दी काव्यधारा विषय पर गम्भीर चिन्तन है। नर्मदेश्वर चतुर्वेदी ने अपने पहले लेख में राहुल की भारतीय दृष्टि के बारे में विस्तार से बताया है तथा दूसरे लेख में लोक-नाट्य परम्परा और राहुल जी के भोजपुरी नाटकों पर अपनी दृष्टि डाली है। बनारसीदास चतुर्वेदी ने विदेशी लेखकों के वक्तव्यों के आधार पर राहुल के व्यक्तित्व की चर्चा की है। अन्त में राहुल की कुछ कमियों को उजागर करते हुए लिखा है, "राहुल

जी के प्रशंसक होने पर भी हम उनके अंधभक्त नहीं हैं। उनकी कार्यपद्धति में हमें कुछ त्रुटियाँ दीख पड़ती हैं, और यह सर्वथा स्वाभाविक है। वे राहुल की कार्यप्रणाली की तत्परता, उनके मांसाहार पर अधिक जोर देने को भी हम अनावश्यक और हानिकारक समझते हैंस्त्री जाति की अन्तर्निहित शक्तियों के विषय में भी भिक्षु राहुल जी के विचार हमें समय की गति से कुछ पिछड़े हुए नजर आये।'' (पृष्ठ 36)

भगवतशरण उपाध्याय और राहुल के भतीजे श्री कैलाश पाण्डेय ने राहुल पर संस्मरणात्मक लेख लिखा है। कुबेरनाथ राय ने अपने पहले लेख में भारतीय वामपन्थ के आचार्य के रूप में राहुल को प्रतिस्थापित किया है तथा दूसरे में उन्होंने बताया है राहुल ने साहित्य के क्षेत्र में भगीरथ जैसा प्रयास किया है। कामता कमलेश ने धर्म के विषय में राहुल की दृष्टि उजागर किया है। उदयशंकर दुबे ने राहुल को आधुनिक युग का ह्वेनसांग माना है। उदयप्रताप सिंह ने राहुल की उपलब्धियों को गिनाया है। विवेकी राय ने राहुल के कुछ पत्रों की चर्चा की है। नगेन्द्र ने अपने पहले लेख में वोल्गा से गंगा पर समीक्षात्मक टिप्पणी की है तथा दूसरे लेख में राहुल के दो ऐतिहासिक उपन्यासों (सिंह सेनापति और जय यौधेय) पर चर्चा की है। विष्णुप्रभाकर ने राहुल को एक और बोधिसत के रूप में मूल्यांकन किया है। जगदीश गुप्त और सत्यपाल चुघ ने मधुर स्वप्न उपन्यास पर दृष्टि डाली है। कैलाश चन्द्र भाटिया, अनिलकुमार तिवारी और सुनीता शास्त्री ने राहुल की भाषा के विषय में विस्तृत टिप्पणी की है। श्री राजेश सिंह ने राहुल की प्रथम परिणीता के दु:खों को व्यक्त किया है।

कन्हैया सिंह का राहुल सांकृत्यायन पर किया गया कार्य राहुल विषयक नवीन दृष्टि देने के साथ हिन्दी साहित्य को भी समृद्ध करता है। आपने जिस तरह से राहुल से सम्बन्धित अपने विचारों को व्यक्त किया है उस तरह से शायद ही कोई अन्य आलोचक किया होगा। आपने आलोचना के साथ-साथ हिन्दी-पाठानुसन्धान, हिन्दी भाषा तथा इतिहास आदि अनेक क्षेत्रों में अपनी प्रतिभा का लोहा मनवाया है। नये साहित्य-अध्येताओं को आपकी रचनाओं से सदैव मार्गदर्शन प्राप्त होता रहेगा। आपके इतने महान् साहित्यिक अवदानों

को भुलाया नहीं जा सकता। जिस तरह युगों के बाद राहुल जैसा विद्वान् हुआ उसी तरह कह सकते हैं कि युगों के बाद आप जैसे भाषाविद् आलोचक का अविर्भाव हुआ।

शोधार्थी, हिन्दी विभाग,
इलाहाबाद, विश्वविद्यालय प्रयागराज
मो 8896269916

सन्दर्भ

1 सिंह, कन्हैया, राहुल सांकृत्यायन (नयी दिल्ली : शिवांक प्रकाशन, 2013)
2 सिंह, कन्हैया, राहुल सांकृत्यायन समग्र अनुशीलन (इलाहाबाद : किताब महल प्रकाशन 1994)
3 जैन, निर्मला, हिन्दी आलोचना की बीसवीं सदी (नयी दिल्ली : राधाकृष्ण प्रकाशन 1996)
4 सिंह, बच्चन, हिन्दी साहित्य का दूसरा इतिहास (दिल्ली : राधाकृष्ण प्रकाशन, 2018)
5 चतुर्वेदी, रामस्वरूप, हिन्दी साहित्य और संवेदना का विकास (इलाहाबाद : लोकभारती प्रकाशन 2014)
6 शुक्ल, रामचन्द्र, हिन्दी साहित्य का इतिहास (इलाहाबाद : प्रिया प्रकाशन, 2005-06)
7 तिवारी, रमेश, आलोचना और साहित्य-चिन्तन (इलाहाबाद : प्रिया प्रकाशन, 2005-06)
8 त्रिपाठी, विश्वनाथ, हिन्दी आलोचना (दिल्ली : राजकमल प्रकाशन, 2013)

प्रतिभा की प्रतिमूर्ति कन्हैया सिंह

अंगदकुमार सिंह

भाषाविद् गुरुवर्य प्रो रामदरश राय ने कन्हैया सिंह पर केन्द्रित मेरे द्वारा लिये गये साहित्यिक साक्षात्कार के अनुक्रम में कहा कि, ''कन्हैया सिंह एक मनीषी साहित्यकार और लोकचेतना से सम्पन्न उदार इन्सान हैं। सामर्थ्य से आगे बढ़कर किसी की भी मदद करना उनका आभिजात्यिक स्वभाव है।'' डॉ राय ने यह भी कहा कि, ''आजमगढ़ जैसे अल्पख्यात नगर को कन्हैया सिंह ने साहित्य के राष्ट्रीय क्षितिज पर प्रतिष्ठापित करने का यशस्वी उपक्रम किया है। सच तो यह है कि डॉ सिंह अपने जीवनकाल में ही मिथकपुरुष बन गये।''

(साक्षात्कार, दिनांक 24022020, गोरखपुर)

यह कौन जानता था कि 02 अगस्त, 1935 को धरवारा गाँव, जिला आजमगढ़ में कन्हैया नामधारी जो नवजात शिशु ने जन्म लिया है, वह आगे चलकर हिन्दी-साहित्यगगन में अपनी प्रभूत आभा विकीर्ण करेगा और पाठकवर्ग के अन्तर्मन को उद्वेलित भी। कन्हैया सिंह जब शनैः-शनैः बड़े होने लगे, तो उनमें धीरे-धीरे शिक्षा के बीज अंकुरित होते गये और वही अंकुर आगे चलकर प्रगाढ़ रुचि में बदल गया। वे बीए, एमए की उपाधि हासिल किये, तो एलएलबी की भी। पी-एचडी हिन्दी-साहित्य में गोरखपुर विश्वविद्यालय, गोरखपुर से किया तो डीलिट् वीरबहादुर सिंह पूर्वांचल विश्वविद्यालय, जौनपुर से। डॉ सिंह ने शुरू से ही मेधावी छात्र के रूप में अपनी पहचान बनायी और उसी पहचान को अब भी इस 85 वर्ष की उम्र में बनाये हुए हैं।

कन्हैया सिंह जी ने अधिवक्ता के रूप में अपनी सेवा की शुरुआत की। लगभग एक वर्ष में आपके द्वारा जनता को समुचित न्याय दिलाने का जो कार्य किया गया, वह अनुकरणीय रहा। तत्पश्चात् आपने टीडी कॉलेज, जौनपुर में विधि-प्रवक्ता के रूप में छात्रों का मार्गदर्शन किया, परन्तु दैवयोग में कुछ और ही लिखा था, जिस कारण से एक वर्ष बीतते-बीतते आपकी नियुक्ति आजमगढ़ के डीएवी डिग्री कॉलेज में हिन्दी-प्रवक्ता के पद पर हो गयी और 1962 से 1967 तक यहीं शिक्षादान करते रहे। इसी समय आपमें रचनाकार व्यक्तित्व के अंकुर फूटने शुरू हुए और धीरे-धीरे आप सर्जना करने में संलग्न होने लगे। 1967-68 में आगरा विश्वविद्यालय, आगरा में हिन्दी-प्रवक्ता नियुक्त हुए। परन्तु, कुछ ही समय बाद डीएवी डिग्री कॉलेज में आप रीडर और अध्यक्ष होकर पुन: लौट आये तथा 1976 तक एकनिष्ठ भाव से इस पद पर रहते हुए अपने दायित्त्वों का बखूबी निर्वहन किया।

आपकी प्रतिभा और विद्वत्ता तथा प्रशासनिक क्षमता को देखते हुए भटवली महाविद्यालय के प्रबन्धक श्री रामअवध सिंह ने अपने महाविद्यालय में आपको प्राचार्य के पद पर नियुक्त किया। डॉ सिंह ने प्राचार्य पद पर रहते हुए अनेक महत्त्वपूर्ण निर्णय लिये। आपके नेतृत्व में महाविद्यालय उन्नति के सोपान को प्राप्त किया और अपनी छवि श्रेष्ठ से श्रेष्ठतर बनाने में सफल रहा। कन्हैया सिंह ने कॉलेज को नये तरीके से संचालित करने का काम किया। यह कॉलेज कहने के लिए स्नातक स्तर का है, पर पढ़ाई के मामले में अनेक पीजी कॉलेज का कान काटते हुए नजर आता है। इस कॉलेज में प्रारम्भ से ही ऐसी लीक पड़ी है कि यहाँ के प्राध्यापक छात्र-हित के लिए अपने हित की तिलांजलि देने से नहीं चूकते। इसी परम्परा में मेरे गुरु-शिक्षक चन्देशकुमार पाण्डेय भी हैं, जिन्होंने हमारे जैसे छात्रों के लिए कहीं कोर्स पीछे न रह जाय, एतदर्थ अपने प्रमोशन हेतु अभिविन्यास पाठ्यक्रम और पुनश्चर्या कोर्स नहीं किया। मुझे ऐसा लगता है कि यह परम्परा सिंह की बनायी हुई लीक का परिणाम है, जिससे गुरु अपने कर्त्तव्य निर्वहन के लिए खुद के हित को छोड़ देते हैं। आज जब अपने सुख या प्रमोशन के लिए या बिना प्रमोशन के ही अध्यापक कक्षा में जाना अपराध समझ रहे हैं, तो ऐसे वातावरण में

वहाँ पर इस तरह की पढ़ाई का होना अपने आप में बहुत बड़ी बात है। यह परम्परा सूर्यपाल सिंह, तेजबहादुर सिंह, श्रीभगवान सिंह के प्राचार्यत्व काल तक विद्यमान रही। पर लगता है जैसे सूर्यपाल सिंह का कार्यकाल ही कॉलेज का सर्वश्रेष्ठकाल या स्वर्णकाल था, उसके बाद धीरे-धीरे यह परम्परा क्षीण होती नजर आ रही है। इसका कारण यह है कि एक तो शिक्षकों का अभाव, दूसरे जो कुछेक शिक्षक आ भी रहे हैं तो अपने को इतना पतित या गिरवी रखकर आ रहे हैं और जो कुछ बचा रह जा रहा है उसको कॉलेज के कर्त्ता-धर्ता, गिरवी रख ले रहे हैं। यही स्थिति कमोबेश सभी विद्यालयों में विद्यमान है। विद्यालय की कौन कहे, अब तो उच्चशिक्षा के जो केन्द्र हैं, उसमें भी धड़ल्ले से लोगों को गिरवी रखने का काम चल रहा है। इसलिए जो चीज महत्त्वपूर्ण हुआ करती थी वह अब गौण हो गयी। पहले यह महाविद्यालय प्रचार में विश्वास नहीं रखता था और गोरखपुर विश्वविद्यालय का श्रेष्ठ कॉलेज हुआ करता था, पर वर्तमान में इसकी साख गिरती जा रही है। उधर जाने पर इसकी इस हालत को देखकर बहुत कष्ट होता है। डॉ सिंह ने इस महाविद्यालय को प्राचार्य के रूप में चार वर्ष तक अपनी सेवा दी तथा इसे ऊँचाई तक पहुँचाने में अपनी महत्त्वपूर्ण भूमिका का निर्वहन किया।

सन् 1982 आते-आते आप फिर अपने मूल पद पर डीएवी कॉलेज, आजमगढ़ में लौट आये। शायद ऐसे ही किसी बात को लेकर सूर के कण्ठ से फूट पड़ा होगा—जैसे उड़ि जहाज कौ पंछी, फिर जहाज पै आवै। फिर क्या था, इसी कॉलेज में आप अन्त तक सेवाव्रती भाव से कार्य करते रहे और अनेक साहित्यकार-विद्वानों, भाषावैज्ञानिकों, काव्यशास्त्रियों के प्रेरणास्त्रोत बने तथा उनका पथ-प्रदर्शक बनकर उनको गन्तव्य तक पहुँचाते रहे। यहीं से आप 1996 में सेवा निवृत्त हुए। कागज में आप सेवा निवृत्त हुए, पर व्यवहार और शरीर में अभी नौजवान साहित्यकारों से भी नौजवान लगते हैं। इसीलिए कहा गया है—उम्र की बात न करो उम्र तो पानी है/देखना है किसमें कितनी जवानी है। या भारतीय अवधारणा यह कि, तेजषां वय: न समीक्ष्यते।

कन्हैया सिंह जब विद्यार्थी थे तभी उनके अन्तस में नेतृत्व करने की क्षमता हिलोरें ले रही थीं। इसी का परिणाम शिब्ली नेशनल कॉलेज, आजमगढ़ में

आप छात्रसंघ-अध्यक्ष के पद को सुशोभित किये। छात्रसंघ के अध्यक्ष के दौरान आपके द्वारा छात्रहित के लिए अनेक आन्दोलन चलाये गये और अनेक छात्रोद्धारक कार्य किये गये। डॉ सिंह ऐसे समय में अध्यक्ष हुए, जब यह पद बहुत ही महत्त्वपूर्ण और सम्मानित हुआ करता था तथा राजनीति की नर्सरी के रूप में देखा जाता था, पर समय के थपेड़ों ने उस पद को इस प्रकार से प्रशासन के सामने गिरवी रख दिया है कि अब इसका कोई अर्थ ही नहीं है। इसके जिम्मेदार राजनीतिज्ञ और छात्र-राजनीति करनेवाले सभी हैं। राजनीतिज्ञ जानबूझकर ऐसा कर रहे हैं कि हमारी सन्तति के अलावा कोई इस क्षेत्र में कदम न रखे। एतदर्थ वे कई-कई साल तक चुनाव ही नहीं होने दे रहे हैं। कोई-न-कोई अड़ँगा लगाकर चुनाव रोकवा देते हैं, तो वहीं छात्र-राजनीति के जो अगुआ हैं वे भी किसी मामले में कमतर नहीं हैं। वे भी थोड़े से व्यक्तिगत लाभ के लिए उन राजनीतिज्ञों और प्रशासन के तलवे चाटते नजर आते हैं। इसी का परिणाम है कि आज यह पद जो कभी राजनीति का नर्सरी हुआ करता था लगभग समाप्त-सा हो गया है। वर्तमान दौर में धनबली, बाहुबली, नेतापुत्र ही राजनीति में पैठ बना पा रहे हैं, बाकी लोग हाशिये पर ढकेल दिये जा रहे हैं और मानो सागर किनारे बैठकर सीपी और घोंघा बीनने का काम कर रहे हैं। इसी का परिणाम है कि आज अच्छे नेता नहीं आ रहे हैं, जिससे हमारी राजनीति अब दोषपूर्ण होती जा रही है। वर्तमान राजनीतिज्ञ नीच से नीचतर कार्य कर रहे हैं, इसका पता अखबार पढ़ने से लगता है। इसीलिए एक कवि ने वर्तमान राजनीति पर टिप्पणी करते हुए कहा है कि, राजनीति हो गयी पतुरिया, माखन रोटी माँगे। पर डॉ सिंह उस पीढ़ी के अध्यक्ष थे, जब इस तरह की बात दूर-दूर तक दिखायी नहीं देती थी, दिखाई की बात कौन कहे सुनाई तक नहीं देती थी। इसी के परिणामस्वरूप डॉ सिंह आजमगढ़ नगर पालिका के निर्विरोध अध्यक्ष हुए और अपने कल्पना के परों को खोलकर उड़ान भरने की कोशिश की, तथा नगर अध्यक्ष के रूप में 1971 से 1975 तक कार्य का निष्पादन पूरी निष्ठा और कर्त्तव्य के साथ किया। अध्यक्ष के समय में किये गये कार्य की आज भी लोग सराहना करते हैं।

कन्हैया सिंह में प्रतिभा कूट-कूटकर भरी हुई है। इनकी प्रतिभा का लोहा

मानते हुए अखिल भारतीय साहित्य परिषद्, दिल्ली का सन् 1996 में महामन्त्री बनाया गया, तो आपने इस पद के दायित्व का बखूबी से निर्वहन किया, जिसे देखते हुए और कार्य के प्रति दृढ़ इच्छाशक्ति के कारण सन् 2000 में इसी संस्था का आपको अध्यक्ष नियुक्त किया गया। कार्यकारी अध्यक्ष होने के बाद यह संस्था दिन-पर-दिन अपने उन्नति के सोपान पर चढ़ती गयी और इसका विस्तार तीव्र गति से होने लगा। इस संस्था द्वारा वर्तमान में लगभग सभी भारतीय भाषाओं में पत्रिका का प्रकाशन हो रहा है। वर्तमान समय में आप इसके संरक्षक के रूप में अपने दायित्व का निर्वहन कर रहे हैं। 2004 से अद्यतन इसी भूमिका में आप सूर्य के समान अपनी साहित्यिक, सामाजिक, सांस्कृतिक किरणों से समाज को आलोकित कर रहे हैं। इन किरणों के द्वारा जड़-जंगम, चेतन-अचेतन, ऊँच-नीच सभी लाभान्वित हो रहे हैं और अपने को सौभाग्यशाली मान रहे हैं।

डॉ सिंह सूफ़ी साहित्य के विद्वान्-लेखक हैं, तो पाठालोचन के गम्भीर अध्येता भी। भाषा और काव्यांग पर मजबूत पकड़ बनाते हुए भाषावैज्ञानिक के रूप में प्रतिष्ठित हैं, तो आलोचना में गहरी पैठ और दिलचस्पी होने के कारण आलोचक-पण्डित भी। संस्मरण के लेखक हैं तो ललित निबन्ध के पुरोधा भी। कहानीकार हैं तो यात्रावृत्तान्त लिखने में भी पीछे न रहनेवाले भी। इतिहासवेत्ता हैं, तो जीवनी-लेखक भी। कहने का तात्पर्य है कि डॉ सिंह में ऐसी प्रतिभा है, जो जन्मजात है। वे एक साथ विद्वान्, गम्भीर अध्येता, काव्यशास्त्रीय आचार्य और भाषावैज्ञानिक, आलोचक, संस्मरण-लेखक, इतिहासवेत्ता सब-कुछ हैं। साहित्य के जितने क्षेत्र हैं, सभी क्षेत्रों में कन्हैया सिंह ने अपने को उतारने की कोशिश की है, कोशिश ही नहीं की बल्कि सभी क्षेत्रों में अपनी प्रतिभा का लोहा लोगों को मनवाया है। वे कभी भी न थकनेवाले जीवट पुरुष हैं, वे जल्दी हार स्वीकार नहीं करनेवाले मानव हैं। उनका व्यक्तित्व ऐसा है कि वे हमेशा आगे चलते हुए दिखलायी देते हैं। जब तक कोई कुछ करने को सोचता है तब तक वे उस काम को करके आगे निकल जाते हैं। उनके लिये कोई पराया नहीं है, बल्कि सभी अपने हैं। कारण कि वे सभी के घर स्वत: जाने में कभी गुरेज नहीं करते, अभिमान भी नहीं

दिखाते। छोटे-बड़े का फर्क किये बिना सभी विद्वान्-शिक्षकों के घर समान भाव से जाते हैं। वे सभी को समान भाव से देखते हैं और सभी का सम्मान करते हैं तथा सम्मान करने के कारण ही सम्मान पाते हैं। क्योंकि सम्मान गणित का ऐसा साधारण जोड़ है जहाँ 2+2 बराबर 4 ही होता है, साढ़े तीन या साढ़े चार नहीं। कहा भी जाता है कि जो जैसा जिसके बारे में सोचता है, वैसा ही दूसरा भी उसके बारे में सोचता है। एक किवदन्ती मिलती है जिसमें अकबर एक पुरुष के बारे में खराब सोचकर जाता है और उससे पूछता है कि अकबर कैसा शासक है, तो वह व्यक्ति उत्तर देता है कि अकबर बहुत ही खराब शासक है। कुछ दूर आगे जाने पर पुन: वह वेश बदलकर एक बूढ़ी स्त्री के पास अच्छा सोचकर जाता है तो वह स्त्री भी कहती है कि अकबर बहुत ही अच्छा महान् शासक है। कहने का आशय यह कि आप जिसके बारे में जैसा सोचते हैं, अगला भी आपके बारे में वैसी ही धारणा रखता है। भारतीय साहित्य के पुरोधा साहित्यकार कबीर ने भी बहुत ही सटीक कहा है—बोया पेड़ बबूल का आम कहाँ से खाय।

कन्हैया सिंह ने सूफ़ी-साहित्य के क्षेत्र में अपना अमूल्य समय दिया है और अपने को खूब खपाया है, तब जाकर उनके कई ग्रन्थ बने और प्रकाशित होकर पाठक के समक्ष आये। जैसे—हिन्दी सूफ़ी काव्य में हिन्दू संस्कृति, सूफ़ीमत, युगद्रष्टा महाकवि मलिक मुहम्मद जायसी, सूफ़ी काव्य : सांस्कृतिक अनुशीलन, उदार इस्लाम का सूफ़ी चेहरा आदि। डॉ सिंह, आज जब पाठालोचन के विद्वानों का लगभग अभाव-सा हो गया है तब इस विधा को जीवित रखे हैं और पाठालोचन की परम्परा को आगे बढ़ाते हुए महत्त्वपूर्ण कार्य कर रहे हैं। आपके द्वारा पाठ सम्पादन के सिद्धान्त का प्रकाशन कराया गया तो हिन्दी पाठानुसन्धान पुस्तक भी सामने आयी। पद्मावती महाकाव्य का मूलपाठ और व्याख्या प्रस्तुत की गयी, तो रामचरित उपाध्याय ग्रन्थावली के सम्पादन का कार्य भी पूर्ण किया। ये ऐसी पुस्तकें हैं जो आपकी अक्षय कीर्ति को दिग्-दिगन्त में विकीर्ण कर रही हैं और लोगों के दिलों में आप घर बनाते जा रहे हैं।

डॉ सिंह की हिन्दी-भाषा में गहरी पैठ और दिलचस्पी है। इसलिए आपने हिन्दी-भाषा पर कार्य करते हुए लोगों को हिन्दी में रुचि पैदा करने

के लिए सरलतम रूप में हिन्दी भाषा नामक पुस्तक का सृजन किया, जो आज भी भाषा की महत्त्वूपर्ण पुस्तक है। इतना ही नहीं, इसी समझ को और व्यापकता देने के लिए हिन्दीभाषा, साहित्य और लिपि ग्रन्थ का प्रणयन किया, जो वर्तमान समय में लोगों को भाषा, साहित्य और लिपि को आसानी से उनके मस्तिष्क में प्रवेश करा देती है। इतना ही नहीं आपने मध्यकालीन अवधी का विकास नामक पुस्तक तैयार किया, तो वहीं काव्य की समझ को लोगों में विकसित करने के उद्देश्य से तथा काव्य के अंगों को लोग आसानी से अपने अन्दर आत्मसात कर सकें एवं इसका व्यवहार अपने जीवन में उतार सकें इस कारण से काव्यांग कौमुदी को लिखा। इस पुस्तक के द्वारा भिज्ञ-अनभिज्ञ सभी काव्यांग को आसानी से समझ सकते हैं और साहित्य के साथ दो-दो हाथ करने के लिए अपने को सक्षम पाने लगते हैं।

कन्हैया सिंह का आलोचना के क्षेत्र में ऐसे समय में पदार्पण हुआ, जब आलोचना गुटबन्दी के कारण बिखरी हुई दिखाई दे रही थी। ऐसे वातावरण में आपने आलोचना जैसे प्रशस्त साहित्यिक कार्य को अपने कार्यक्षेत्र का विषय बनाया और उस पथ पर लगातार बढ़ते रहे, वह भी बिना गुटबन्दी के। गुटबन्दी या खेमेबन्दी के कारण बेहतर आलोचना की पुस्तकें पाठक वर्ग के सामने नहीं आ पा रही थीं, क्योंकि खेमे का प्रभाव साहित्य पर स्पष्ट दिखायी देता है। कोई लेखक चाह कर भी नहीं बच सकता क्योंकि काजल की कोठरी में रहकर कालिख से नहीं बचा जा सकता है। एतदर्थ साहित्य पर भी खेमा या गुट भारी पड़ रहा था, परन्तु, खेमेबन्दी से ऊपर उठकर कुछ आलोचक ऐसे हुए जो आलोचना क्षेत्र में अपनी मजबूत पकड़ बनाये उनमें डॉ सिंह का नाम अग्रिम पंक्ति में आता है। आपकी आलोचना की अनेक पुस्तकें प्रकाशित हुई उनमें कुछ प्रमुख हैं। जैसे—राहुल सांकृत्यायन, चन्द्रबली पाण्डेय, साहित्य और संस्कृति, पूर्वी उत्तरप्रदेश के सन्त कवि, आधुनिक कविता : सांस्कृतिक परिप्रेक्ष्य, आचार्य रामचन्द्र शुक्ल आदि।

डॉ सिंह ने आपातकाल की घटनाओं को लेकर एक संस्मरणात्मक पुस्तक का भी सृजन किया है, जिसमें इमरजेंसी के समय की स्थिति का

बखूबी और सलीकेदार वर्णन किया गया है। इस पुस्तक में यह भी है कि इमरजेंसी के समय सभी नेता जेल की सलाखों के पीछे डाल दिये गये। पूरे समाज में भय का वातावरण व्याप्त हो गया था। लोग दिन-रात सहमें रहते थे कि कब कौन सी घटना किसके साथ हो जाय कुछ कहा नहीं जा सकता था। आपातकाल में समाचार-पत्र, समाचार चैनल, समाचार एजेंसी सभी का लगभग अधिकार छीन लिया गया था। इसी आपातकाल को देखते हुए आधुनिक हिन्दी गजल-गो और हिन्दी गजल को उर्दू गजल के समकक्ष खड़ा करनेवाले दुष्यन्तकुमार ने अपने संग्रह साये में धूप में बहुत ही खूबसूरती से कहा है कि, 'तू रेल-सी आती है/ मैं पूल सा थरथराता हूँ।'

कन्हैया सिंह ने वेदना के संवाद शीर्षक से ललित निबन्ध लिखा, तो पत्थर की मुस्कान नाम से कहानी-संग्रह का प्रणयन किया। दक्षिणांचल दर्शन शीर्षक से यात्रा-वृत्तान्त लिखकर यात्रा के महत्त्व को प्रतिपादित किया तो उत्तर प्रदेश : 1957 का स्वतन्त्रता-संग्राम द्वारा लोगों को अपने इतिहास से रू-ब-रू कराया। आलोक पुंज स्वामी स्वतन्त्रानन्द पुस्तक लिखा, तो महाकवि रामचरित उपाध्याय पर भी काम किया। कन्हैया जी 85 वर्ष की उम्र में भी सक्रिय हैं और आलोचना के नये प्रत्यय : इतिहास और विमर्श, वीर कुँवर सिंह और उनके साथी, महायोगी गोरखनाथ, संस्मरणों के आलोक में पुस्तकें प्रकाशनाधीन हैं, जो जल्द ही पाठक-समाज के समक्ष आयेंगी।

कन्हैया जी ऐसे अध्यापक थे, जो अपने शिष्यों में बहुत आदरणीय थे। आपके शिष्य अपने बीच पाकर फूले नहीं समाते थे। वे अपने शिष्यों के योग-क्षेम का हमेशा ख्याल रखते थे। अगर कोई शिष्य किसी तरह की परेशानी में होता था, तो वे उसकी वजह जानकर तुरन्त दूर करने की कोशिश करते थे। इनके निर्देशन में एक शिष्य शोधकार्य कर रहा था, पर दूर का होने के कारण उसका सहनिर्देशक दूसरे प्रोफेसर को विश्वविद्यालय के नियमानुसार नियुक्त कर दिया गया। वह छात्र सहनिर्देशक के पास अपना लिख-पढ़कर बार-बार ले जाता था, तो उसको कोई भी रिस्पांस नहीं मिलता, उलटे उसे डाँट-डपट ही मिलती थी। एक दिन डाँट-डपट से आजिज आकर शोधछात्र ने पीसीओ से फोन किया और अपने बारे में किये गये व्यवहार को बताया,

तो बाबू कन्हैया सिंह जी ने कहा कि, ''अच्छा! रुको अभी मैं उनको फोन कर तुम्हारी आत्मपीड़ा बताता हूँ।'' सहनिर्दशक को फोन करने के बाद आपने अपने शोधछात्र को फोन करके कहा कि, ''अब जाओ तुम्हारा काम हो जायेगा।'' तब जाकर काम हुआ। जो सहनिर्देशक फूटी आँख से भी नहीं देखना चाहते थे, वे देखने लगे और शोधकार्य पूरा हुआ। ऐसे थे डॉ सिंह। वे अपने छात्रों के लाभ के लिए किसी भी प्रकार के बौद्धिक अस्त्र-शस्त्र का प्रयोग करने से हिचकिचाते नहीं थे। ऐसे न जाने कितने संस्मरण बाबू कन्हैया जी के साथ जुड़ा हुआ है। सभी का वर्णन करना असम्भव है। संक्षेप में डॉ सिंह एक उदार-निर्भीक इन्सान हैं।

डॉ सिंह की साहित्यिक सेवा को ध्यान में रखकर समय-समय पर अनेक पुरस्कार भी मिले। हिन्दी साहित्य सम्मेलन, प्रयाग द्वारा आपको साहित्य महोपाध्याय की उपाधि देकर सम्मानित किया गया, तो अहमदाबाद की संस्था गुजरात हिन्दी विद्यापीठ ने हिन्दी गरिमा सम्मान से अलंकृत किया। आप भोजपुरी साहित्य परिषद्, लखनऊ द्वारा भोजपुरी शिरोमणि से सम्मानित किये गये, तो उत्तर भारतीय संघ, मुम्बई द्वारा गणपति सम्मान से। इतना ही नहीं, आजमगढ़ महोत्सव द्वारा हरिऔध सम्मान से अलंकृत हुए तो उत्तर प्रदेश साहित्य संस्थान, लखनऊ का साहित्य भूषण सम्मान भी आपकी झोली में आया। केन्द्रीय हिन्दी संस्थान, आगरा ने आपकी साहित्यिक सेवा को देखते हुए 'सुब्रह्मण्य भारतीय सम्मान' से नवाजा, तो हंस सम्मान, श्यामनारायण पाण्डेय स्मृति सम्मान भी मिला। सन् 2014 में उत्तर प्रदेश साहित्य संस्थान, लखनऊ ने पं दीनदयाल उपाध्याय साहित्य सम्मान से सम्मानित करने का कार्य किया। सम्मान तो डॉ सिंह को गाहे-बगाहे मिलते रहे, पर यह सम्मान इनके कद के आगे बौना नजर आता है, क्योंकि उनका व्यक्तित्व बहुत विराट् है।

सब मिलाकर कन्हैया सिंह अधिवक्ता से अपने कैरियर की शुरुआत करनेवाले ऐसे व्यक्ति हैं, जो प्रवक्ता, रीडर, प्राचार्य से होते हुए नगरपालिका अध्यक्ष, अखिल भारतीय साहित्य परिषद्, दिल्ली के महामन्त्री, कार्यकारी अध्यक्ष, राष्ट्रीय संरक्षक, कार्यकारी अध्यक्ष, उत्तर प्रदेश भाषा संस्थान,

लखनऊ तक के सम्मान्य पदों का निष्ठापूर्वक इन्होंने निर्वहन किया तथा इनके सेवाकाल में संस्थाएँ निरन्तर उन्नति को प्राप्त करती रहीं। डॉ सिंह समीक्षक हैं, पाठालोचन के मर्मज्ञ विद्वान्, सूफ़ी साहित्य-अध्येता, भाषावैज्ञानिक, काव्यशास्त्र-पण्डित, संस्मरण-लेखक, निबन्धकार, कहानीकार, यात्रावृत्त-लेखक, इतिहासवेत्ता बहुत कुछ एक साथ हैं। समग्रत: एक कन्हैया सिंह में कई कन्हैया सिंह को किसी को खोजना हो तो वह उनमें खोज सकता है।

कन्हैया सिंह शतायु बनें और साहित्य की सेवा में अहर्निश लगे रहें, हमारी पीढ़ी को कुछ नया देते रहें, परमेश्वर से विनती है।

असिस्टेण्ट प्रोफेसर : हिन्दी
जवाहरलाल नेहरू पीजी कॉलेज, बाँसगाँव
गोरखपुर (उप्र), भारत—273403

साहित्य की भाषा : पूर्वांचल की आशा : कन्हैया सिंह

वेदप्रकाश आर्य

श्याम वर्ण, सौम्य आकृति, श्वेतधवल भारतीय परिधान, विद्या-विनयसम्पन्न व्यक्तित्व पर यदि आपकी किसी साहित्य-मंच पर नजर पड़ जाय; तो समझ लें कि वह डॉकन्हैया सिंह हैं। कई दशक पहले पूर्वांचल के साहित्य-मनीषियों की जब चर्चा होती थी, तो आचार्य विश्वनाथ प्रसाद मिश्र, डॉ हजारीप्रसाद द्विवेदी का नाम लिया जाता था; आज कन्हैया सिंह का नाम लिया जाता है। यह स्थान कन्हैया सिंह ने अपनी प्रतिभा, कर्मनिष्ठा और तपश्चर्या द्वारा अर्जित किया है। जीवन के 81 वसन्त देख चुके डॉ सिंह में आज भी युवकोचित ऊर्जा, चिन्तन शक्ति और विवेकशीलता मौजूद है, वह वर्तमान पीढ़ी के लिए स्पृहा का विषय है।

आजमगढ़ जनपद के मुख्यालय से दूरवर्ती 'धरवारा' ग्राम के एक कृषक क्षत्रिय परिवार में भाद्रपद शुक्ल अष्टमी, सन् 1935 में जन्म लेनेवाले कन्हैया सिंह ने इलाहाबाद विश्वविद्यालय से पहले तो हिन्दी में एमए किया, तदनन्तर एलएलबी में स्वर्ण पदक प्राप्त कर उन्होंने एक इतिहास रचा और जौनपुर के प्रख्यात तिलकधारी महाविद्यालय के विधि विभाग में प्राध्यापन कार्य प्रारम्भ कर दिया, किन्तु मूलत: साहित्यिक अभिरुचि आपको गृह जनपद आजमगढ़ खींच लायी—जहाँ नवोदित डीएवीडिग्री कॉलेज का हिन्दी विभाग आपकी प्रतीक्षा कर रहा था। आपकी सूझबूझ से डीएवी के प्राचार्य पद पर एक बहुत ही योग्य विद्वान् डॉ शिवनारायण लाल श्रीवास्तव की नियुक्ति हुई और फिर क्या था—डीएवी कॉलेज उन्नति के सोपान लाँघता हुआ—अनेक विभागों,

संकायों से युक्त एक गौरवपूर्ण समृद्ध कॉलेज बना—जो न कि केवल भवनों के विस्तार, वरन् अपनी मौलिक शिक्षा-व्यवस्था तथा अनुशासन के कारण गोरखपुर विश्वविद्यालय का एक प्रमुख शिक्षण संस्था बना। 1968 में जब इस महाविद्यालय में पहली बार स्नातकोत्तर हिन्दी में कक्षाएँ प्रारम्भ हुईं, तो स्नातकोत्तर विभाग में प्रथम नियुक्ति का सुअवसर इन पंक्तियों के लेखक को मिला था। निश्चय ही यह कन्हैया सिंह की कार्यकुशलता का ही प्रतिफल था। कॉलेज के प्रबन्ध-तन्त्र-आर्य विद्या सभा तथा शैक्षिक परिवार में तालमेल समन्वय-सामंजस्य की प्रतिभा डॉ सिंह के व्यक्तित्व की अप्रतिम विशेषता रही है। कॉलेज के हिन्दी-विभाग में कई अध्यापक थे, किन्तु जटिल विषयों को सरल बनाकर छात्रों को हृदयंगम करा देने का अध्यापन-कौशल तो कन्हैया सिंह के ही हिस्से में था। शिक्षक और शिक्षार्थियों का स्नेह-सम्मान जैसा डॉ सिंह को सुलभ रहा है; उसकी प्रत्येक अध्यापक की कामना रहती है।

गत वर्ष प्रेस क्लब लखनऊ में आयोजित अपने सम्मान-समारोह में सूफ़ी कवि जायसी कृत पद्मावत के अन्तिम दोहे—'चितउर भी इस्लाम' की सटीक व्याख्या करके आपने सभी को चमत्कृत कर दिया।

'हिन्दी सूफ़ी काव्य में हिन्दी संस्कृति का चित्रण और निरूपण' डॉ सिंह का शोध प्रबन्ध (प्रकाशित) है, जो आपकी साहित्यिक पहुँच का परिचय देता है। यह ग्रन्थ हिन्दू संस्कृति तथा सूफ़ी साहित्य का एक निर्मल दर्पण ही नहीं है, वरन् सामाजिक समरसता और सद्भावना का भी दिशा-दर्शक है। इसी तरह 'पाठ सम्पादन के सिद्धान्त' आपका प्रथम मौलिक ग्रन्थ है, जो 1962 में महामना प्रकाशन मन्दिर इलाहाबाद से प्रकाशित हुआ। यह ग्रन्थ हिन्दी के वरिष्ठ विद्वानों की चर्चा और प्रेरणा का विषय रहा है। पाठ सम्पादन के नदीष्ण विद्वान् डॉ माताप्रसाद गुप्त एवं 'रामचरितमानस' के काशिराज संस्करण का सम्पादन करनेवाले तपोनिष्ठ विद्वान् आचार्य विश्वनाथप्रसाद मिश्र ने इस ग्रन्थ की भूरि- भूरि प्रशंसा की है। द्विवेदी युग की राष्ट्रीय काव्यधारा के सम्मान्य कवि पं रामचरित उपाध्याय की ग्रन्थावली का सम्पादन और प्रकाशन आपकी विद्वत्ता और

क्षमता का द्योतक है। समय समय पर हिन्दी के दिवंगत आचार्यों की स्मृति में डॉ सिंह ने साहित्यिक कार्यक्रमों का आयोजन किया। महापण्डित राहुल सांकृत्यायन और आचार्य चन्द्रबली पाण्डेय की स्मृति में आपने उनकी जन्मस्थली पर भव्य कार्यक्रम आयोजित किया। उप्र भाषा संस्थान के अध्यक्ष के रूप में जब आपने कार्यभार सँभाला, तो प्रदेश की राजधानी से दूरस्थ क्षेत्रों में साहित्यिक सम्मेलनों की नयी प्रणाली का आविष्कार किया; जिससे भाषा-संस्थान को जागृति की नयी दिशा मिली। भाषा-संस्थान की प्रसुप्त शक्तियों को पुन: जाग्रत करने और उन्हें सक्रिय करने का कार्य डॉ सिंह ने ही किया, जिसके परिणामस्वरूप आज उसी पद की शोभा कविश्रेष्ठ श्री गोपालदास नीरज बढ़ा रहे हैं। जब आप नगरपालिका आजमगढ़ के अध्यक्ष निर्वाचित हुए—तो नगरपालिका आजमगढ़ को सुन्दर व्यवस्था और गति मिली। नगरपालिका का नवीन सभागार तैयार हुआ तथा गणतन्त्र दिवस पर वीर रसावतार श्री श्यामनारायण पाण्डेय जी के सम्मान में कवि सम्मेलन का आयोजन हुआ; जिसमें पाण्डेय जी से कविताओं को श्रोता रात भर सुनते रहे। निश्चय ही यह आजमगढ़ का ऐतिहासिक समारोह था—मुझे इस अवसर पर अपनी राष्ट्रीय कविता—'कश्मीर धरा का नन्दन' प्रस्तुत करने का सौभाग्य मिला था—जिसे जनता ने सर आँखों पर लिया था।

कन्हैया सिंह—राष्ट्रीय स्वयंसेवक संघ के निष्ठावान् स्वयंसेवक हैं। आपकी संघनिष्ठा वैचारिक स्वातंत्र्य के मार्ग में कभी भी बाधक नहीं रही। आर्य समाज आजमगढ़ से आपका गहरा सम्बन्ध रहा और श्री अक्षयबरनाथ आर्य (मन्त्रीजी) से आपका अच्छा तालमेल रहता था। 'आर्य लोक वार्ता' के स्थापना-काल से ही कन्हैया सिंह की शुभाकांक्षा प्राप्त होती रही है।

डॉकन्हैया सिंह आजमगढ़ की उस उर्वरा धरा की खान से निकले हुए रत्न हैं, जो पहले से ही मौलाना शिबली, जामी चिरैयाकोटी, कैफी आजमी, आचार्य चन्द्रबली पाण्डेय, कविसम्राट अयोध्यासिंह उपाध्याय 'हरिऔध', आचार्य पं लक्ष्मीनारायण मिश्र, वीर रसावतार श्री श्यामनारायण पाण्डेय, विद्यागुरु श्री विश्वनाथ लाल 'शैदा' जैसे प्रख्यात कवि-कोविदों की जन्मदात्री रही है। आजमगढ़ की प्रशस्ति में आजमगढ़ के ही एक

लोकप्रिय शायर स्वइकबाल सुहैल की पंक्तियाँ कन्हैया सिंह के व्यक्तित्व पर सटीक बैठती हैं—

इस खित्तर-आजमगढ़ पै मगर
फैजाने तजल्ली है यकसर।
जो जर्रा यहाँ से उठता है—
वह नैयरे आजम होता है।।

181—डी शिव विहार कालोनी, (फरीदी नगर)
पिकनिक स्पाट रोड, लखनऊ—226 015

सृजनशील समीक्षक कन्हैया सिंह

शिवमोहन सिंह

प्रो कन्हैया सिंह हिन्दी की साठोत्तरी समीक्षा के एक अन्यतम सृजनशील समीक्षक हैं। साठोत्तरी समीक्षा से हमारा आशय उस समीक्षा से है, जो समीक्षा सन् 1960 के आस-पास या उसके बाद विश्वविद्यालयों में नियुक्त किये गये अध्यापकों अथवा शोध-छात्र तथा छात्राओं द्वारा सम्पन्न की गयी। उसकी एक समय सीमा थी, जो सन् 1960 से लेकर लगभग सन् 2000 तक जाती है। इसीलिए इस अवधि की समीक्षा में वे अध्यापक सम्मिलित नहीं हैं जो सन् 1980 के पहले से विश्वविद्यालयों में कार्यरत थे और सन् 1960 के बाद भी समीक्षा कार्य में संलग्न रहे। इस अवधि के पूर्व के सभी समीक्षकों को छायावादोत्तर काल का समीक्षक माना जायेगा। हमारी इस साठोत्तरी समीक्षा में वामपन्थ पर आधारित समीक्षा-पद्धति के समीक्षक भी सम्मिलित नहीं हैं। कारण यह है कि वामपन्थ की समीक्षा हिन्दी की आचार्य-परम्परा की समीक्षा-पद्धति नहीं है। यह समीक्षा-पद्धति शुद्ध साहित्यिक प्रतिमानों पर आधारित नहीं है। यहाँ समीक्षा का प्रमुख प्रतिमान वर्ग-वैषम्य ही है और कुछ नहीं। यह समीक्षा-पद्धति मार्क्सवादी विचार से अनुप्राणित एक प्रतिबद्ध आन्दोलन का रूप धारण कर जन्मी थी और अपना प्रभुत्व स्थापित का आज दलित विमर्श पर आ टिकी है। इस प्रकार हम केवल सन् 1960 के बाद तथा सन् 2000 के मध्य कार्यरत रहे अध्यापकों द्वारा की गयी समीक्षा तथा समीक्षकों का अनुशीलन हमारा अभीष्ट है। यद्यपि इस अवधि के समीक्षकों

का कोई अभिलेखीय साक्ष्य हमारे पास नहीं है, तथापि एक पाठक की अपनी कसौटी पर इस अवधि की समीक्षा का मूल्यांकन हमारा अभीष्ट है।

मेरे द्वारा निर्धारित समयावधि में विश्वविद्यालयों के माध्यम से समालोचना का जैसा सर्जन-लेखन हुआ है, वह किसी से छुपा नहीं है। इस समयावधि की अधिकांश समीक्षा शोध-समीक्षा ही रही है। इस समीक्षा के विभिन्न स्तर, विभिन्न लक्ष्य, विभिन्न दृष्टियाँ आदि रही हैं। इस अवधि की समीक्षा का यदि कोई लक्ष्य रहा है, तो लक्ष्य था येन-केन-प्रकारेण उपाधि अर्जित करना और नौकरी पाना। इसलिए इस प्रकार की समालोचना को सर्वोक्ति कहना सम्भव नहीं है। सच बात तो यह है कि इस अवधि की या इस अवधि के बाद की समीक्षा 'मनमानी' होती चली गयी। इस 'मनमानी' समीक्षा के महाकार, जो पुस्तकालयों में कूड़ा का ढेर बन चुका है, को 'फटकने' पर क्या हाथ लगेगा, कह सकना कठिन है।

यह कहना समीचीन नहीं है कि विश्वविद्यालयों के माध्यम से या विश्वविद्यालयों के उच्च स्तर के लिए प्रस्तुत की गयी समस्त समीक्षा केवल छात्रों के लिए होती है। यह सभी जानते हैं कि विश्वविद्यालयों के समस्त प्राध्यापक समालोचक नहीं हैं और न कभी यह सम्भव हो सकेगा। वे अच्छे अध्यापक बन सकेंगे, इसमें भी सन्देह है। इनमें अनेक माने हुए और प्रख्यात अध्यापक रहे हैं और आज भी हैं, पर वे समालोचक कदापि नहीं हैं। सच्चाई तो यह है कि अच्छे प्राध्यापकों के लिए भी वास्तविक समालोचना के उत्तम ग्रन्थों की आवश्यकता है। यह बात और है कि आज के अधिकांश प्राध्यापकों का काम 'प्रकाशन केन्द्र' द्वारा छापी गयी कुंजियों से चल जाता है।

विश्वविद्यालयीय शिक्षा में अध्यापक की भूमिका अत्यन्त महत्त्वपूर्ण है। वही अच्छे अध्यापक अच्छे समालोचक पैदा कर सकते हैं। आचार्य कुँवर चन्द्रप्रकाश सिंह का कहना है—'मेरा विश्वास है, श्रेष्ठ अध्यापक ही श्रेष्ठ छात्रों, अध्येताओं और अनुसन्धाताओं का निर्माण कर सकते हैं। सम्प्रति श्रेष्ठ अध्येताओं और अनुसन्धाताओं की गति विश्वविद्यालयों मंस मद पड़ गयी है।' इसी कारण प्रो सूर्यप्रसाद दीक्षित ने शोध की गिरावट पर चिन्ता व्यक्त करते हुए कहा है कि—''हमारी शोधि शोधप्रणाली सुव्यवस्थित नहीं

है। वह आधुनिक साहित्य की समीक्षा में गड्डमड्ड हो गयी है। विषयों में भयानक आवृत्ति हो रही है। भूत लेखन को बढ़ावा मिल रहा है।'' ऐसी विषम स्थिति में जब विश्वविद्यालयों में अच्छे अध्यापक नहीं हैं, भूत लेखन बढ़ा है तब समीक्षक कहाँ से पैदा होंगे।

हिन्दी में समीक्षा आधुनिक युग की देन है। भारतेन्दु-युग हिन्दी समीक्षा का शैशव काल है। यहाँ समीक्षा के तीन रूप—(1) परिचयात्मक, (2) सद्कृतियों का प्रचार तथा (3) असद्कृतियों के प्रचार पर रोक-स्पष्ट रूप से परिलक्षित होते हैं। परन्तु शीघ्र ही बदरीनारायण चौधरी तथा बालकृष्ण भट्ट ने गुण-दोषवाली समीक्षा-पद्धति को बढ़ावा दिया। आचार्य महावीरप्रसाद द्विवेदी ने इसी पद्धति को आगे बढ़ाया और उसमें अपनी सुरुचि को भी जोड़ दिया। जो रचना उनकी रुचि के अनुकूल नहीं होती थी, वह हेय हो जाती थी और जो रचना और जो कवि उनके अनुकूल हो, उस रचना तथा उस कवि का वे महिमामण्डन करने में अपनी पूरी शक्ति, लगा देते थे। यही कारण है कि उनकी समीक्षा में मौलिक चिन्तन, सूक्ष्म अन्तरदृष्टि तथा सृजनशील प्रवृत्ति के दर्शन नहीं होते हैं, फिर भी खड़ी बोली को निखारने तथा खड़ीबोली के कवियों को प्रोत्साहित करने में पूरी सफलता मिली।

आचार्य द्विवेदी के बाद हिन्दी साहित्य के जिन महानुभावों ने हिन्दी की वास्तविक समीक्षा को नूतन आयाम प्रदान किये, उनमें प्रो श्यामसुन्दर दास, मिश्रबन्धु तथा पद्मसिंह शर्मा के नाम गौरव के साथ लिए जाने चाहिए। प्रो श्यामसुन्दर दास उच्च कोटि के अध्यापक, खोजकर्त्ता, शोधकर्त्ता, शास्त्र-निर्माता, उच्च स्तरीय पाठ्यक्रम-निर्माता, इतिहासकार, भाषाशास्त्रीr तथा हिन्दी भाषा और साहित्य के अनन्य उपासक थे। उन्होंने नागरी प्रचारिणी सभा द्वारा हिन्दी के दुर्लभ ग्रन्थों की खोज की तथा 'नागरी प्रचारिणी पत्रिका' की खोज रिपोर्ट छापकर हिन्दी-समीक्षा की ऐतिहासिक पद्धति का प्रवर्तन किया। 'साहित्यालोचन' ग्रन्थ द्वारा हिन्दी-काव्यशास्त्र की नींव डाली तथा इसके द्वारा उन्होंने सैद्धान्तिक समीक्षा को गति प्रदान की। इसके अतिरिक्त हिन्दी साहित्य का इतिहास लिखकर हिन्दी में वैज्ञानिक इतिहास लेखन की अगुआई की। उनके द्वारा भाषा विज्ञान पर लिखी गयी पाठ्य पुस्तक भाषा-विज्ञान पर

लिखा गया उनका प्रथम ग्रन्थ है इसी क्रम में हिन्दी भाषा और साहित्य के विकास में मिश्रबन्धुओं का योगदान भी स्मरणीय है। मिश्र बन्धुओं ने हिन्दी में तुलनात्मक तथा निर्णयात्मक समीक्षा पद्धतियों का प्रवर्तन किया। उनका सारा समय 'काव्यशास्त्र विनोद' में व्यतीत होता था। 'हिन्दी-नवरत्न' तथा मिश्रबन्धु विनोद उनके आकार ग्रन्थ हैं। हिन्दी जगत् मिश्रबन्धुओं के योगदान का सदा ऋणी रहेगा। इसी क्रम में आचार्य पद्मसिंह शर्मा का नाम साहित्य के मर्मी पाठकों में अग्रणीय है। वे मिश्रबन्धुओं की अपेक्षा अधिक मर्मज्ञ और गम्भीर थे। उनकी तुलनात्मक समीक्षा में गम्भीर बौद्धिकता के साथ ही एक उत्कृट कोटि के रसग्राही अन्त:करण का योग था। उनका मूल्यांकन करते हुए आचार्य नन्ददुलारे वाजपेयी ने लिखा है—"उनका झुकाव काव्य-सज्जा और चमत्कार की ओर अधिक था। वे शब्दों के अद्‌भुत शिल्पी और अभिव्यंजना, सौन्दर्य के परम प्रवीण पारखी थे। आचार्य पद्मसिंह शर्मा ने काव्य-शरीर की जिस सूक्ष्म और गम्भीर समीक्षा पद्धति का प्रारम्भ किया उसे भी हिन्दी-समीक्षा की उपलब्धि ही माना जाना चाहिए।

इस प्रकार हिन्दी-समीक्षा अपने आरंभिक प्रयासों में अपनी कुछ उपलब्धियों का दावा कर सकती है। इस कवि परिचय तथा गुण-दोष वाली समीक्षापद्धति, ऐतिहासिक, सैद्धान्तिक, निर्णयात्मक एवं तुलनात्मक आलोचना पद्धतियों ने काव्य-समीक्षा की एक व्यापक भूमिका तैयार की। इस भूमिका पर किसी ऐसे प्रतिभाशाली तथा साहित्य मर्मज्ञ समीक्षक की प्रतीक्षा थी, जो अपनी प्रतिभा के बल पर इन सभी समीक्षा-पद्धतियों का समाहार कर समीक्षा की उच्च वैचारिक तथा विश्लेषणात्मक समर्थ शैली का विकास कर उसे व्यापकता प्रदान कर सके यह प्रसन्नता की बात है कि इस प्रतीक्षा की 'घड़ी में हिन्दी को आचार्य शुक्ल जैसा प्रतिभावान् साहित्य मर्मज्ञ मिला। आचार्य शुक्ल अपने युग की समस्त समीक्षा पद्धतियों का समाहार कर अपनी व्याख्यात्मक तथा विश्लेषणात्मक शैलियों तथा अपने भाषा-अधिकार से हिन्दी-समीक्षा को नयी दिशा प्रदान की। उनके द्वारा प्रवर्तित व्यावहारिक समीक्षा आज भी हिन्दी में आदर की दृष्टि से देखी जाती है। उन्होंने तुलसी, सूर तथा जायसी पर जो लिखा, वह आगे चलकर हिन्दी पाठ्यक्रम का अंग

बना। इतना सब होते हुए भी उनकी समीक्षा को सार्वभौम समीक्षा पद्धति के आसन पर नहीं बैठाया जा सकता है। इसका प्रमुख कारण आचार्य शुक्ल के समीक्षा प्रतिमान तुलसीदास के रामचरितमानस से गृहीत है। अपनी समीक्षा-दृष्टि तथा समीक्षा के प्रतिमानों की न्यूनताओं के बाद भी आचार्य शुक्ल आाज भी हिन्दी-समीक्षा के सम्राट् हैं।

आचार्य शुक्ल द्वारा पोषित हिन्दी-समीक्षा उनके बाद तीन दिशाओं में बँट गयी—(1) ऐतिहासिक, (2) सैद्धान्तिक और (3) व्यावहारिक। आचार्य शुक्ल ने इन तीनों क्षेत्रों में काम किया था, किन्तु उनके बाद आचार्य हजारीप्रसाद, डॉ नगेन्द्र एवं आचार्य नन्ददुलारे वाजपेयी ने क्रमश: इन तीनों क्षेत्रों को सँभाल लिया। इसका यह तात्पर्य नहीं कि इन विद्वानों ने शेष क्षेत्रों में प्रवेश नहीं किया। हमारे कहने का आशय केवल इतना ही है कि अपनी व्यक्तिगत रुचि तथा संस्कारों के आधार पर इन तीनों ने अपने-अपने क्षेत्रों में अधिक काम किया, शेष में कम। आचार्य-द्विवेदी ने आचार्य शुक्ल की ऐतिहासिक मान्यताओं को झकझोर दिया, तो डॉ नगेन्द्र ने पाश्चात्य सिद्धान्तों की तुलना में भारतीय सिद्धान्तों को रखकर आचार्य शुक्ल के कार्य को आगे बढ़ाया। परन्तु ये दोनों विद्वान् ऐतिहासिकता एवं सैद्धान्तिकता की ओर अधिक अभिमुख हो जाने के कारण अपने समकालीन कवियों पर अधिक दृष्टिपात नहीं कर सके। इन दोनों की तुलना में आचार्य वाजपेयी का अपना क्षेत्र व्यावहारिक समीक्षा ही रहा। आचार्य वाजपेयी ने अपने समकालीन छायावादी कवियों को केन्द्र में रखकर अपनी समीक्षा-प्रतिभा का विकास किया। इस समय के अधिकांश समालोचक छायावाद के विरोध में खड़े थे। परन्तु आचार्य वाजपेयी ने अकेले दम पर इन सभी से लोहा लिया और इन कवियों को अपनी पूरी क्षमता से स्थापित किया।

मैं प्रारम्भ से ही हिन्दी-समीक्षा की सुव्यवस्थित तथा सुसम्बद्ध परम्परा का पक्षधर रहा हूँ। इसलिए डॉ रामविलास शर्मा की प्रगतिवादी समीक्षा से प्रभावित होने के बावजूद भी आचार्य-परम्परा की भारतीय समीक्षा पद्धति से किसी दूसरी परम्परा को बहिष्कृत करता रहा हूँ। मैं प्रो कन्हैया सिंह को जिस साठोत्तरी-समीक्षा का अन्यतम सृजनशील-समीक्षक कहता हूँ वह

वही आचार्य परम्परा की समीक्षा-पद्धति है, जिसका सूत्रपात्र भारतेन्दु बाबू हरिश्चन्द्र के काल में हुआ और जो आचार्य शुक्ल की साधना से चरम पर पहुँचकर आज तक प्रवाहमान् हैं। उत्तम समीक्षा वही कही जा सकती है, जो साहित्यिक प्रतिमानों पर आधारित है। समीक्षा के साहित्यिक प्रतिमानों की खोज अब भी जारी है।

प्रो कन्हैया सिंह हिन्दी के आत्मसंयमी तथा आत्मजयी आधुनिक युग के काव्य-साहित्य-साधक हैं। उन्होंने पूरी तैयारी के बाद हिन्दी-समीक्षा में प्रवेश किया था। एमए की परीक्षा उत्तीर्ण करने के बाद जब वे गोरखपुर विश्वविद्यालय, गोरखपुर के हिन्दी विभाग के आचार्य-अध्यक्ष प्रो भगवती सिंह के सम्पर्क में आये थे, तभी से उनके अध्ययन को विस्तार मिल गया था। प्रो सिंह के सम्पर्क में आने के बाद वे सूफ़ी सन्त काव्यधारा तथा मलिक मोहम्मद जायसी की ओर उन्मुख हुए थे। इस के साथ ही विश्व की अपराजेय संस्कृति के अध्ययन का सुअवसर स्वत: मिल गया था। इस सबके साथ ही वे पाठालोचन से जुड़े, जो अपने आप में एक स्वतन्त्र शास्त्र है। पाठालोचन अतिशय गम्भीर, नीरस तथा श्रमसाध्य विषय है। इस शास्त्र के अध्येता को पुराने साहित्य-साधकों की काव्य-कृतियों, के भिन्न-भिन्न रूपान्तरों के शब्द-शब्द, पंक्ति-पंक्ति का अनुशीलन कर उचित पाठ का निर्धारण करना पड़ता है। इस पाठ-निर्धारण में कवि की मूल काव्य-चेतना तथा उस युग की भाषा का तथा कविता में प्रयुक्त छन्द की गति-यति का अध्ययन करना पड़ता है। जो आलोचक इन अवरोधों पर विजय प्राप्त कर लेता है, उसे उस अध्ययन में सच्चे आनन्द की अनुभूति होती है। इस प्रकार वह काव्य भाषा के साथ-साथ शब्दों का अद्‌भुत पारखी तथा शब्द-शिल्पी बन जाता है।

काव्य शाब्दिक कला है। दूसरे शब्दों में इसे भावाभिव्यक्ति की संज्ञा प्रदान की जाती है। इस अभिव्यक्ति का आधार अनुभूति है। महाकवि प्रसाद ने उसी अनुभूति को आत्मा की संकल्पनात्मक अनुभूति की संज्ञा प्रदान की और वैसे ही काव्य कहा है। ''आत्मा की संकल्पात्मक अनुभूति ही काव्य है। यह अनुभूति सौन्दर्यमयी होती है। यही अनुभूति वाणी का आश्रय पाकर काव्य बनती है और इसके लिए छन्दशास्त्र की आवश्यकता पड़ती है : व्यंजना

वस्तुत: अनुभूतिमयी प्रतिभा का स्वयं परिणाम है—क्योंकि सुन्दर अनुभूति का विकास सौन्दर्य पूर्ण होगा ही, यह सर्व स्वीकार्य है।'' आचार्य नन्ददुलारे वाजपेयी का कहना है कि यदि अनुभूति सुन्दर होगी तो उसका काव्य शरीर सुन्दर होगा ही। काव्य में अनुभूति प्रमुख अभिव्यक्ति है। इस विषय में प्रसाद जी कहते हैं कि काव्य में आत्मा की भौतिक अनुभूति की प्रेरणा है, वही सौंदर्यमयी और संकल्पात्मक होने के कारण अपनी श्रेय स्थिति में रमणीय आकार में प्रकट होती है। वह आकार वर्णात्मक रचना-विन्यास में कौशलपूर्ण होने के कारण प्रेय भी होता है। रूप के आवरण में जो वस्तु सन्निहित है, वही तो प्रधान होगी। जहाँ अनुभूति की प्रधानता है, वही अभिव्यक्ति अपने क्षेत्र में पूर्ण हो सकी है। वही कौशलपूर्ण विशिष्ट पद-रचना युक्त काव्य-शरीर सुन्दर हो सका है।

रूप के आवरण में जो अनुभूति, जो भाव, जो संवेदना अन्तर्निहित है, उसी का साक्षात्कार कर सहृदय पाठक तक पहुँचाना समालोचक का प्रधान धर्म है। एक पाठक तथा एक श्रोता भी उस अनुभूति-सौंदर्य का साक्षात्कार करता है, और आनन्दित होता है, परन्तु वह अपने इस काव्यानन्द को दूसरों तक नहीं पहुँचा पाता है। काव्य से प्राप्त यह आनन्द केवल मात्र उसका बन कर रह जाता है। इसीलिए काव्य-साहित्य को समालोचकों की आवश्यकता पड़ती है। जो समालोचक काव्य के अनुभूति सौंदर्य का साक्षात्कार कर उसे पाठकों तक पहुँचाने में सफल होता है। उसे ही सृजनशील समीक्षक की संज्ञा प्रदान की जाती है।

काव्य एक प्रकार का सृजन है, इसीलिए समीक्षा इसी सृजन का पुनर्सृजन। सृजनशील समीक्षा कवि विशेष, कृति विशेष या काल विशेष को केन्द्र में रखकर की जाती है। सभी समीक्षक सृजनशील नहीं हो सकते हैं। जहाँ एक ओर हमारी शोध-समीक्षा 'मनमानी' होने के कारण कूड़े का ढेर बनती जा रही है, वहीं दूसरी ओर विश्वविद्यालयों के अध्यापक नित्य प्रति लिख रहे हैं, लिखते ही जा रहे हैं। ऐसे 'लिक्खाड़ अध्यापकों की पुस्तकों में सृजनशीलता खोजना जटिल कार्य है। प्रो कन्हैया सिंह जी ने कम नहीं लिखा। उनके द्वारा लिखे गये ग्रन्थों की संख्या कम नहीं है। उन्होंने लगभग तीन दर्जन

ग्रन्थों का प्रणयन किया है। उनके लेखन का क्षेत्र भी अत्यधिक व्यापक है। जायसी से लेकर राहुल सांकृत्यायन तक उसका विस्तार है, परन्तु उनके इस लेखन में मौलिक उद्भावनाओं तथा नूतन स्थापनाओं की भरमार है। उनका सम्पूर्ण लेखन सार्थक है। इसलिए पठनीय भी।

सच्चा सृजनशील समीक्षक वही अध्यापक हो सकता है, जिसका अध्ययन विशाल हो तथा जिसमें कवि के अनुभूति-सौन्दर्य के साक्षात्कार की प्रतिभा हो और जिसने काव्यशास्त्र का व्यापक अध्ययन किया हो परन्तु उसने अपनी समीक्षा में किसी पूर्व निर्धारित मानदण्ड को अपनी समीक्षा में आरोपित न किया हो। प्रत्येक सृजनशील समीक्षक को शास्त्रनिरपेक्ष रहना अनिवार्य शर्त है।

प्रो कन्हैया सिंह नि:संदेह एक ऐसे, ही कला-पारखी सृजनशील समीक्षक हैं, जिनकी समीक्षा काव्य-कला सौन्दर्य उद्घाटित करने में पूर्ण रूपेण सफल हुई है। यहाँ यह बताने की आवश्यकता नहीं है कि प्रो कन्हैया सिंह राष्ट्रीय स्वयं संघ के एक समर्पित कार्यकर्ता हैं। वे आज भी प्रात: काल शाखा में पहुँचते हैं, परन्तु उनकी काव्य समीक्षा से यह कहीं भी आभास नहीं मिलता है कि वे शाखा से सम्बद्ध हैं।

प्रो कन्हैया सिंह की गम्भीरता से सभी परिचित हैं। उनकी यह गम्भीरता उनके लेखन तथा उनके वक्तव्यों में परिलक्षित होती है। वे अपने लेखन तथा अपने वक्तव्यों में कभी भी अपनी सृजनशीलता से विचलित नहीं होते हैं। मैं उनके साथ अनेक बार साहित्यिक मंच साझा कर चुका हूँ। इन मंचों पर जहाँ एक ओर कुछ ऐसे वक्ता मंच पर आते हैं और अपनी भाषण-कला तथा अपनी विद्वत्ता प्रदर्शित करने के मोहवश मंच की समय सीमा का उल्लंघन कर घण्टों व्याख्यान देने के आदी बन गये हैं। वे ऐसे मंचों पर निर्धारित विषय से हटकर जीवन भर का अर्जित ज्ञान श्रोताओं में ठूसने का प्रयास करते हैं, पर विषय पर बोलना उनकी फितरत नहीं है। वहीं प्रो कन्हैया सिंह अपनी सूत्रशैली द्वारा थोड़े समय में ही अपनी मौलिक उद्भावनाओं तथा स्थापनाओं द्वारा निर्धारित विषय को बोधगम्य बनाने में सफल रहते हैं। उनके वक्तव्य उनके व्यापक अध्ययन तथा उनके सृजनशील समीक्षक होने

को प्रमाणित करने के लिए पर्याप्त होते हैं। यहाँ प्रो कन्हैया सिंह के समीक्षा ग्रन्थों से उद्धरण लेकर उनकी सृजनशील समीक्षा-पद्धति के विश्लेषण का अवकाश मेरे पास नहीं है, पर जो लोग मेरे आलेख के तथ्यों को अपनी कसौटी पर कसना चाहते हैं, उनसे मेरा अनुरोध है कि वे उनके कम-से-कम पाँच समालोचना के ग्रन्थों—(1) हिन्दी सूफ़ी काव्य में हिन्दू संस्कृति, (2) मलिक मोहम्मद जायसी, (3) सूफ़ी साहित्य का सांस्कृतिक विमर्श, (4) पाठ सम्पादन के सिद्धान्त तथा हिन्दी पाठानुसन्धान का अवगाहन करने का कष्ट करें। उनके इन ग्रन्थों के अवगाहन से उन्हें पता चल जायेगा, कि प्रो कन्हैया सिंह कहाँ खड़े हैं। उनके ये पाँचों ग्रन्थ यह प्रमाणित करने के लिए पर्याप्त हैं कि प्रो कन्हैया सिंह साठोत्तरी समीक्षा के एकमात्र ऐसे सृजनशील समीक्षक हैं, जो हिन्दी समालोचना के शीर्ष आचार्यों की पंक्ति में पूरी दृढ़ता के साथ खड़े हैं। उनकी समीक्षा-पद्धति में पूर्व आचार्यों की सभी आलोचना पद्धतियों—(1) ऐतिहासिक, (2) सैद्धान्तिक तथा (3) व्यावहारिक एक साथ विद्यमान हैं। वे हिन्दी की सैद्धान्तिक तथा व्यावहारिक समीक्षा-पद्धतियों के आधुनिक आचार्य हैं। उन्होंने 'पाठ सम्पादन के सिद्धान्त तथा हिन्दी पाठानुसन्धान नाम का प्रणयन कर जहाँ एक ओर डॉ माताप्रसाद गुप्त की पंक्ति में आसीन दिखायी पड़ते हैं, वही दूसरी ओर सिद्धान्त निर्माता होने के नाते 'साहित्यालोचन' के प्रणेता प्रो श्यामसुन्दर दास के साथ बैठे दिखायी देते हैं। यदि 'साहित्यालोचन' हिन्दी काव्यशास्त्र का पहला सिद्धान्त ग्रन्थ है तो 'पाठ सम्पादन के सिद्धान्त' साठोत्तरी समीक्षा के क्षेत्र में पाठ सम्पादन का महत्त्वपूर्ण सिद्धान्त ग्रन्थ है, जो हिन्दी तथा भाषाविज्ञान के शोध-छात्रों के अध्ययन का आधार ग्रन्थ है। इस आधार पर हम उन्हें साठोत्तरी समीक्षा का शास्त्र-निर्माता साहित्यकार कह सकते हैं।

निष्कर्ष रूप में हम कह सकते हैं कि प्रो कन्हैया सिंह एक समुन्नत काव्य-विवेक के साहित्यकार हैं। इस काव्य-विवेक के निर्माण में जहाँ एक ओर उनका गम्भीर अध्यवसाय है, वहीं दूसरी ओर गुरुजनों की प्रेरणा। प्रो भगवती प्रसाद सिंह तो उनके गुरु रहे ही हैं, पर जो आचार्य उनके गुरु नहीं रहे उनका प्रभाव भी उनके व्यक्तित्व निर्माण में अहम भूमिका रखता है। ऐसे

आचार्यों की एक सूची है, उसका विश्लेषण यहाँ अभीष्ट नहीं है, इन आचार्यों में यहाँ आचार्य हजारीप्रसाद द्विवेदी की चर्चा अवश्य करना चाह रहा हूँ। प्रो कन्हैया सिंह आचार्य द्विवेदी के कभी शिष्य नहीं रहे, परन्तु उन्होंने दो बार अपनी मौखिकी परीक्षाओं में आचार्य द्विवेदी का सामना किया है। पहली बार एमए की मौखिकी में तथा दूसरी बार पी-एचडी की मौखिकी में। यद्यपि पी-एचडी की मौखिकी एक औपचारिक परीक्षा होती है, तथापि अच्छा परीक्षक जब उसके शोध-प्रबन्ध से प्रभावित होता है तब वह खुले मन से शोध-छात्र के अध्ययन की थाह अवश्य लेता है। आचार्य द्विवेदी ने यही किया। प्रो कन्हैया सिंह जी ने इस परीक्षा में अपने गहन अध्ययन और मौलिक सूझ-बूझ की छाप आचार्य द्विवेदी पर छोड़ी। आचार्य द्विवेदी ने अपने स्वभाव के अनुरूप अपने मुक्त अट्टहास से प्रो कन्हैया सिंह तथा उनके शोध-निर्देशक की सराहना की थी। यही सराहना उनकी साहित्य-साधना का पाथेय बना। उनका आत्म-विश्वास बढ़ा और इसीलिए वे साठोत्तरी समीक्षा के अन्यतम सृजनशील समीक्षक बन सके। मैं ऐसे सृजनशील समीक्षक को नमन करता हूँ और उनके शतायु होने की कामना करता हूँ।

पूर्व कुलपति
राम मनोहर लोहिया अवध विश्वविद्यालय
अयोध्या

व्यक्ति एक व्यक्तित्व अनेक

मधुकर अष्ठाना

निष्ठा, लगन और परिश्रम का दूसरा नाम कन्हैया सिंह है, जिनके लिए कहा जा सकता है कि—"यह इश्क नहीं आसाँ, बस इतना समझ लीजै। एक आग का दरिया है, और डूब के जाना है।" वास्तव में उनका जीवन कुछ ऐसा ही रहा है कि आज जो कुछ भी उपलब्धियाँ उन्हें प्राप्त हैं, उसमें उन्हें प्राप्त करने के लिए आग के दरिया में डूबकर ही जाना पड़ा है। लेकिन न तो वे कठिनाइयों से घबराये और न कभी पीछे मुड़कर देखा। ऐसे बहुत कम लोग हैं जिनके खाने में इतनी उपलब्धियाँ हों और वह भी विविधतापूर्ण हों। एक अधिवक्ता, एक प्रवक्ता, एक प्राचार्य, एक रीडर, एक कुशल राजनेता, एक विद्वान्, एक समाजसेवी, एक साहित्यकार और ऐसी ही अनेक उत्कृष्ट उपलब्धियों के स्तवक के रूप में उनका व्यक्तित्व—जिसके साथ जुड़ी है उदारता, विनम्रता, व्यवहार कुशलता आदि ऐसे अविस्मरणीय तत्त्व हैं जो उन्हें असाधारण बना देते हैं। सूफ़ी काव्य के तो वह अधिकारी विद्वान् माने जाते हैं, जिसके परिप्रेक्ष्य में हिन्दी-जगत् में उनका कोई प्रतिद्वन्द्वी नहीं है। यद्यपि उन्हें आजीवन कठोर संघर्ष करना पड़ा और वर्तमान में भी उनका लेखन, पठन-पाठन अनवरत जारी है, जो निरन्तर उत्कर्ष की ओर गतिशील रहने की प्रेरणा देता है। निश्चित रूप से यदि उनके समान दूसरा व्यक्ति खोजा जाये तो दूर-दूर तक कोई दिखायी नहीं पड़ता। यहाँ तक कि उनके नाम से ही आजमगढ़ को लोग जानते हैं। उन्होंने आजमगढ़ की साहित्यिक तथा सांस्कृतिक परम्परा को भी पुनर्जीवित करने के लिए घोर प्रयास किया है और

पूर्ववर्ती साहित्यकारों तथा विद्वानों को भी सामने लाकर आजमगढ़ के गौरव में अभिवृद्धि की है और इस सन्दर्भ में उनका कोई मुकाबला नहीं है। उनकी विचारधारा अपने साथ सबको लेकर आगे बढ़ने की रही है और ऐसी स्थिति में देशभक्त मन को राष्ट्रीय स्वयं सेवक संघ ने सँवारा तथा उन्हें अपने भीतर शक्ति और नियति का एहसास कराया।

आगरा विश्वविद्यालय से स्नातक उपाधि और इलाहाबाद विश्वविद्यालय से परास्नातक उपाधि प्राप्त कर कन्हैया सिंह ने इलाहाबाद विश्वविद्यालय से एलएलबी की उपाधि प्राप्त की, जिसमें पूरे विश्वविद्यालय में प्रथम स्थान प्राप्त किया, किन्तु स्वभावत: अधिवक्ताओं द्वारा मुवक्किलों का शोषण, न्याय दिलाने में विलम्ब करने की भावना को देखकर उन्होंने शिक्षा के कार्य में ही जाना उचित समझा और तदनुकूल गोरखपुर विश्वविद्यालय से पी-एचडी एवं जौनपुर विश्वविद्यालय से डीलिट की उपाधि प्राप्त की। कन्हैया सिंह ने मात्र एक वर्ष से भी कम समय तक अधिवक्ता का कार्य किया और सच्चाई के पथ पर अग्रसर होने के कारण उसे अलविदा कह दिया। कोर्ट-कचहरी, धोखाधड़ी का कार्य उन्हें पसन्द नहीं आया। उनकी नियति तो शिक्षण के क्षेत्र में ही थी। शैक्षिक सम्मानों में भी उनकी उपलब्धियाँ उनके बिरल व्यक्तित्व का संज्ञान कराती है। उन्हें इस क्षेत्र में ''चान्सलर मेडल तथा लैक्सडर्म गोल्ड मेडल, रामादेवी गोल्ड मेडल, राम मोहन डे गोल्ड मेडल, और सर हेनरी रिचर्ड गोल्ड मेडल'' आदि प्राप्त हुए जो उनके शिक्षा के क्षेत्र में घोर परिश्रम और संघर्ष के द्योतक हैं।

वर्ष 1960-62 में कन्हैया सिंह टीडी कॉलेज जौनपुर में विधि प्रवक्ता पद पर कार्यरत रहे लेकिन शीघ्र ही वर्ष 1962 में डीएवी कॉलेज, आजमगढ़ में प्रवक्ता हिन्दी के पद पर नियुक्त हो गये। इसके उपरान्त उन्होंने पीछे मुड़कर नहीं देखा और उनके खाने में एक से बढ़कर एक उपलब्धियाँ उनके गौरव के खाते में अंकित होती रहीं। कन्हैया सिंह 1967 तक डीएवी कॉलेज, आजमगढ़ में रहे और 1967-68 तक आगरा विश्वविद्यालय में प्रवक्ता बने और पुन: डीएवी कॉलेज में वर्ष 1978 तक लगभग दस वर्ष रीडर के पद पर सेवाएँ देते रहे। वर्ष 1978 में ही महाविद्यालय, भदोही बाजार गोरखपुर

में प्राचार्य के पद पर वर्ष 1982तक रहे। अन्त में डीएवी कॉलेज, आजमगढ़ में 1982 से 1996 तक रीडर-अध्यक्ष, हिन्दी-विभाग के पद को पूरी क्षमता के साथ सुशोभित करते रहे। इस प्रकार शिक्षा के क्षेत्र में उनका अतुलनीय योगदान है। वे जहाँ भी जिस पद पर रहे, वह अविध उक्त संस्थाओं के स्वर्णिम काल माने जाते हैं। सूफ़ी काव्य के वे एकमात्र अद्वितीय विद्वान् हैं और आजमगढ़ के गौरव साहित्यकारों पर भी उन्होंने अविस्मरणीय शोध-ग्रन्थों के द्वारा उन्हें भारत में उनकी ख्याति को कालजयी बनाने में अपनी लेखनी का परिचय दिया है। जब वे डीएवी कॉलेज, आजमगढ़ में थे मेरा प्राय: हिन्दी विभाग में जाना रहता था, क्योंकि उस समय श्री राम वर्मा, प्रभुनाथ सिंह मयंक, डॉ शशिभूषण 'प्रशान्त' आदि विभाग के अच्छे साहित्यकार थे जो वहीं नियुक्त रहे।

तैंतीस प्रकाशित ग्रन्थों और सैकड़ों शोधपत्रों के माध्यम से उन्होंने हिन्दी जगत् को अमूल्य निधि प्रदान की है जो उनकी अपूर्व प्रतिभा और विद्वत्ता का प्रमाण भी है। सूफ़ी काव्य पर उनके पाँच ग्रन्थ हैं। (1) हिन्दी सूफ़ी काव्य में हिन्दू संस्कृति, (2) सूफ़ीमत, (3) युगद्रष्टा महाकवि मलिक मोहम्मद जायसी, (4) सूफ़ी काव्य : सांस्कृतिक अनुशीलन और (5) उदार इस्लाम का सूफ़ी चेहरा। इन पाँच ग्रन्थों के द्वारा सूफ़ी साहित्य का समुचित अनुशीलन किया है और कट्टर पन्थी सोच को अनावृत करने में कोई कसर नहीं छोड़ी है। सूफ़ी मत का स्वरूप सिद्ध करते हैं। सूफ़ी काव्य पर जितना विस्तृत अध्ययन और लेखन कन्हैया सिंह का है उसका उदाहरण पूरे विश्व में नहीं है। इसके साथ ही उनके सृजन में इतनी परिपक्व विविधता है कि इसका निर्णय करना कठिन है कि कन्हैया सिंह का प्रमुख विषय क्या है? जिस विषय को भी उन्होंने उठाया उसमें उन्हें शिखरीय सफलता मिलीं। यह विविधता ही उनकी बहुमुखी प्रतिभा का परिचय देती है। एक आलोचक के रूप में भी कन्हैया सिंह को ख्याति प्राप्त हुई है। इस सम्बन्ध में जो ग्रन्थ प्रमाण स्वरूप निम्नांकित हैं :—(1) राहुल सांकृत्यायन, (2) राहुल सांकृत्यायन, समग्र अनुशीलन, (3) चन्द्रबली पाण्डेय, स्मृति ग्रन्थ, (4) महाकवि अयोध्या सिंह उपाध्याय 'हरिऔध', (5) साहित्य और

संस्कृति, (6) साहित्यिक निबन्ध, (7) पूर्वी उत्तर प्रदेश के सन्तकवि, (8) आधुनिक कविता : सांस्कृतिक परिप्रेक्ष्य और (9) आचार्य रामचन्द्र शुक्ल आदि।

पाठालोचन के तो कन्हैया सिंह अधिकारी विद्वान् माने जाते हैं और शोधार्थियों के लिए तो इस विषय पर महत्त्वपूर्ण हैं ही। पाठालोचन पर उनके चार ग्रन्थ हैं जिनके माध्यम से विषय सम्बन्धित सम्पूर्ण सामग्री प्रस्तुत की गयी है जिनके नाम क्रमश: (1) पाठ सम्पादक के सिद्धान्त, (2) हिन्दी पाठानुसन्धान, (3) पदुमावती (मूल पाठ और व्याख्या) और (4) राम चरित उपाध्याय ग्रन्थावली (सम्पादन) आदि। इस सन्दर्भ में अभी उनकी लेखनी गतिशील है और आशा की जाती है कि अनेक कृतियाँ भविष्य के अंक में सुनिश्चित हैं। ऐसी अप्रतिहत प्रतिभा का जन्म पृथ्वी पर बड़े सौभाग्य से होता है और यह भी मेरे लिये गौरव का तथ्य है कि वे मेरे जनपद के हैं तथा मेरे गाँव से उनके गाँव की दूरी मात्र आधा घण्टा ही है। वर्तमान में तो उनका आवास आजमगढ़ नगर में ही है, जो और भी निकट है। उन्हें अपने बीच पाकर जो प्रेरणा मिलती है, सम्भवत: उसी के प्रसाद स्वरूप नवगीत के क्षेत्र में मुझे भी प्राप्त हुई है। उनकी विराट् प्रतिभा के सम्मुख मेरा अस्तित्व एक तृण के ही समान है।

जब भाषा और काव्यांग के विषय पर विचार-विमर्श होता है तो उनके ग्रन्थों से ही उद्धरण शोधार्थी देते हैं और इस विषय पर कन्हैया सिंह द्वारा लिखित चार ग्रन्थ हैं—(1) हिन्दी भाषा, (2) हिन्दी भाषा साहित्य और लिपि, (3) मध्यकालीन अवधी का विकास और (4) काव्यांश कौमुदी आदि। इस प्रकार हिन्दी भाषा के स्वरूप, विकास, लिपि के परिवर्तन और साहित्य सृजन पर विस्तृत विमर्श प्रस्तुत कर हिन्दी भाषा ही नहीं साहित्यकारों और शोधार्थियों को भी दिशा दी है। उनका सम्पूर्ण जीवन हिन्दी को समर्पित है। उन्होंने जो भी हिन्दी की सेवा की वह अविस्मरणीय तो है ही, सम्पूर्ण हिन्दी जगत् उनका ऋणी है। मेरे लिये तो यह और भी गौरव की बात है कि वर्ष 2010 में उन्होंने मेरी नवगीत कृति 'वर्ष जो जिया ठहर गया' का लोकार्पण किया था और मुझे "आचार्य चन्द्रबली पाण्डेय स्मृति सम्मान-2010 से

सम्मानित भी किया था।'' उनके आशीर्वाद से मेरी भी साहित्यिक यात्रा निरन्तर गतिशील है।

सृजनात्मक साहित्य के अन्तर्गत सर्वाधिक विविधता है, जिसमें संस्मरणात्मक सामग्री जो आपातकाल के अन्तर्गत कारागार में निरुद्ध होने पर और उसके बाहर सहनी पड़ी थी उसका यथार्थ चित्रण है, ललित निबन्धों उन्होंने इनके अतिरिक्त कहानियाँ वा अपनी छाप छोड़ी है। चलायी इतिहास के रूप में उत्तर प्रदेश में 1857 के स्वतन्त्रता-संग्राम कीकन्हैया सिंह जी की पुस्तक वास्तविक तत्कालीन परिस्थितियों का अन्वेषण करती है और जीवनी साहित्य में उन्होंने ''आलोकपुंज स्वामी स्वतन्त्रानन्द'' पर ग्रन्थ लिखा है। इस प्रकार की कृतियों के शीर्षक—(1) अँधेरे के अध्याय, (2) वेदना के सम्वाद, (3) पत्थर की मुस्कान, (4) दक्षिणांचल दर्शन, (5) उत्तर प्रदेश : 1857 का स्वतन्त्रता संग्राम और (6) आलोकपुंज स्वामी स्वतन्त्रानन्द और (7) महाकवि रामचरित उपाध्याय आदि हैं। उन्होंने हिन्दी साहित्य की समस्त गद्यात्मक विधाओं में भरपूर लिखा और अभी तक चार ग्रन्थ अप्रकाशित हैं जो शीघ्र ही प्रकाशित होने की पंक्ति में हैं जिनके नाम क्रमश: (1) आलोचना के नये प्रत्यय : इतिहास और विमर्श, (2) वीर कुँवर सिंह और उनके साथी, (3) महायोगी गोरखनाथ और (4) संस्मरणों के आलोक में आदि हैं। इसके अतिरिक्त भी उनके साहित्यिक शोध प्रबन्ध जो सैकड़ों की संख्या में हैं अनेक साहित्यिक पत्रिकाओं और अनेक संकलनों में संग्रहीत हैं जो शोधार्थियों के साथ ही सामान्य हिन्दी सेवकों के लिए भी विशेष महत्त्व रखते हैं और उनके पठन-पाठन से नयी दृष्टि उद्भूत होती है। अनेक साक्षात्कारों के द्वारा उन्होंने अपनी विशिष्ट साहित्यिक दृष्टि का संज्ञान कराया है। ऐसे शोधपत्र प्राय: हिन्दुस्तानी, सम्मेलन पत्रिका, परिषद् पत्रिका, भारतीय साहित्य, विश्वभारती, मधुमती, साहित्य परिक्रमा और साक्षात्कार जैसी स्तरीय पत्रिकाओं में प्रकाशित हैं। उन्होंने दर्जनों राष्ट्रीय स्तर के महत्त्वपूर्ण ग्रन्थों में सहलेखन किया है। आकाशवाणी और दूरदर्शन से तो निरन्तर उनकी साहित्यिक विषयों पर वार्त्ताएँ प्रसारित होती रहती हैं जिससे अधिकांश श्रोता और दर्शक लाभान्वित हो रहे हैं।

कन्हैया सिंह के वृहद साहित्यिक अवदान को संज्ञान में लेते हुए हिन्दी साहित्य सम्मेलन, प्रयाग ने उन्हें ''साहित्य महोपाध्याय'' की उपाधि प्रदान की। यह उपाधि ऐसे ही विद्वानों को दी जाती है जिन्होंने हिन्दी भाषा और साहित्य के लिए समर्पित भाव से प्रचुर कार्य किया हो। गुजरात हिन्दी विद्यापीठ ने भी उन्हें ''हिन्दी गरिमा' सम्मान देकर उनके सृजन का सम्मान किया है। भोजपुरी साहित्य परिषद्, लखनऊ ने ''भोजपुरी शिरोमणि'' सम्मान देकर अपने कर्त्तव्य का पालन किया है। उत्तर भारतीय संघ, मुम्बई भी उनकी यश पताका के प्रति नमित होते हुए ''गणपति सम्मान'' से अभिषिक्त किया है। आजमगढ़ जनपद के तो वह गौरव हैं अस्तु आजमगढ़ महोत्सव समिति ने उन्हें ''हरिऔध सम्मान'' विभूषित कर स्वयं के गौरव में अभिवृद्धि की है। उत्तर प्रदेश हिन्दी संस्थान भी पीछे नहीं रहा और उनके विपुल स्तरीय साहित्यसृजन के उपक्रम में ''साहित्य भूषण'' सम्मान तथा ''पण्डित दीन दयाल उपाध्याय साहित्य सम्मान'' प्रदान किया है। इनके अतिरिक्त केन्द्रीय हिन्दी संस्थान, आगरा द्वारा ''सुब्रह्मण्यम् भारतीय सम्मान'' तथा नेफोर्ड, मऊनाथ भंजन द्वारा, वीर रसावतार श्याम नारायण पाण्डेय की स्मृति में ''हंस सम्मान'' प्रदान कर मऊ का गौरव बढ़ाया है। केवल इतना ही नहीं ऐसे सैकड़ों सम्मान उन्हें प्राप्त हो चुके हैं जिसकी गणना करने में अनेक पृष्ठ भर जायेंगे।

कहते हैं ''होनहार बिरवान के, होत चीकने पात'', वह बचपन से ही मेधावी छात्र रहे और अभावों के मध्य संघर्ष करते हुए निरन्तर प्रगति की ओर बढ़ते रहे। उनका जीवन एक तो साहित्य के प्रति और दूसरे समाज सेवा के प्रति समर्पित रहा। जब भी समाज पर संकट आया वह सहायता करनेवालों में सबसे आगे दिखायी पड़े। राष्ट्रीय स्वयं सेवक संघ की शिक्षाओं के अनुसार ही उन्होंने ''जननी जन्मभूमिश्च, स्वर्गादपि गरीयसि'' का अनुशरण किया। यह उनकी तपस्या और त्याग का ही परिणाम रहा कि कन्हैया सिंह नगर पालिका आजमगढ़ के अध्यक्ष निर्वाचित हुए और तब तक अध्यक्ष पद पर बने रहे जब तक आपातकाल में कारागार में निरुद्ध नहीं हुए। इस सम्बन्ध में भी उन्होंने अपने ग्रन्थ ''अँधेरे के अध्याय'' में संस्मरण लिखे हैं। विपरीत

परिस्थितियों में भी उन्होंने साहस और धैर्य नहीं छोड़ा। कन्हैया सिंह वर्ष 1996 से वर्ष 2000 तक अखिल भारतीय हिन्दी साहित्य परिषद्, दिल्ली के महामन्त्री रहे और 2000 से 2004 तक कार्यकारिणी अध्यक्ष रहे। इसके अतिरिक्त उन्होंने सर्वाधिक महत्त्वपूर्ण पद जो निर्वाह किया वह था वर्ष 1997 से 2001 तक उत्तर प्रदेश भाषा संस्थान के कार्यकारी अध्यक्ष का पद जो बेहद उत्तरदायित्वपूर्ण था। जिस पद पर भी वे रहे उन्होंने अपनी बुद्धि, विवेक और सम्यक् ज्ञान के प्रभाव से प्रगति की ओर ले जाते रहे। जैसे जल में कमल होता है किन्तु वह जल निर्मित रहता है और उसी प्रकार कन्हैया सिंह जी भी काजल की कोठरी से भी बेदाग निकलते रहे। वर्तमान में वे अखिल भारतीय हिन्दी साहित्य परिषद् दिल्ली के राष्ट्रीय संरक्षक का पद सुशोभित कर रहे हैं। अब तक के अपने जीवन काल में उन्होंने देश के प्रति, समाज के प्रति और हिन्दी साहित्य के प्रति सर्वदा अनुपम उत्सर्ग की भावना का परिचय दिया। उनका आदर्श जीवन हम सभी को अनुसरण की प्रेरणा देता है। ऐसे बहुमुखी प्रतिभा के मूर्द्धन्य विद्वान, राजनेता और हिन्दी साहित्य के प्रति समर्पित व्यक्तित्व सदियों में हमारे मध्य अवतरित होते हैं। उनके सम्बन्ध में यह शेर उपयुक्त है कि—

''हजारों साल नर्गिस अपनी बेनूरी पे रोती है।
बड़ी मुश्किल से होता है चमन में ददिवर पैदा।''

मैं ऐसे विराट-व्यक्तित्व को कोटिश: नमन करते हुए उनके स्वस्थ, सुखी, समृद्ध साहित्य दीर्घ जीवन की कामना करता हूँ।

वरिष्ठ साहित्यकार
लखनऊ

स्वामी स्वतंत्रतानन्द के कृपापात्र : कन्हैया सिंह

शिवाजी शाही

ग्राम धरवारा में परम पूज्य स्वामी श्री स्वतन्त्रानन्द जी महाराज का प्रवास होता रहा है तथा कई उच्च शिक्षा प्राप्त महानुभावों ने उनके सान्निध्य से आस्तिकता, भावुकता और सहृदयता के संस्कार प्राप्त किये हैं। स्वामी जी द्वारा लिखित गीता की सुप्रसिद्ध तत्त्वदर्शिनी टीका का संशोधन धरवारा में ही किया गया। श्री राममूर्ति सिंह आपके प्रेमी भक्त थे तथा अन्यत्र भी आपके पास सेवा और सत्संग की दृष्टि से आते रहते थे।

डॉ साहब भी इन्हीं महात्मा के सान्निध्य से तर्क प्रधान मस्तिष्क के होने पर भी श्रद्धा सम्पन्न और सेवा परायण हुए। वे स्वयं कहते हैं—"भटवली बाजार, गोरखपुर में लगभग एक माह तक उनकी निकटता में उनके ओजस्वी स्वरूप, उनकी अविचलित वैराग्य दृष्टि, उनके तपोमय जीवन, निश्छल व्यवहार, अनासक्ति और ज्ञानमण्डित दिव्य अनुभूति का जो अनुभव मुझे हुआ, उससे मुझे लगा कि स्वामी जी महाराज आज के युग के ऐसे सन्त हैं जो प्रचार-प्रसार से दूर रहते हैं। शहरों को छोड़कर गाँवों में ही भ्रमण करते हैं, पन्थ सम्प्रदाय बनाने के विरुद्ध हैं। पाखण्ड आडम्बरों से रहित हैं, पर अनुभूति में ब्रह्मानन्द में विचरण करनेवाले विरल महात्मा हैं। उनकी सहजता में उनकी महानता को पहचानना बड़े पारखी का कार्य है।" तुलसीदास ने ठीक ही लिखा है—

जो कोइ कहइ सन्त हम चीन्हा तुलसी कान हाथ दे लीन्हा।।

स्वामी जी भभूत नहीं देते, आशीर्वाद नहीं देते, पुत्र पुत्री नहीं देते, मिनिस्टरी और नौकरी नहीं देते, चमत्कार नहीं करते, डींग नहीं हांकते।

प्रवचन करते हैं वेदान्त का। गीता के ज्ञान तत्त्व का प्रतिपादन करते हैं। सब-कुछ ईश्वर को अर्पित करके स्वयं ब्रह्म होने का तात्त्विक सन्देश देते हैं। जगत् में चेतन का विलास है। प्रत्येक प्राणी इसी चेतन से परिपूर्ण है। जान जाने पर वह स्वयं ब्रह्म हो जाता है—

जानत तुमहि तुमिंह होइ जाई।

उसे जानने की प्रक्रिया समय लेती है। उसके लिये सबसे प्रधान साधन सत्संग है, भक्ति है, समर्पण है, अहंकार का त्याग है। तब कहीं यह चिद्विलास समझ में आता है।

तुलसीदास यह चिद्विलास जग बूझत बूझत बूझे। भटवली के प्रवास में स्वामी जी के बारे में इस प्रकार की अनुभूति होने पर मेरे तार्किक मन और आस्था दोनों को पाथेय मिला और मैं सत्संग के लोभ से उनकी अधिकाधिक निकटता का लाभ ढूँढ़ने लगा। निकट आने पर यह अनुभव हुआ कि वे पारस पत्थर के समान थे। उनके स्पर्श से लोहा भी सोना बन जाता था। इस पारस स्पर्श का अनुभव मैने स्वयं किया था, जब श्री केदार सिंह एडवोकेट (काका) बेलनाडीह (आजमगढ़) में आपके सम्पर्क में आये। वे घोर नास्तिक और उग्र मार्क्सवादी थे। पहले आपके यहाँ आते-जाते वे कहते थे कि महाराज जी! वह वस्तु हमें भी दीजिये जिसे पाकर आप प्रवचन में उत्फुल्ल होकर हँसने लगते हैं और जिसका क्रम ही नहीं टूटता।

स्वामी जी ने कहा—अभ्यास से वह वस्तु आपको भी मिल सकती है। साठ वर्ष की अवस्था के बाद श्री सिंह आस्तिक बने और मरने के पूर्व तक गीता का नियमित पाठ और उपासना करते रहे।

सन् 1986 में गोरखपुर जनपद में बड़हल गंज कस्बे के सन्निकट कोडारी ग्राम की सीमा में सरयू तट पर कुछ प्रेमियों द्वारा श्री स्वामी जी के स्थायी निवास हेतु आश्रम-निर्माण का कार्य प्रारम्भ हुआ। दो तीन झोपड़ियाँ बन गयीं। चारदीवारी का काम चल रहा था। स्नान-पान के लिए सरयू का जल ही काम में आता था। सुविधा की दृष्टि से एक हैण्ड पम्प लगाया गया ताकि बार-बार नदी तक न जाना पड़े। जौनपुर के वैद्य श्री लक्ष्मीनारायण सिंह जी भी दो चार प्रेमियों के साथ वहीं ड्खहरे हुए थे।

इस बार आपका चातुर्मास भी वहीं हो रहा था। गगहा के ब्लाक प्रमुख श्री गोधन सिंह ने वहाँ यज्ञ के आयोजन का प्रस्ताव रखा। वहाँ न कोई घर, मकान और न क्षेत्रवासियों में यज्ञ की कोई कल्पना और विशेष उत्साह ही। एक रविवार को कन्हैया सिंह आये तो श्री स्वामी जी ने उक्त प्रस्ताव की चर्चा की और उसकी कठिनाइयों के साथ उस प्रस्ताव को कठिन बताते हुए कोई छोटा आयोजन करने का सुझाव दिया। डॉ साहब ने कहा—महाराज जी सरयू तट, कार्तिकमास, पूर्णिमा का काल और आपका चातुर्मास्य निवास, इस समय यज्ञ हो जाय तो अति उत्तम रहेगा। स्वामी जी ने कहा—अच्छा फिर बतायेंगे।

आगे चलकर डॉ साहब ही पीछे हटने लगे। और प्रमुख जी भी बड़ी मुश्किल से कभी-कभी मिल जाते। पर स्वामी जी ने निश्चय कर दिया कि—महाविष्णु यज्ञ होगा और दिनांक 14 नवम्बर, 1986 का समय भी निश्चित हो गया।

एक दिन डॉ साहब और मैं सायंकाल आश्रम पर ही रुक गये। स्वामी श्री आत्मानन्द जी तथा श्री विश्वनाथ शुक्ल सेवा में थे। रात में हम लोगों ने खिचड़ी बनायी और शुक्ल जी के आने के प्रतीक्षा करने लगे। स्वामी जी तथा आत्मानन्द जी टहल रहे थे, साथ में शुक्ल जी भी थे। विलम्ब होते देखकर डॉ साहब ने कहा—ए बाबू शिवाजी। आजमगढ़ में कवि-सम्मेलन में अम्बेडकर नगर से आये हुए कवि 'विकल साकेती' ने कहा था—

"बभनन क पेट सुरपुरक डाकखाना बा।"

(अर्थात् ब्राह्मणों के पेट में डाला गया खाद्य पदार्थ पत्रालय में डाले गये पत्र की तरह देवताओं तथा पितरों को प्राप्त होता है—ऐसी मान्यता है) यह सुनकर स्वामी जी, आत्मानन्द जी शुक्ल जी सहित हम सभी हँसने लगे। तब स्वामी जी ने कहा—शुक्ल जी जाइये, अब कन्हैया सिंह को भूख लग गयी है, तब उनके आने पर हम लोगों ने भोजन किया तथा कविता का आनन्द लेते रहे।

आजमगढ़ से कन्हैया सिंह अपने साथ पाँच टिन घी और कुछ सहायकों को लेकर आये थे। धन संग्रह नहीं हो पा रहा था। निराश होकर बोले—स्वामी

जी समय अनुकूल नहीं है, व्यवस्था होनी कठिन है। आपने कहा—यज्ञ का कार्य भगवान् का है, इसे वही सम्पन्न करेंगे। यज्ञ तो नियत समय पर ही होगा। तुम अपना काम करो। कन्हैया सिंह चुप हो गये। अगले दिन क्षेत्र में फिर चन्दा लेने गये। उसी दिन जौनपुर से वैद्य श्री लक्ष्मीनारायण सिंह जी आ गये। सायंकाल चार बजे डॉ साहब आये और बोले-वैद्य जी, दिन भर के प्रयास से साढ़े चार हजार रुपये मिले हैं, तीन दिन ही शेष हैं। मैंने तिथि आगे बढ़ाने के लिए कहा तो मनाकर दिये। आप कहिये शायद मान जायँ। वैद्य जी ने कहा ऐसी बात है तो चलिये मैं कहता हूँ।

समय पाकर वैद्य जी बोले—स्वामी जी, एक प्रार्थना है। कन्हैया सिंह परेशान हैं, अर्थव्यवस्था नहीं हो पा रही है। इसलिए तिथि टाल दी जाय तो अच्छा रहे। वैद्य जी की बात सुनकर आपने कहा—आप यह बात कैसे कह रहे हैं? कन्हैया तो उपस्थित नही है, उन्हें पता ही नहीं है कि यज्ञ विष्णु का है और वही इसे पूर्ण करायेंगे। वैद्य जी भी चुप हो गये। अगले दिन साठ हजार रुपये आये। आश्रम पर आकर भी लोग रसीद कटवाने लगे। बलातीरभान के श्री राम सुन्दरचन्द्र ने यज्ञ, में लगनेवाली हवन सामग्री तथा वरण सामग्री और दक्षिणा का भार स्वयं उठा लिया। पचास साठ हजार रुपये दान में मिल गये।

महाविष्णु यज्ञ का विवरण डॉ साहब की लेखनी से—सामान आता गया और समय से यज्ञ प्रारम्भ हुआ। प्रथम दिन ही यज्ञ स्थापना का मुहूर्त्त भी था। बड़ा विचार मन्थन हुआ कि यदि समय शुभ हो और शास्त्र विहित मिल जाय तो अग्नि स्थापना दूसरे या तीसरे दिन हो जाय। परन्तु ऐसा समय मिलता ही नहीं था। अत: आनन-फानन में सब कार्य द्रुत गति से अग्रसर हुए। अपराह्न में अग्नि स्थापना हेतु मन्त्रोच्चार और पूजन के पश्चात् अरणि मन्थन द्वारा अग्नि को प्रकट करने का कार्य आरम्भ हुआ, पर संयोग ही ऐसा कि घण्टों अरणि मन्थन के पश्चात् भी अग्नि प्रकट नहीं हुई। मौसम की खराबी अथवा मन्थन यन्त्र की खराबी की चर्चा होने लगी। धीरे-धीरे कुछ मायूसी-सी आने लगी कि अग्नि प्रकट हो गयी और उत्साह एवं उल्लास से यज्ञारम्भ हो गया।

इस यज्ञ की एक प्रमुख विशेषता यह थी कि इसमें संस्कृत भाषा और अपनी प्राचीन संस्कृति के प्रकाण्ड पण्डितों का अभूतपूर्व संगम-समागम

हुआ। काशी के सम्पूर्णानन्द संस्कृत विश्वविद्यालय के भूतपूर्व कुलपति पं देवस्वरूप जी मिश्र तथा वहीं के वेदान्त विभाग के अध्यक्ष श्री नरेन्द्र देव जी शास्त्री दि 18 नवम्बर, 1986 को कोडारीग्राम में यज्ञ स्थल पर पधारे और स्वामी जी के दर्शन और सत्संग से उन्होंने अपने को कृत कृत्य माना।

इस क्षेत्र की जनता तथा यज्ञ में समागत जनों को ऐसे पण्डितों के आगमन से बड़ा हर्ष और उत्साह मिला। इसी प्रकार दिनांक 20 नवम्बर को विश्व प्रसिद्ध विद्वान् और राष्ट्रपति पुरस्कार प्राप्त पण्डितप्रवर श्री रघुनाथ शर्मा छाता (बलिया) से तथा काशी से सुप्रसिद्ध पण्डित श्री रामप्रसाद त्रिपाठी पधारे। इन पण्डित जनों का सत्संग तो स्वामिपाद के साथ हुआ ही, इनके प्रवचन से जनता भी लाभान्वित हुई।

जयपुर, राजस्थान

साहित्य और संस्कृति के ध्वजवाहक रचनाकार

अंकिता त्रिपाठी[1] एवं प्रो विनय कुमार सिंह[2]

मनुष्य की अमूल्य निधि उसकी संस्कृति है। संस्कृति ही ऐसा पर्यावरण है, जिससे व्यक्ति अपना सामाजिक अस्तित्व प्राप्त करता है। भारतीय संस्कृति विश्व की प्राचीनतम् और बहुआयामी संस्कृति है। यह राष्ट्र एक संस्कृति नहीं, अपितु अनेक संस्कृतियों की पारस्परिक सहिष्णुता और सह अस्तित्व की नींव पर खड़ा है। विभिन्न जाति, धर्म, दर्शन, स्थापत्य व कला की टकराहट, द्वन्द्व और समायोजन के परिणामस्वरूप भारतीय संस्कृति 'अनेकता में एकता' के सूत्र का संचालन सदियों से करती चली आ रही है। इस विविधता में अखण्डता और समन्वय के कारण ही इसे विश्व के विस्तृत भूगोल, गौरवपूर्ण इतिहास, कला और दर्शन का संगम कहा जा सकता है। संस्कृति राष्ट्र का स्पन्दन है और सतत परिवर्तनशील समाज में यह स्पन्दन साहित्य, कला, दर्शन, संगीत आदि माध्यमों से झंकृत होता है—

'साहित्य और कलाएँ ही वे दस्तावेज हैं, जो हमारी संस्कृति की सुरक्षा करते हुए उसे एक पीढ़ी से दूसरी पीढ़ी तक पहुँचाते हैं।'3

कभी-कभी लोग सभ्यता और संस्कृति, जैसे साथ चलनेवाले शब्दों का प्रयोग पर्याय रूप में कर लेते हैं, जो सर्वथा अनुचित है। सभ्यता हमारा बाह्य आवरण है, जो यह कहता है कि 'हमारे पास क्या है' जबकि संस्कृति का सम्बन्ध व्यक्ति व समाज में निहित संस्कारों से है, उसका निवास मनुष्य के मानस में होता है। संस्कृति का सम्बन्ध मनुष्य की बुद्धि, स्वभाव, मन, प्रवृत्तियों से है। जहाँ सभ्यता से मनुष्य के भौतिक क्षेत्र की प्रगति सूचित होती है, वहीं संस्कृति से हमारा वैचारिक क्षेत्र, अर्थात् 'हम क्या हैं' लक्षित होता

है। 'हम क्या हैं' इसी भारतीय स्व की पहचान, संस्कृत साहित्य से वर्तमान साहित्य तक संस्कृति के निर्वहन, परिष्करण, परिवर्तन, भौतिक जीवन मूल्यों की प्रधानता, स्वार्थपूर्ति, तर्क-विज्ञान के प्रभाव और पश्चिमीकरण की दौड़ में सांस्कृतिक ह्रास, भाषा, साहित्य व संस्कृति के अन्तर्सम्बन्ध, साहित्यकार का दायित्व-सांस्कृतिक सरोकार, भारतीय अस्मिता बोध को कन्हैया सिंह के इन सत्रह निबन्धों में व्यवस्थित रूप से देखा जा सकता है। उपभोक्तावादी वर्तमान समाज में भौतिक जीवन मूल्यों के प्रभाव और पश्चिमीकरण को रेखांकित करते हुए अपनी भारतीय संस्कृति में आस्था और वर्चस्व को उन्होंने इन शब्दों में व्यक्त किया है—

"आधुनिक काल में साहित्य में तर्क और विज्ञान के प्रभाव, भौतिक जीवन-मूल्यों और पश्चिम की 'आधुनिकता' की नकल ने जैसे हमारे सांस्कृतिक मूल्यों से अलगाव की स्थिति उत्पन्न कर दी थी, पर धीरे-धीरे हम अपने समाज के श्रेय एवं प्रेय के सन्तुलन के तर्क की अनुभूति तक पहुँचे। निराला, अज्ञेय, नरेश मेहता, जगदीश गुप्त, शिवप्रसाद सिंह, विद्यानिवास मिश्र, कुबेरनाथ राय आदि शीर्षकोटि के रचनाकार इसी सांस्कृतिक आस्था के आधुनिक स्वर हैं।"[4]

भारतीय संस्कृति मूलत: धर्ममूलक है और इसकी आस्था 'परहित सरिस धरम निंह भाई' की है। भौगोलिक दृष्टि से पूर्व से पश्चिम, उत्तर से दक्षिण तक भारतीय संस्कृति अपनी मूल अभिव्यक्ति में एक है। इसके प्राणतत्त्व हैं—आस्तिकता, मानवता, शान्ति पृथ्वी, वसुधैव कुटुम्बकम, लोकमंगल, त्याग, करुणा आदर्श। यही भारतीय मन, दृष्टि और संस्कृति है। इसे 'हिन्दू संस्कृति' भी कहा जाता है, परन्तु यह शब्द अपने मूल अर्थ को खो चुका है। धर्म निरपेक्ष इस राष्ट्र में अब 'हिन्दू' शब्द धर्म और सम्प्रदाय का बोधक बनकर रह गया है। वास्तव में यह शब्द किसी एक जाति या धर्म का प्रतीक नहीं बल्कि भारत की राष्ट्रीय जाति का बोधक है। इसका प्रमाण है—"भारत के बाहर खास मक्के-मदीने में भारतीय मुसलमान 'हिन्दू' या 'हिन्दी' कहलाता है।" भारतीय संस्कृति और हिन्दू दर्शन के अग्रणी स्वामी विवेकानन्द ने भी हिन्दू शब्द को धर्मवाचक न मानकर राष्ट्रवाचक माना है।

'हिन्दू-सांस्कृतिक सन्दर्भ' नामक निबन्ध में डॉ सिंह हिन्दू शब्द की उत्पत्ति, इस शब्द व संस्कृति की व्यापकता, आज इसके अर्थ की संकीर्णता का विवेचन और राष्ट्रीय जाति के रूप में इसके प्रयोग को स्वीकार करने का आग्रह करते हैं। वे आज के मजहबी उन्मादियों और उनके समर्थकों के लिए प्रश्न खड़ा करते हैं—"यदि केवल धार्मिक मान्यताओं के कारण यह शब्द किसी विशिष्ट वर्ग के लिए प्रयुक्त होता तो वैदिक धर्म, पौराणिक धर्म, वैष्णव, शैव, शाक्त, तान्त्रिक, योगी, बौद्ध, जैन, सिख इन विभिन्न सम्प्रदायों का अनुयायी कैसे 'हिन्दू' की सामूहिक संज्ञा प्राप्त करते।"[5]

भारतीय संस्कृति जड़ या अपरिवर्तनशील नहीं है। यह व्यापक और गम्भीर अर्थबोधक है। शाब्दिक दृष्टि से भी यह शब्द विकसित करने के अर्थ में प्रयुक्त होता है। डॉ सिंह यह नहीं कहते कि समग्र जीवन शैली और जो कुछ भी प्राचीन है, वह संस्कृति है बल्कि उनका मानना है कि रूढ़ को त्याग कर, वर्तमान में उपादेय और परिष्कार द्वारा भविष्य का पाथेय बनने वाली संस्कृति भारतीय संस्कृति है। अत: संस्कृति एक युग और पीढ़ी का दूसरे युग और पीढ़ी से संवाद है। इस संवाद का माध्यम भाषा है। 'साहित्य' समाज और संस्कृति का आईना है और भाषा के बिना साहित्य सम्भव नहीं। भाषा ही अपनी संस्कृति की संवाहिका है। संस्कृति तो आत्मा है, इसे रूपाकार भाषा ही देती है—

"स्मृतिगन्धा संस्कृति का एक युग से दूसरे युग तक जोड़ने का सेतु भाषा ही है। भाषा के समान ही संस्कृति भी विकासशील प्रक्रिया है। अत: भाषा और संस्कृति युग का भार वहन करती हुई एक क्रमिक सातत्य का निर्माण करती हैं।"[6]

भारतीय संस्कृति की धर्मदृष्टि ही भारतीय अस्मिता का प्रतीक है। धर्म का अर्थ है धारण करना और भारतीय धर्मदृष्टि में समाहित मानवता, त्याग, लोकहित, आदर्श, विश्वबन्धुत्व हमारी संस्कृति की पहचान है। इसे एक जगह पर देखने के लिए साहित्य में प्रतिष्ठित वैदिक युग से अब तक के राम के व्यक्तित्व को देखा जा सकता है। 'रामत्व' भारतीय संस्कृति का निचोड़ है, भारतीय संस्कृति और भारतीय स्व का प्रतिमान है। राम का रामत्व ईश्वर या

अवतारी पुरुष के गुण की प्रतिष्ठा नहीं, बल्कि एक मूल्यबोध है। वाल्मीकि, तुलसी, जायसी, मैथिलीशरण गुप्त, निराला, नरेश मेहता आदि सभी के राम अलग-अलग तेवर के साथ शाश्वत हैं और अपने युग का युगपुरुष के रूप में प्रतिनिधित्व करते हैं। जैसे रामचरितमानस के राम से तुलसी युग के नायक राणा प्रताप का युग सन्दर्भ जुड़ता है। रामत्व राष्ट्रीय अस्मिता का प्रतीक है। भारतीय साहित्य में निर्गुण और सगुण दोनों आकर राम पर ही मिलते हैं।

'ऐसे घट-घट राम हैं, दुनिया देखत नाहि।'—कबीर

'जाके प्रिय न राम वैदेही,

'तजिए ताहि कोटि बैरी सम जदपि परम सनेही'—तुलसी

राम का रामत्व भारतभूमि है और इस भूमि की प्रतिष्ठा है सीता। जब राम मायामृग कंचन के पीछे दौड़ते हैं तो अपनी प्रतिष्ठा (सीता) को खो देते हैं वैसे ही जब एक साहित्यकार ऐंग्लो अमेरिकी धर्म-संस्कृति के पीछे भागता है तो इस भारत भूमि की सारभूत-प्रतिष्ठा का अपहरण होने लगता है—''साहित्य जब अपनी सांस्कृतिक जमीन छोड़ देता है तो वह किसी काम का नहीं होता।''[7]

साहित्यकार की आस्था विश्वबन्धुत्व और लोकमंगल की होती है। उसकी दृष्टि किसी जाति, धर्म या मत पर केन्द्रित होने पर संकीर्ण हो जाती है। विश्व के सभी रचनाकारों की विचार प्रणाली में ऐक्य देखा जा सकता है, एक साहित्यकार की पहचान (धर्म-जाति) को परे रखकर दूसरे के साथ उसका विचार साम्य देखा जा सकता है। साहित्य वैश्विक और सार्वजनीन होता है। अत: एक साहित्यकार की दृष्टि में विश्व दृष्टि होनी चाहिए—

'रूस में आज का कोई लेखक वह प्रतिष्ठा नहीं प्राप्त कर सका जो तुलसी और प्रेमचन्द को मिली। यही स्थिति यूरोप-अमेरिकी नवलेखन में भी है। आज विश्व विभीषिका का त्राण इलियट को भारतीय दर्शन में दिखायी देता है। वह अपनी अंग्रेजी कविता में संस्कृत के दाता, दमयत, दयध्वम् के साथ ओऽम शान्ति: शान्ति: शान्ति: का पाठ करता है।'[8]

युद्ध की हार उतनी बड़ी नहीं जितनी बड़ी बुद्धि और संस्कृति की हार है। यूरोपीय ज्ञान-विज्ञान की प्रगति को भारतीय साँचे में ढालकर सम्भावित

लाभ लेना तो उचित है, परन्तु बौद्धिक और सांस्कृतिक गुलामी देश को पतन की ओर ले जाती है। पश्चिमी चिन्तनों को भारतीय संस्कृति और साहित्य पर थोपने से राष्ट्र खोखला होने लगता है। आजादी के बाद की बौद्धिक पराधीनता और साहित्यिक चोरी के प्रति डॉ सिंह ने चिन्ता व्यक्त की है—''गुलामी के समय यहाँ के रचनाकार में आत्मगौरव, अपनी संस्कृति की आस्था और राष्ट्र की अस्मिता से लगाव था पर आजादी के बाद यह लगाव टूटता गया। बड़ा लेखक बनने के लिए अमेरिकी या रूसी खेमे का सदस्य होना जरूरी हो गया। एक खतरनाक बात यह भी हुई कि अपनी वैचारिक पराधीनता और रचनात्मक चोरी को छिपाने के लिए इन लेखकों ने अपनी संस्कृति और अपने धर्म को संकीर्ण, दकियानूसी, प्रतिगामी, प्रतिक्रियावादी, प्रतिक्रान्तिवादी आदि कह कर हीन बताने का एक सिलसिला शुरू किया।''[9]

एक साहित्यकार अपने राष्ट्र की अस्मिता के प्रति कितना सजग है—इसका अनुमान उसके साहित्यिक कर्म से लगाया जाता है। कन्हैया सिंह के निबन्धों में व्यक्त बात नयी है ऐसा नहीं कहा जा सकता, परन्तु देश की विषम परिस्थितियों और वर्तमान चुनौतियों को ध्यान में रखकर उन्होंने सांस्कृतिक चेतना के अग्रणी कवि निराला के 'योग्य जन जीता है, पश्चिमी की उक्ति नहीं, गीता है गीता है', स्वर का पुन:स्मरण कराया है।

आज के समय की बड़ी चुनौती है प्रचण्ड राष्ट्रभाव जागृत करना। फूट डालो, राज करो की नीति अब 'बाँटो और वोट लो' में परिणत हो गयी है। मजहबी जज्बात से भारतीय मन का विभाजन जारी है। धर्म निरपेक्ष इस राष्ट्र में धर्म निरपेक्षता ही अपने सन्दर्भों को खो रहा है एक तरफ हम भारतवासी, एक संस्कृति की बात करते हैं वहीं दूसरी तरफ हिन्दू-मुसलमान, सिक्ख, ईसाई के रूप में अलग पहचान की होड़ में जुटे हैं, इसका सबसे बड़ा कारण 'हिन्दू' शब्द का संकीर्ण होना है। साहित्यकार का दायित्व है कि वह राष्ट्रीय जाति का प्रतिनिधित्व करे। हमारे साहित्य में ऐसे अनेक राष्ट्रीयता का प्रतिनिधित्व करनेवाले मुसलमान रचनाकार हुए हैं जिन्होंने मजहब को पूरा-पूरा मानते हुए अपनी राष्ट्रीय अस्मिता के साथ स्वयं को जोड़ा है। खुसरो, रहीम, कबीर, जायसी आदि ऐसे ही नाम हैं जिन्होंने कभी जाति के नाम पर

विभाजित होकर कुछ नहीं रचा। इनका सामाजिक सन्दर्भ भारतीय संस्कृति है और समग्र रचा-कसा मानवमात्र के अन्त:करण और मानवता का शंखनाद।

गहि सरनागत राम की भवसागर की नाव।
रहिमन जगत उधार को और न कोउ उपाव।। रहीम

आज बँटते भारतीय मन और धार्मिक उन्माद के सन्दर्भ में निबन्धकार ने अपनी मूलमंशा, समता के आग्रह को इस प्रकार व्यक्त किया है—"आज ऐसे दृष्टिवन्त मुसलमानों की जरूरत है जो भारतीयता की आत्मा को समझें और अपने साहित्य में इस संस्कृति के अजस्र स्रोत को उड़ेंले तो पूरे देश का भला होगा और उसी में सभी पन्थों और मजहबों का भला है। राहुल सांकृत्यायन जैसे साम्यवादी लेखक ने भी यह स्वीकार किया है कि यदि भारत के मुसलमान भारतीय नामों को अंगीकार कर लेते और भारतीय भाषाओं से अपने को जोड़ लेते तो इस देश में कोई सांस्कृतिक संकट नहीं होता। स्पष्ट है कि भारत की एक संस्कृति है और वह है भारतीय संस्कृति। उसे चाहे हिन्दू संस्कृति कहें या राम संस्कृति कहें, कोई फर्क नहीं पड़ता।"[10]

डॉ सिंह ने अमीर खुसरो, जायसी, तुलसी जैसे कवियों के सामाजिक सन्दर्भों पर विस्तृत विवेचन कर राष्ट्रीय समन्वय बरकरार रखने की कोशिश की है। तुलसी की जाति 'राम भक्त' जाति है। वे अन्य किसी भी जातीय बन्धन के प्रति विरक्त हैं—'धूत कहौ, अवधूत कहौ, राजपूत कहौ जोलहा कहै कोऊ'। उनका युग राजतन्त्र था लेकिन उनके आदर्श रामराज्य की व्यवस्था लोकोन्मुखी थी। आज की विकृत व्यवस्था को देखते हुए वही समता, त्याग, करुणा, दया और राज्यादर्श की कामना करना बेमानी नहीं है। उनके समतामूलक आदर्श राजतन्त्र में जाति का अभिमान, छूआछूत और किसी भी प्रकार का भेदभाव नहीं है।

जायसी का 'पद्मावत' भारतीयता और हिन्दू संस्कृति का विश्वकोश है। जायसी ने मानव संस्कृति का पाठ प्रस्तुत किया है। मुसलमान होते हुए भी उनका सामाजिक सन्दर्भ हिन्दू था, यही हिन्दुत्व रचनाकार की राष्ट्रीय अस्मिता का सूचक है। संस्कृति का सम्बन्ध मन और प्रवृत्तियों से है। भारतीय संस्कृति के चितेरे कुबेरनाथ राय ने कामधेनु अर्थात् इच्छाधेनु को मानसपुत्री

कहा है और जायसी के विभिन्न पात्र किसी-न-किसी मानव वृत्ति के प्रतिनिधि हैं। कई बार जायसी का 'चितउर भा इस्लाम' पंक्ति मात्र से मूल्यांकन कर लिया जाता है कि अन्त में उन्होंने मजहबी जज्बात से काम लिया है और चित्तौड़ पर इस्लाम का झण्डा फहराया है परन्तु 'भए अलोप राम औ सीता' तथा 'छार उठाई लीन्ह इक मूठी' में उनका उद्देश्य स्पष्ट व्यक्त होता है। रत्नसेन को राम और पद्मावती को सीता की संज्ञा देकर अलाउद्दीन के लिए अपने आप ही रावण की व्यंजना हो जाती है और अन्तत: उसके हाथ सिर्फ राख ही लगती है। राम और सीता की संज्ञा और 'जस पुरान मह लिखा बखानू' में पुराण की महत्ता स्वीकार कर जायसी ने देश प्रेम की उच्च प्रतिष्ठा की एवं राम संस्कृतिवाले इस देश से अपने आपको अभिन्न कर लिया। आज जायसी एक सशक्त उदाहरण है, उनकी विशिष्टताओं को निबन्धकार ने इन शब्दों में व्यक्त किया है—

"जायसी की इस कथा में कहानी या किस्सागोई, उसकी आध्यात्मिक व्यंजना, इसकी ऐतिहासिकता से ऊपर जो सबसे बड़ी बात हमें दिख पड़ती है—वह मानवता की उस बड़ी जमीन की तलाश, जहाँ साम्प्रदायिक संकीर्णता की क्षुद्र धाराएँ एक शान्त, शीतल महासमुद्र में बदल जाती हैं। इसी जमीन की तलाश में यह महाकवि योग और प्रेम को एक डोर में बाँध देता है और हिन्दू-मुसलमान की बीच की नफरत की दीवार तोड़कर उसमें उस भूसंस्कृति की प्रतिष्ठा करना चाहता है, जिसमें अपनी जन्मभूमि का स्वाभिमान और उसकी संस्कृति का प्यार ही प्रधान होता है।"[11]

भारतीय संस्कृति की वास्तविक झलक 'भारतमाता ग्रामवासिनी' में है। नगरीय सभ्यता और नकली आधुनिकता से हम अपनी उस कृषक संस्कृति से कटते जा रहे हैं, जो हमारा मूल है। भौतिक सुख-सुविधाओं की लालसा और नगरीय चकाचौंध में हम गाँवों से भाग रहे हैं। निबन्धकार ने विश्वपटल के कृषक संस्कृति के हिमायती और भारतीय किसान की त्रासद गाथा गोदान पर विचार करते हुए भारतीय गाँव और किसान-संस्कृति के पतन की ओर हमारा ध्यान केन्द्रित किया है। कृषक-संस्कृति और ग्रामीण सभ्यता के प्रति बदलते नजरिये से क्षुब्ध निबन्धकार जब कुबेरनाथ राय की इन पंक्तियों, 'असलभारत

है "किसान भारत'। असली संस्कृति है किसान संस्कृति। किसान दावा है बाकी सब या तो 'पवनी' हैं या नहीं तो चोर है।" को रेखांकित करता है तो प्रकारान्तर से वह अपने ही विचारों का प्रतिपादन कर रहा है। वास्तव में अब भारतीय संस्कृति का असल रूप तो ग्रामीण संस्कृति और किसान जीवन में ही दिखता है। नगरों में तो हम पश्चिमी विचार-व्यवहार अपनाने और तथाकथित सभ्य कहलाने की होड़ में आधुनिकता का पाखण्ड कर रहे हैं।

इस प्रकार समग्र रूप से देखा जाय तो इन सभी निबन्धों में निबन्धकार की कुछ केन्द्रीय और सामयिक चिन्ताओं का प्रतिपादन अलग-अलग सन्दर्भों को लेकर हुआ है। समय की चुनौतियाँ—उदारीकरण, बहुराष्ट्रीय कम्पनियों का बहिष्कार, उपभोग पर नियन्त्रण, पश्चिमीकरण से बचने के लिए स्वदेशी आन्दोलन, साम्प्रदायिकता, निजभाषा की प्रतिष्ठा और भ्रष्टाचार उनकी विचार प्रणाली का केन्द्र है।

सन्दर्भ

1 शोध छात्रा, हिन्दी विभाग, काशी हिन्दू विश्वविद्यालय, वाराणसी
2 प्रोफेसर, हिन्दी विभाग, काशी हिन्दू विश्वविद्यालय, वाराणसी
3 संस्कृत का स्वरूप (निबन्ध)—कन्हैया सिंह, संकलित 'साहित्य और संस्कृति', पृसं 5, सम्पा डॉ राजेश सिंह
4 कन्हैया सिंह, संकलित 'साहित्य और संस्कृति', संपा डॉ राजेश सिंह
5 हिन्दू : सांस्कृतिक सन्दर्भ (निबन्ध), वही, पृसं 7
6 भाषा और संस्कृति का संवाद (निबन्ध), वही, पृसं 13
7 साहित्यकार की आस्था और राष्ट्रीय अस्मिता (निबन्ध), वही, पृसं 31
8 वही, पृसं 29
9 वही, पृसं 29
10 वही, पृसं 32
11 भारतीयता का महाकवि जायसी (निबन्ध), वही, पृसं 66

काशी हिन्दू विश्वविद्यालय
वाराणसी

बहुमुखी प्रतिभा के धनी : कन्हैया सिंह

आद्याप्रसाद द्विवेदी

एक लम्बे अर्से से कन्हैया सिंह को देखता-सुनता चला आ रहा हूँ, विभिन्न साहित्यिक गोष्ठियों, समारोहों में उनके गम्भीर विचारों, उद्गारों को बड़े ध्यान से सुनता तथा उन्हें समझने का प्रयास करता। समय के साथ-साथ उनकी प्रकाशित कृतियों से भी साक्षात्कार हुआ। बहुत सरल से दीखनेवाले बन्धुवर डॉ सिंह को सरलता से नहीं समझा जा सकता। वे बहुत गम्भीर हैं। उनकी गम्भीरता को कोई अपनी सामान्य बुद्धि से जल्दी नहीं समझ सकता। डॉ सिंह से हर बार मिलने का अपना अनुभव है। उस अनुभव को आज जब लिखने बैठा हूँ तो इस उलझन में पड़ गया हूँ कि उन पर क्या लिखूँ और कहाँ से प्रारम्भ करूँ, जब 1984-85 में वीर बहादुर सिंह पूर्वांचल विश्वविद्यालय जौनपुर की स्थापना हुई और जब इस विश्वविद्यालय में हिन्दी पाठ्यक्रम समिति की स्थापना हुई तो उस समय वरिष्ठता के आधार पर मुझे इस समिति में एक सदस्य के रूप में डॉ सिंह के साथ कार्य करने का संयोग मिला। इस साहचर्य में मुझे डॉ सिंह के साथ निकटता के साथ कार्य करने का अवसर मिला। इस निकटता के पूर्व मैं डॉ सिंह को केवल वाह्य रूप में ही जानता था। लेकिन निकटता होने के बाद मुझे इनकी प्रतिभा का करीब से साक्षात्कार हुआ। इनकी वेश-भूषा और बातचीत में इतनी सहजता, सरलता है कि किसी को भ्रम हो सकता है। सत्य यह है कि इतने बहु पठित, बहु आयामी, सफल वक्ता, आदर्श शिक्षक, पाठालोचन जैसे गम्भीर विषय के एकलौते विषय-विशेषज्ञ एवं समीक्षक मुझे कम देखने को मिले हैं। साहित्य के क्षेत्र में ऐसे

विरल ही व्यक्ति मिलेंगे। जिन्हें प्राचीन, मध्यकालीन एवं आधुनिक हिन्दी साहित्य पर समान पकड़ हो। मुझे स्मरण है कि मुझे जब कभी किसी विषय पर उलझाव का अनुभव हुआ तो डॉ सिंह से मिलने पर उसका वे साधिकार सहज समाधान निकाल देते थे। इस सन्दर्भ में मैं एक प्रसंग का उल्लेख करने से अपने को रोक नहीं पा रहा हूँ। एक बार मैं माध्यमिक शिक्षा सेवा चयन बोर्ड में साक्षात्कार हेतु विषय विशेषज्ञ के रूप में आमन्त्रित था। उस समय हिन्दी प्रवक्ता हेतु जो सामान्य ज्ञान में प्रश्न पूछे गये थे उसमें एक प्रश्न था साहित्यकार कमलेश्वर का असली नाम बताना। इसी प्रश्न को साक्षात्कार देने आया हुआ एक अभ्यर्थी जानकारी हेतु मुझसे पूछ दिया इस प्रश्न का उत्तर न तो मैं दे पाया और न मेरे साथ बैठे दूसरे विषय-विशेषज्ञ महोदय। इसी के तत्काल बाद मेरी भेंट डॉ सिंह से हुई। मैंने इस जिज्ञाशा को उनके समक्ष उठाया और वे तुरन्त मेरी जिज्ञासा का समाधान कर दिये। ऐसे प्रसंग और भी हैं। कन्हैया सिंह बहुत अच्छे मित्र हैं। उनके सम्पर्क में जो आ जाता है। उनका अपना हो जाता है। लगता है उनसे बहुत पुराना सम्बन्ध है। जानबूझकर किसी को कष्ट पहुँचाना उनके स्वभाव के विपरीत है। उनमें इस विशेषता का आगमन सूफ़ी साहित्य के गहन अध्ययन से हुआ है। सूफ़ी सन्तों का उनके ऊपर गहरा प्रभाव है। प्रेम का दर्शन सूफ़ी फकीरों का एकमात्र लक्ष्य रहा है। डॉ सिंह बाहर से सांसारिक लगते हुए भी भीतर से सन्त स्वभाव के हैं। शास्त्र-पुराण के गहन अध्ययन के साथ वे महा योगी गुरु गोरखनाथ के साहित्य के गहन अध्येता हैं। महान सन्त स्वामी स्वतन्त्रानन्द से भी डॉ सिंह गहराई तक प्रभावित हैं। उनके जीवन दर्शन पर डॉ सिंह ने एक पुस्तक भी लिखी है जिसका नाम है—आलोक पुँज स्वामी स्वतन्त्रानन्द।

डॉ सिंह अपने सहकर्मियों, छात्रों और साहित्यकारों के बीच समानरूप से लोकप्रिय रहे हैं। एक अच्छे मित्र, एक सर्वहित चिन्तक मनस्वी रूप में उनकी छवि सर्वस्वीकृत रही है। उन्मुक्ता एवं निष्कलुष भाव से आगन्तुकों का स्वागत वे जिस ढंग से करते हैं, उससे उनकी आत्मीयता का निश्छल स्वरूप स्पष्ट झलकता है। 'अतिथि देवो भव' का भारतीय आदर्श उनके परिवार में चरितार्थ होता दिखायी देता है। घर के बरामदे में अतिथियों की

सेवा के लिए पलँग और मच्छरदानी बराबर तैयार मिलती है। जौनपुर में विश्वविद्यालय की मीटिंग से लौटते समय बलिया जाते समय मैं उनके आवास पर अनेक बार आतिथ्य का सुख तथा प्रभात वेला में ठण्डी सड़क पर हवा खोरी में उनका सहचर बन चुका हूँ।

मैं व्यक्तिगत रूप से डॉ सिंह के सुहृदभाव से गहराई तक प्रभावित हूँ। मुझे स्मरण है कि अनेक गोष्ठियों में डॉ सिंह ने मेरी योग्यता से अधिक मेरी प्रशंसा की है। इस सन्दर्भ में मैं एक प्रसंग का उल्लेख करना वांछित समझ रहा हूँ। प्रसंग सम्भवत बयासी-तिरासी के समय का है। डॉ सिंह महाविद्यालय भटवली बाजार (गोरखपुर) के प्राचार्य के जुआ को उतार कर पुन: अपने पुराने स्थान पर डीएवी स्नातकोत्तर कॉलेज आजमगढ़ के हिन्दी विभाग में अध्यापन की सेवा प्रारम्भ कर चुके थे। उन्हीं दिनों बनारस से निकलने वाले 'आज' समाचारपत्र में मेरी एक व्यंग्य लेख प्रिन्सिपलाइटिस प्रकाशित हुआ था। इस लेख में प्रिंसिपलों के कदाचरण पर तीखी बातें लिखी गयी थीं। डॉ सिंह ने उस लेख को पढ़कर मेरे पास एक पत्र भेजा। उस पत्र में डॉ साहब ने न केवल मेरे आलेख में व्यंग्य की भूरि-भूरि प्रशंसा की थी बल्कि यह भी लिखा था कि इस लेख का फोटोस्टेट निकालकर कुछ प्राचार्यों के पास भेज देना चाहता हूँ, वक्ता के रूप में डॉ सिंह की गणना उन कतिपय प्राध्यापकों में की जाती रही है, जिनके व्याख्यान सुनते समय श्रोताओं को समय का ज्ञान नहीं रहता था। विषय केन्द्रित इनके भाषणों को न कहीं पथान्तरित होते देखा गया है और न कहीं अनावश्यक विस्तार से भाराक्रान्त होते हुए। पर गूढ़-से-गूढ़ विषयों को भी लालायित कर श्रोताओं के मन-मस्तिष्क तक पहुँचा देने की उनकी वक्तृत्व कला के सभी कायल रहे हैं।

समालोचक के रूप में डॉ सिंह की ख्याति सर्वविदित है। इनकी सूक्ष्मदर्शी आलोचनात्मक दृष्टि जिस विषय पर केन्द्रित होती है उसे वे बहुकोणीय ढंग से अन्वेषित कर पाठकों के लिए सुग्राह्य बना देते हैं। पाठालोचन जैसे गम्भीर विषय पर उनकी दो पुस्तकें 'पाठ सम्पादन के सिद्धान्त' और 'हिन्दी पाठानुसन्धान' इस विषय पर मील के पत्थर के रूप में समादृत हैं। इसी कड़ी

में उनकी एक और कृति विशेष चर्चित हुई है 'पदुमावती (मूल पाठ और व्याख्या)' इस ग्रन्थ ने भी हिन्दी के सुधी चिन्तकों द्वारा विशेष सराहना पायी है। आलोचना के क्षेत्र में डॉ सिंह आचार्य रामचन्द्र शुक्ल की भाँति शब्दों के प्रयोग में कृपण और सूत्रवत कथन के प्रयोग में अति उदार है। इनके समालोचनात्मक निबन्धों में शब्दों की कसावट ऐसी होती है कि एक भी शब्द को अगर किसी ने हटाने का प्रयास किया तो पूरा-का-पूरा भाव-महल ध्वस्त हो जायेगा। डॉ सिंह की एक खास विशेषता यह भी है कि ये शब्दों के वाग्जाल में पाठकों को उलझा कर अपनी विद्वत्ता का न कहीं छद्म प्रदर्शन करते हैं और न कहीं अलंकारादि का भोंड़ा प्रयोग। सीधे-सादे नपे-तुले शब्दों में अपनी बात इस ढंग से रखते हैं कि श्रोता और पाठक दोनों मुग्ध भाव से उसे ग्रहण कर लेते हैं।

कन्हैया सिंह सरीखे शिक्षक, साहित्यकार आज विरले ही हैं। ये उस व्यक्तित्व के संवाहक हैं, जिन्होंने न केवल अपना मौलिक सृजन किया, अपितु संगठन के क्षेत्र में भी अपनी महत्त्वपूर्ण भूमिकाओं का निर्वहन करते हुए कुछ लघु पौधों को भी आज दरख्त बना दिया है। अखिल भारतीय साहित्य परिषद् नयी दिल्ली जैसी प्रतिष्ठित साहित्यिक संस्था के, विभिन्न पदों पर रहते हुए डॉ सिंह ने पूर्वांचल के अनेक नगरों में इसकी गोष्ठियाँ आयोजित करायी हैं जिसमें अनेक नवांकुर के साथ वैदुष्य के धनी साहित्यकारों ने भी अपनी सहभागिता दी है। वाराणसी, बलिया, आजमगढ़ तथा खलीलाबाद में सम्पन्न हुई इन गोष्ठियों में भाग लेने का मुझे भी अवसर मिला है। जीवन के पचासी बसन्त को पार करने जा रहे डॉ सिंह में आज भी इतनी अधिक मात्रा में जिन्दादिली और श्रम करने की पूर्ति लगाव है कि सेवानिवृत्त होने के पश्चात् रातदिन साहित्यिक चिन्तन, लेखन, निर्देशन, नये लेखकों की रचनाओं के संशोधन, प्रकाशन आदि में लगे रहते हैं। हिन्दी की लब्ध-प्रतिष्ठ पत्रिका 'हिन्दुस्तानी', 'सम्मेलन पत्रिका', 'परिषद पत्रिका', 'विश्व भारती', 'साहित्य परिक्रमा', 'साहित्य भारती', 'मधुमती', 'साक्षात्कार' आदि में आपकी रचनाएँ निरन्तर प्रकाशित हो रही हैं। इन पत्रिकाओं और अखिल भारतीय साहित्य परिषद् से जुड़ने के कारण आप पूरे

साहित्य जगत् से जुड़े हुए हैं। आपका लगाव देश के अनेक विश्वविद्यालयों से आज भी बना हुआ है।

वास्तव में कन्हैया सिंह जी की सेवाओं और उपलब्धियों को रेखांकित करना अत्यन्त दुष्कर कार्य है, क्योंकि जीवन के पचासी वसन्त देख चुके इस व्यक्तित्व के कृतित्व का अंकन करने के लिए अनेक ग्रन्थ भी रचे जायँ तो कम ही पड़ जायेंगे। नि:सन्देह, उनका व्यक्तित्व एवं कृतित्व विशद एवं व्यापक अध्ययन की अपेक्षा करता है।

समग्रत: यही कहा जा सकता है कि कन्हैया सिंह शिक्षा एवं साहित्य तथा राजनीति जगत् के एक अमिट हस्ताक्षर हैं। इनके आदर्शोपम बहुमुखी व्यक्तित्व से प्रेरणा लेकर भावी पीढ़ी, इन क्षेत्रों में अपने गन्तव्य तक पहुँच सकती है। अत: ईश्वर से प्रार्थना है कि उन्हें निरामय व दीर्घ जीवन प्रदान करें—

वयं देवानां सुभतो स्याम, जीवेम: शरद: शतम् ।

मालती कुँज
सिद्धार्थ इन्केलेव विस्तार, प्घ्ए घ्घ् 32,
तारामण्डल, गोरखपुर 273017

'हरिऔध' बजरिए कन्हैया सिंह

बलजीत कुमार श्रीवास्तव

हिन्दी में अनेक प्रकार की समीक्षा-प्रणालियाँ प्रचलित हैं। कुछ व्यक्तिपरक, कुछ कृतिपरक और कुछ प्रवृत्तिपरक। कहीं वस्तु विवेचन, कहीं भाषा-चिन्तन, कहीं शिल्प-विश्लेषण। तुलनात्मक समीक्षा, पाठालोचन, शोध समीक्षा आदि सब उसी के अंग हैं। विगत डेढ़ सौ वर्षों में समीक्षा-जगत् में अनेक प्रकार के आरोहावरोह दिखायी पड़े हैं। हिन्दी के प्रख्यात समीक्षकों ने अपने-अपने कई मानक भी स्थापित किये हैं। उन्हीं में समकालीन हिन्दी समीक्षा के वैविध्य समीक्षक कन्हैया सिंह जी का स्थान प्रमुख रूप से हैं। प्रसिद्ध रचनाकार कन्हैया सिंह द्वारा लिखित, "अयोध्या सिंह उपाध्याय 'हरिऔध' नामक पुस्तक उप्र हिन्दी संस्थान, लखनऊ द्वारा प्रकाशित की गयी है। इस पुस्तक में अयोध्या सिंह उपाध्याय 'हरिऔध' के जीवन से सम्बन्धित विभिन्न आयामों का परिचय मिलता है। कन्हैया सिंह ने हरिऔध जी के व्यक्तित्व एवं कृतित्व से हमारा परिचय कराने के लिए इस पुस्तक को पाँच भागों में विभाजित किया है, इसके साथ ही प्रत्येक भाग को छोटे-छोटे उपभागों में विभाजित कर हरिऔध जी के व्यक्तित्व और कृतित्व की सूक्ष्म व्याख्या की है।"

पुस्तक के प्रथम भाग को कन्हैया सिंह जी ने व्यक्ति और व्यक्तित्व नाम दिया है जिसमें हरिऔध जी के जन्म से लेकर मृत्यु तक की सम्पूर्ण घटनाओं से हमारा परिचय विभिन्न उपभागों के माध्यम से कराया है। प्रथम भाग में हरिऔध जी का जन्म, पितृ परम्परा, सम्मेलन के सभापति, काशी हिन्दू विश्वविद्यालय, महाकवि की प्रतिष्ठा, प्रतिष्ठा के चरम शिखर पर, सम्मान,

महाप्रयाण, हरिऔध का व्यक्तित्व, सहृदयता और भावुकता, सरलता की मूर्ति, अहंकार शून्य पाण्डित्य, नयीधारा को प्रोत्साहन तथा छायावाद के सम्बन्ध में जैसे छोटे-छोटे उपभागों के माध्यम से अपनी लेखनी को धार देते हुए कन्हैया सिंह जी ने बहुत ही सारगर्भित परिचय दिया है, जिसमें बहुत-सी गूढ़ बातों से हमारा परिचय कराया है, जो कि अन्यत्र मिलना मुश्किल जान पड़ता है। हमारे शोधार्थियों और बुद्धिजीवियों के लिए इस पुस्तक का व्यक्तित्व भाग बहुत ही लाभप्रद है। इसके अन्तर्गत कुछ विशेष बातों से कन्हैया सिंह जी ने हमारा परिचय ऐसा कराया जो यह सोचने को मजबूर कर देती है कि कन्हैया सिंह जी ने इन सूचनाओं को एकत्रित करने में कितनी मेहनत की होगी यथा—"1882 ई में इनका विवाह अनन्तकुमारी के साथ हुआ जो सिकन्दरपुर बलिया के विष्णुदत्त की पुत्री थी। 1884 ई में निजामाबाद मिडिल स्कूल में वे अध्यापक नियुक्त हो गये।आजमगढ़ में उनका सम्पर्क बँगला भाषा के विद्वान् तारिणीबाबू से हुआ।"

हरिऔध जी सरलता की मूर्ति थे, इसको कन्हैया सिंह जी ने कुछ विशेष बातों के माध्यम से हमारे समक्ष प्रस्तुत किया है—यथा-"हरिऔध जी पर व्यंग्य और उनकी कविताओं पर पैरोडी लिखनेवाले 'चोंच बनारसी' को जब यह पता चला कि उनके व्यंग्यों से हरिऔध जी ने उन्हें न जलपान कराया और न भोजन बाजार से पूड़ी-सब्जी मँगाकर उन्हें खिलायी" इसी क्रम में एक स्थान पर हरिऔध जी की सरलता का परिचय कन्हैया सिंह जी ने उनके निजी जीवन की कड़ी को हमारे समक्ष खोलते हुए अपनी पुस्तक दिया है। यथा—"एक बार आजमगढ़ में उनके पौत्र का जन्मदिन था, उसमें काशी से आचार्य रामचन्द्र शुक्ल, आचार्य चन्द्रबली पाण्डेय आदि विद्वान पधारे थे। चन्द्रबली जी उन दिनों कच्चा भिगोया, हुआ अन्न खाते थे। रात्रि में सब लोगों का भोजन हो जाने के उपरान्त हरिऔध जी को स्मरण हुआ कि चन्द्रबली जी का तो कोई प्रबन्ध नहीं किया गया। उन्होंने शुक्ल जी के सामने आकर कहा कि मुझसे एक बड़ी भारी गलती हो गयी कि पाण्डेय जी के लिए कुछ भिगोया हुआ अन्न नहीं तैयार हुआ और कहने लगे कि इस समय तो कहीं कुछ मिलेगा नहीं। शुक्ल जी ने कहा—"एक जगह भिगोया चना मिल सकता है।

'हरिऔध' जी ने बड़ी उत्सुकता से पूछा—कहाँ-कहाँ? शुक्ल जी ने गम्भीरता से कहा 'किसी तबेले में।' हरिऔध जी इस मजाक को सत्य मानकर किसी तबेले में भिगोया चना लेने के लिए आदमी ढूँढ़ने लगे और उन्हें विनोद का ज्ञान तब हुआ जब लोग ठहाका लगाकर हँसने लगे।''

कन्हैया सिंह जी की इस पुस्तक में अनेक ऐसी बातों के अंश हैं जो अन्य पुस्तकों में मिलना सागर में मोती ढूँढ़ने की तरह है। परन्तु यह कहा जा सकता है कि इन मोतियों को कन्हैया सिंह जी ने अपनी पुस्तक में एकत्रित करने का सार्थक प्रयास किया है।

पुस्तक के द्वितीय भाग को कन्हैया सिंह जी ने ब्रजभाषा काव्य और रसकलस नाम दिया है, जिसमें कन्हैया सिंह जी ने अयोध्या सिंह उपाध्याय हरिऔध की ब्रजभाषा में लिखित काव्य के विषय में आलोचनात्मक चर्चा की है। इस भाग में—

1 रसिक रहस्य
2 श्री कृष्ण शतक
3 उपदेश कुसुम
4 प्रेम-प्रपंच
5 पे्रमाम्बु प्रवाह
6 प्रेमाम्बु-वारिधि
7 प्रेमाम्बु प्रस्रवण
8 काव्योपवन

रचनाओं की आलोचनात्मक चर्चा के साथ ही छुट-फुट कविताओं के बारे में भी विशेष बातों को बताया गया है। इसके बाद ब्रजभाषा का रीति-ग्रन्थ 'रस कलस' नामक उपभाग में रसकलस को रीतिकालीन लक्षण ग्रन्थ के रूप में बताते हुए विस्तृत चर्चा की है। कन्हैया सिंह जी ने हरिऔध जी के ब्रजभाषा के संग्रह को कालक्रमानुसार निम्नलिखित प्रकार से हमारे समक्ष प्रस्तुत किया है—

1 **रसिक रहस्य**— कन्हैया सिंह जी ने बताया है कि, ''इस संग्रह का प्रकाशन 1899 में हुआ, किन्तु इसका रचनाकाल 1878-79 ई है। 'कबीर

कुण्डल' नाम से कवि ने इसे अपने परवर्ती काव्य-संग्रह 'काव्योपवन' में सम्मिलित कर लिया है। इसमें अपनी पाठ्यपुस्तक में संगृहीत कबीर के दोहों पर कुण्डलियाँ बनायी गयी थी।''

2 **श्रीकृष्ण शतक**—इसके बारे में कन्हैया सिंह जी ने बताया कि, ''यह रचना तो 1882 की है पर यह प्रथम बार 1999 ई में 'प्रेमाम्बु-प्रस्त्रवण' संग्रह के परिशिष्ट के रूप में प्रकाशित हुई है। इसमें प्राचीन शतक परम्परा के अनुसार श्रीकृष्ण भक्ति के 120 दोहे हैं।''

3 **उपदेश कुसुम**—इसके विषय में कन्हैया सिंह जी कहते है कि, ''हरिऔध उर्दू-फारसी के भी अच्छे ज्ञाता थे। उन्होंने शेख शादी के प्रसिद्ध नीतिपरक फारसी ग्रन्थ 'गुलिस्तां' के आठवें अध्याय का अनुवाद किया। यह अनुवाद गद्य और पद्य दोनों में है। गुलिस्तां भी गद्य और पद्य दोनों में है। हरिऔध ने उसके गद्य भाग का खड़ी बोली गद्य में अै र पद्य भाग का ब्रजभाषा पद्य में अनुवाद किया जो 'उपदेश कुसुम' नाम से 1901 ई में प्रकाशित हुआ। इसमें अधिकांश दोहे हैं, कुछ कवित्त और सवैये भी हैं।''

4 **प्रेम-प्रपंच**—इस रचना के विषय में कन्हैया सिंह जी कहते हैं कि, ''इसमें नागपुरुष प्रेम-सम्बन्धी प्रारम्भिक रचनाएँ हैं। इसमें उर्दू के किस्से के ग्रन्थ 'फिसाना आजायब' के पद्यों के अधिकांशतः अनुवाद हैं इसमें दोहा, बरवै, सोरठा, कवत्ति, सवैया, कुण्डलियाँ आदि सभी हैं।

5 **प्रेमाम्बु-प्रवाह**—इस ग्रन्थ की चर्चा करते हुए कन्हैया सिंह जी कहते हैं कि, 'यह ग्रन्थ 1899 ई में 'प्रेमाम्बु प्रस्त्रवण' और प्रेमाम्बु वारिधि दो अन्य छोटे-छोटे काव्यग्रन्थों के साथ सृजित हुआ था। यह केवल 46 पृष्ठों में 80 छन्दों (सवैया, कवित्त, पद) का ग्रन्थ है।''

6 **प्रेमाम्बु-वारिधि**—इस ग्रन्थ के विषय में कन्हैया सिंह जी लिखते हैं कि ''यह 1899 ई में ही प्रकाशित भक्ति-सम्बन्धी पदों का ग्रन्थ है। इसमें कुल 75 पद हैं।''

7 **प्रेमाम्बु प्रस्त्रवण**—इस रचना के विषय में कन्हैया सिंह जी ने बताया है कि ''यह रचना भी 1899 ई में प्रकाशित हुई। इसमें शान्त रस एवं करुण रस की रचनाएँ हैं। इसी के अन्त में 'श्री कृष्ण शतक' भी परिशिष्ट

रूप में पाया गया है। इस रचना में कुल 86 छन्द हैं, जिनमें 56 कवित्त 30 सवैया हैं।''

8 काव्योपवन—इस ग्रन्थ के विषय में कन्हैया सिंह जी कहते हैं कि, ''इस संग्रह का प्रकाशन 1909 ई में खड्ग विलास प्रेम बाँकीपुर, पटना से हुआ। यह 174 पृष्ठों का बड़ा काव्यग्रन्थ है।''

इसके आगे कन्हैया सिंह जी ने हरिऔध जी की छुट-फुट रचनाओं जैसे शोकोच्छ्वास, प्रशंसवाली, बाल-विनोद आदि की चर्चा की है तथा ब्रजभाषा का रीतिग्रन्थ 'रस कलस' नामक शीर्षक में 'रस कलस' नामक रचना की विस्तृत चर्चा करते हुए कहा है कि, ''रस कलस रीतिकालीन लक्षण ग्रन्थ के रूप में ब्रजभाषा के विविध छन्दों में रचित है। ग्रन्थ रूप में इसका प्रकाशन 1930 ई में हुआ।'' इसके आगे कन्हैया सिंह जी ने ब्रजभाषा को हिन्दी काव्य की पुरानी थाती माना है यथा-''रस कलस आधुनिक युग में निश्चय ही ब्रजभाषा की एक ऐसी सरस रचना है जिसमें रस है, काव्य है और भाषा-छन्द की प्रौढ़ता है। ब्रजभाषा हिन्दी-काव्य की पुरानी थाती है।'' कन्हैया सिंह जी ने बताया है कि ''हरिऔध ने 'रस कलस' में कुछ नवीन नायिकाओं की सृष्टि की है जैसे परिवार प्रमिका, जाति प्रेमिका, देश-प्रेमिका, जन्मभूमि प्रेमिका, निजतानुरागिनी, लोक सेविका, धर्म-प्रेमिका।'' इसी प्रकार से अनेक ऐसी आवश्यक विषय परख जानकारी है जिन्हें इस पुस्तक के माध्यम से हमारे समक्ष कन्हैया सिंह जी ने अपनी विद्वत्ता का परिचय देते हुए प्रस्तुत किया है।

पुस्तक के तृतीय भाग को कन्हैया सिंह जी ने 'हरिऔध के प्रबन्धकाव्य' नाम दिया है जिसमें हरिऔध जी के प्रबन्ध काव्य की विस्तृत चर्चा की है तथा अपनी विद्वत्ता के बल पर कुछ रोचक जानकारियों को हमारे समक्ष प्रस्तुत किया है। इस भाग में कन्हैया सिंह जी हरिऔध के प्रबन्ध काव्य प्रियप्रवास, वैदेही वनवास के बारे में विस्तार से बताया है। इसके आगे उर्मिला प्रबन्धात्मक कविता के विषय में इन्होंने चर्चा किया है। कन्हैया सिंह जी इस भाग के प्रारम्भ में कहते हैं कि महाकवि हरिऔध ने प्रारम्भिक ब्रजभाषा की सरस रागसिक्त कविता को छोड़कर युग की आवश्यकता

के अनुरूप खड़ी बोली को काव्य के लिए वरण किया। इन्होंने प्रियप्रवास की विस्तृत व्याख्या की है। इसके कथानक के विषय में वे कहते हैं कि, ''प्रियप्रवास का कथानक कृष्ण के परम्परित पौराणिक आख्यान पर आश्रित है श्रीमद्भगवतपुराण के दशम स्कन्ध में वर्णित कृष्णचरित का आधार इसमें भी लिया गया है। बहुत से आधार देकर इसको खड़ी बोली का प्रथम महाकाव्य माना है। कुछ प्रसंग की संक्षिप्त व्याख्या की है जैसे—पूतना वध, शकट-भंजन, तृणावर्त्त की कथा, यमलार्जुन का उद्धार, बकासुर, अघासुर, काली नाग से मुक्ति, दावानल-प्रसंग, गोवर्द्धन-धारण काव्य की परम्परित रूढ़ियों का त्याग हरिऔध जी ने किया है, जिसकी विशेषताओं को कन्हैया सिंह जी बताते हुए कहते हैं—''प्रिय प्रवास में कोई मंगलाचरण नहीं है। इसमें कथानक अति संक्षिप्त हैं। कवि ने संस्कृतनिष्ठ प्रांजलभाषा में इसकी रचना की है। इसे कवि ने पूर्णत: संस्कृत काव्य में प्रयुक्त वर्णिक छन्दों में लिखा। चरित्र सृष्टि के अन्तर्गत उन्होंने इस पुस्तक में बताया है कि प्रियप्रवास की एक बड़ी विशेषता उसमें कवि की चरित्र सृष्टि है। कृष्ण-राधा पौराणिक आख्यान के प्रसिद्ध पात्र हैं किन्तु इनके जीवन को लेकर काव्य रचना हुई है, उनमें अनेक रूप का विकास देखा जा सकता है। कन्हैया सिंह जी कहते हैं कि, ''राधाकृष्ण को हरिऔध ने नया आयाम दिया। हरिऔध ने कृष्ण का जो चित्र प्रस्तुत किया वह न केवल मानवीय रूप है, अपितु वह एक देशभक्त लोकनायक का रूप है, जो संवेदना के साथ ही सोता जागता है। वे जाति के उद्धारक विनयशील और शीलवान् हैं।'' हरिऔध जी ने प्रियप्रवास की भूमिका में स्वयं स्वीकार किया है कि हमने श्री कृष्ण की कथा लिखी पर उन्हें ब्रह्म का अवतार न मानकर उन्हें एक महापुरुष के रूप में चित्रित किया है।''प्रियप्रवास की भाषा सामान्यतया संस्कृतगर्भित, समासयुक्त खड़ी बोली हिन्दी है। इस काव्य में तत्सम शब्दों का प्राचुर्य दिखायी पड़ता है।''

वैदेही-वनवास में कवि सीता-वनवास की कथा को अत्याधुनिक तार्किक मनुष्य के रूप में निष्ठुरता अथवा पुरुषोचित स्वार्थपरक कठोरता अथवा राजगद्दी बनाम पत्नी जैसी दृष्टि से नहीं देखते हैं। हरिऔध जी ने पूरी कथा में व्यावहारिक तर्कों का सहारा लिया है। राम को भी दोषमुक्त

करने का प्रयास किया है साथ ही उन्होंने सीता में उच्चतर मानवीय गुणों की प्रतिष्ठा करके उन्हें त्यागमयी, आदर्श नारी, योग्य माँ के रूप में प्रतिष्ठित किया। 'वैदेही-वनवास' में 'प्रियप्रवास' के कवि की भाषा में भी अन्तर आ जाता है। जहाँ पहले खड़ी बोली के प्रवाह को संस्कृत की पदावली से पूरा किया गया था वहाँ इस रचना में खड़ी बोली अपने 'स्व' के स्वरूप में प्रसाद गुण सम्पन्न, प्रवाहमयी, शक्तिपूर्ण और अभिव्यक्ति की अपनी क्षमता से परिपूर्ण है।

उर्मिला प्रबन्धात्मक कविता के विषय में कन्हैया सिंह जी ने कहा है कि कवि ने राधा और सीता के साथ ही उर्मिला का भी स्मरण किया। सर्वत्र नारी के सम्मान, मर्यादा और उसकी प्रतिष्ठा के प्रति, नवजागरण का यह कवि सजग है। साथ ही उपेक्षितों के लिए भी उसमें अपार संवेदना है। उर्मिला भी ऐसी ही उपेक्षिता है। इस प्रकार कन्हैया सिंह जी ने हरिऔध के प्रबन्धकाव्य का बहुत ही सारगर्भित परिचय देकर ज्ञानवर्द्धन का सुन्दर कार्य किया है।

पुस्तक के चतुर्थ भाग को कन्हैया सिंह जी ने मुक्तक रचनाएँ नाम दिया इस भाग के अन्तर्गत हरिऔध जी की मुक्तक रचनाओं के विषय में परिचय दिया है। इस अध्याय के प्रारम्भ में ही कन्हैया सिंह जी कहते हैं कि, ''हरिऔध की स्फुट मुक्तक रचनाओं के कई संग्रह छपे जिनमें उनकी विविध अवसरों पर लिखित कविताओं का संग्रह है, पर उनके चौपदों में लिखी तीन रचनाएँ अपनी भाषा, मुहावरेदानी और लोकानुभाव-संलग्नता के कारण विशेष महत्त्वपूर्ण मानी गयी हैं—बोलचाल (1924 ई), चोखे चौपदे (1924 ई) इन सभी की भाषा, शैली और विषयवस्तु एक जैसी है। हरिऔध के प्रियप्रवास और वैदेही-वनवास के बाद खड़ी बोली काव्य में ये रचनाएँ ही अधिक चर्चित रहीं।''

कन्हैया सिंह जी बोलचाल रचना के विषय में कहते हैं कि, ''हरिऔध जी की 'बोलचाल' नामक रचना अपने आप से ही अपने विषय का संकेत करती है कि इसमें बोलचाल की साधारण भाषा में कविता प्रस्तुत की गयी है। यह इस दिशा में किया गया कवि का पहला प्रयास और प्रयोग है।'' चोखे चौपदे के विषय में कन्हैया सिंह जी कहते हैं कि ``हरिऔध जी के 'चोखे-

चौपदे' और चुभते चौपदे में विभिन्न विषयों के चौपदे हैं। शरीर के अंगों से लेकर मनोभावों तक का इसमें सुन्दर निरूपण हुआ है।''

इसके आगे बाल कवितावली के अन्तर्गत कन्हैया सिंह जी ने हरिऔध की कुछ रोचक बाल कविताओं का परिचय दिया है। जैसे-भागवान की बड़ाई, बहन, बन्दर, गिलहरी आदि। कन्हैया सिंह जी आगे कहते हैं कि हरिऔध जी ने फुटकर काव्य में अधिकांशत: देश की वर्तमान दयनीय दशा का चित्र अंकित किया है। उनकी चोखी-चुभती उक्तियाँ देशभक्ति, समाज की उन्नति तथा जाति-सेवा की भावना से भरी हुई हैं। इन रचनाओं का सबसे बड़ा गुण उनका प्रसादात्व है। हरिऔध जी की मुक्तक रचनाओं के विषय में कन्हैया सिंह जी ने बहुत उच्चकोटि की जानकारी को सारगर्भित कर बहुत ही सुन्दर कार्य किया है। पुस्तक के अन्तिम अध्याय 'गद्यकार हरिऔध और भाषा के प्रयोग' के अन्तर्गत हरिऔध जी के गद्यलेखन के क्षेत्र में महत्त्वपूर्ण कार्यों को कन्हैया सिंह जी ने हमारे समक्ष प्रस्तुत करते हुए बताया है कि हरिऔध जी ने आलोचना, साहित्येतिहास-लेखन से लेकर सृजनात्मक लेखन के क्षेत्र में उपन्यास, नाटक, निबन्ध, गद्यकाव्य, ललित निबन्ध आदि की रचना की है। जिसके कारण खड़ी बोली गद्य के विकास में इनका महत्त्वपूर्ण योग है। इस अध्याय में कन्हैया सिंह जी ने हरिऔध के गद्य-लेखन को विद्या के आधार पर बाँटकर संक्षिप्त व्याख्या की है। जैसे-उपन्यास, नाटक, निबन्ध और गद्यकाव्य, इसके बाद हरिऔध की भाषा के विषय में विस्तृत परन्तु सारगर्भित परिचय देते हुए बताया है कि हरिऔध जी एक सृजनशील रचनाकार और प्राणवान् महाकवि ही नहीं थे अपितु भाषा के अद्‌भुत जानकार, समृद्ध शब्द-भण्डार के विद्वान् तथा विविध शैली व रूपों के प्रयोगधर्मा कवि और लेखक थे। उन्होंने कविता और गद्य की विधा-दोनों में भाषा को समृद्ध किया काव्य की प्रांजल और अभिजात भाषा से लेकर काव्य की मुहावरेदार चलती भाषा और गद्य की ठेठ और व्यवहार की भाषा का बड़ा ही सशक्त रूप उन्होंने प्रस्तुत किया।''

निष्कर्षत: यह कहा जा सकता है कि कन्हैया सिंह जी द्वारा लिखित अयोध्या सिंह उपाध्याय 'हरिऔध' नामक पुस्तक का अध्ययन करने के

उपरान्त यह कहा जा सकता है कि कन्हैया सिंह जी ने अपनी बुद्धि और विवेक के बल पर अयोध्या सिंह उपाध्याय 'हरिऔध' के सम्पूर्ण व्यक्तित्व एवं कृतित्व को अनेक प्रमाणिक एवं तथ्यात्मक जानकारियों के साथ इस पुस्तक को पाठकगण के लिए उपयोगी बनाया,00 जिससे हमारी भावी पीढ़ी निस्सन्देह कन्हैया सिंह जी के प्रति कृतार्थ होगी।

सहायक आचार्य, हिन्दी विभाग,
बीबीएयू, लखनऊ

कन्हैया सिंह और सूफ़ी प्रेम-काव्य

पुनीत बिसारिया

हिन्दी-साहित्य में 'सूफ़ी काव्य समीक्षा' का अत्यल्प विकास-क्रम रहा है। हिन्दी-साहित्य-जगत में सूफ़ी काव्य परम्परा पर गहन दृष्टि रखने वाले आलोचकों का चिरकाल से अभाव रहा है। जिस प्रकार भक्तिकाल के अन्य क्षेत्रों में समीक्षकों ने अपनी लेखनी से पैनी नज़र का परिचय दिया है, वैसा सूफ़ी काव्यधारा में देखने को नहीं मिलता। हिन्दी में ऐसे बहुत कम समीक्षक हुए हैं, जिन्होंने सूफ़ी काव्य-परम्परा पर ऐतिहासिक, सांस्कृतिक एवं सामाजिक दृष्टिकोण से विचार किया है। इनमें आचार्य परशुराम चतुर्वेदी, रामपूजन तिवारी और शिवसहाय पाठक के नाम लिये जा सकते हैं। इनके अतिरिक्त आचार्य रामचन्द्र शुक्ल, चन्द्रबली पाण्डेय, सुलेमान नदवी, सरला शुक्ल, विमल कुमार जैन, श्याममनोहर पाण्डेय, राहुल सांकृत्यायन, गोविन्द त्रिगुणायत प्रभृति ने सूफ़ी काव्य परम्परा पर अपने विचार व्यक्त किये हैं, किन्तु वर्तमान समय में हिन्दी काव्य परम्परा में सूफ़ी काव्य धारा का गहन, सुचिंतित तथा विद्वत्तापूर्ण विवेचन करने में कन्हैया सिंह का स्थान अग्रगण्य है।

कन्हैया सिंह ने सूफ़ी-काव्य की विविध प्रवृत्तियों पर विस्तारपूर्वक विवेचन किया है तथा इसके ऐतिहासिक घटनाक्रम से लेकर इसकी काव्यात्मक, अध्यात्मपरक, सामाजिक, सांस्कृतिक आदि प्रवृत्तियों को अत्यन्त मनोयोग से विश्लेषित-विवेचित करने का महती कार्य किया है। सूफ़ी विचारधारा के उद्‌भव तथा विकास पर चिन्तन करते हुए कन्हैया सिंह का सुस्पष्ट अभिमत है कि सूफ़ी विचारधारा भारतीय परम्परा के वेदान्त विशेषकर अद्वैत वेदान्त

से अनुप्राणित रही है और सूफ़ी मत में विद्यमान जीव, जगत, आत्मा, ब्रह्म की विवेचना निश्चय ही भारतीय प्रभाव का परिचायक हैं।1 वे लिखते हैं, ' हिन्दू तत्व ज्ञान का प्रभाव इस्लाम के सूफ़ीमत से पूर्ववर्ती कुछ सम्प्रदायों पर भी दिखाई पड़ने लगता है। प्रारम्भिक सूफ़ी चिंतकों को भी बौद्ध और वेदान्त दर्शन ने प्रभावित किया तथा यह प्रभाव क्रमश: बढ़ता ही गया। मंसूर हल्लाज के उपरांत हिन्दू तत्व ज्ञान से प्रभावित साधकों की एक परम्परा ही दिखाई पड़ती है। भारत में प्रवेश करने पर तो निश्चित रूप से हिन्दू धर्म, दर्शन और साधना से सूफ़ीमत प्रभावित हुआ। हिन्दू प्रभावों की सुदीर्घकालीन परम्परा को हिन्दी के सूफ़ी कवियों ने पूर्णता प्रदान की। इन कवियों ने हिन्दू-संस्कृत की समस्त रूप-छवियों को अपने काव्य में निरूपित करने का प्रयास किया।'2

'प्रेम' सूफ़ी काव्य का सर्वाधिक महत्त्वपूर्ण आयाम है। आचार्य परशुराम चतुर्वेदी ने सूफ़ी काव्य-परम्परा में प्रेम को सर्वाधिक महत्त्वपूर्ण मानते हुए इसे सूफियों द्वारा भारत को दी गयी महत्त्वपूर्ण देन मानते हुए लिखा है, ``भारतीय साधना को सूफ़ी शाखाओं की मुख्य देन 'प्रेम साधना' है, जो उन्हें शामी जाति की ओर से कभी उत्तराधिकार में मिली थी। इसका पूर्व रूप केवल 'मादन भाव' था, जिसका प्रदर्शन पहले धार्मिक अवसरों पर किये गये नृत्यादि से हुआ करता था तथा जो कभी अधिकतर देवदासियों के सम्पर्क का गुह्य मंडलियों तक ही सीमित था।''3

आचार्य परशुराम चतुर्वेदी द्वारा सम्पादित 'हिन्दी-साहित्य का बृहत् इतिहास (भक्तिकाल-निर्गुण साहित्य), चौथा भाग' में सूफ़ी प्रेमाख्यानक काव्य में प्रेम के उद्भव पर किंचित भिन्न मत व्यक्त करते हुए लिखा गया है, ''जहाँ तक प्रेमाख्यानों के निर्माण की बात है, इसकी एक ऐसी परम्परा थी जिसका आदर्श बहुत पहले से अपभ्रंश के माध्यम से रचा गया प्रचुर साहित्य ठहराया जा सकता था और जो अमीर खुसरो वाले सूफ़ी फ़ारसी प्रेमाख्यानों का भी पूर्ववर्ती रहा। तदनुसार इधर वाले सूफ़ी प्रेमाख्यानों के रचयिताओं के सामने यह प्रश्न भी कदाचित् उठा होगा कि हम इनमें से किसे अपना आदर्श मानकर चलें तथा इसी प्रकार यहाँ वाले फुटकल सूफ़ी काव्यों की रचना

करने वालों के समक्ष भी ऐसे दोनों प्रकार के आदर्श एक साथ आ सकते थे।''4

निकल्सन अपनी पुस्तक 'दि मिस्टिक्स ऑफ़ इस्लाम' में सूफ़ी मत पर ईसाइयत के प्रभाव को स्वीकार करते हुए लिखते हैं, ''इब्तुल अरबी यह दावा करता है कि इस्लाम विलक्षण रूप से प्रेम का धर्म है क्योंकि पैगम्बर मोहम्मद साहब को 'अल्लाह का प्रिय' (हबीब) कहा गया है, किन्तु यद्यपि इस सिद्धान्त के कुछ संकेत कुरान में मिलते हैं, इसकी मुख्य प्रवृत्ति निश्चय रूप से ईसाई धर्म से ग्रहण की गयी। जबकि प्राचीनतम् सूफ़ी-साहित्य, जो अरबी में है और दुर्भाग्यवश हमें खंडित रूप में उपलब्ध है, कुरान में वर्णित अल्लाह से भय खाने के आग्रह से प्रभावित है, इसके विपरीत ईसाई परम्परा के प्रत्यक्ष चिह्न भी मिलते हैं। जिस प्रकार डियोनीसियस एवं अन्य नव अफलातूनी विचारधारा का लेखकों द्वारा ईसाई धर्म में विकास हुआ, उसी प्रकार और सम्भवत: उसी प्रभाव के अन्तर्गत इस्लाम में भी परमात्मा के प्रति भक्तिमय और रहस्यमय प्रेम शीघ्र ही आह्लाद और उत्साह में विकसित हो गया। इसकी अभिव्यक्ति के लिए मानव-प्रेम का मर्मस्पर्शी चित्रण ही सबसे अधिक सुगम और उपयुक्त माध्यम समझा गया।''5 ब्राउन भी नव अफलातूनी विचारधारा से सूफ़ी प्रेम प्रभावित हुआ, इस तथ्य को उद्घाटित करता है।6 फ्रेंच लेखक डोज़ी इसके विपरीत सूफ़ी मत पर भारतीय विचारधारा के प्रभाव को स्वीकार करता है।7

डॉ सरला शुक्ल ने अपने ग्रन्थ 'जायसी के परवर्ती सूफ़ी कवि और काव्य' में विभिन्न विद्वानों के अनुसार सूफ़ी मत पर जिनका प्रभाव पड़ा, उनका उल्लेख निम्नवत किया है- 1 नव अफलातूनी मत' 2 भारतीय आर्य दर्शन 3 कुरान में अन्तर्निहित रहस्यमयी उक्तियों से उत्पन्न होना, तथा 4 स्वतंत्र विकास डॉ सरला शुक्ल स्वयं भी यह स्वीकार करती हैं कि इन सबके अतिरिक्त शामी जातियों के बीच ही सूफ़ी मत का उदय हुआ होगा।8 डॉ शुक्ल मानती हैं कि अद्वैतवादी भारतीय चिन्तन का सुस्पष्ट प्रभाव सूफ़ी परम्परा पर दीखता है।9 अनेक सूफ़ी कवियों के काव्याँशों को उद्धृत करते हुए वे लिखती हैं, ''संक्षेप में अद्वैतवाद के दोनों ही पक्षों, आत्मा

और परमात्मा की एकता तथा परमात्मा और जगत की एकता का निदर्शन सूफ़ी-काव्य में हुआ है। साधना-क्षेत्र में जहाँ उनकी दृष्टि केवल आत्मा और परमात्मा के एकत्व पर रही है, वहीं भाव क्षेत्र या काव्य में वे प्रकृति की नाना विभूतियों में भी उसे व्याप्त पाते हैं। परमसत्ता के सम्बन्ध में हिन्दी के सूफ़ी काव्य में, उसके निर्माणकर्ता या सृष्टिकर्ता स्वरूप की, इस जगत में उसके कनिष्ठ स्वरूप में स्थित भाव की, जगत में आभासित या प्रतिबिंबित सत्य की सर्वत्र जड़ एवं चेतन जगत में व्याप्ति की एवं सारे संसार में उसी की दीप्ति के प्रकाश आदि विचारों की अभिव्यक्ति है। परमसत्ता के एकत्व या केवलत्व पर तो उन्हें कोई सन्देहहीन था।'10

कन्हैया सिंह ने अपनी पुस्तक 'सूफ़ी काव्य : सांस्कृतिक अनुशीलन' पुस्तक में हिन्दी सूफ़ी काव्य में दर्शन की इस्लामपरक मान्यताओं के अतिरिक्त हिन्दू दर्शनों के प्रभाव की विस्तारपूर्वक चर्चा की है। वे लिखते हैं, ' विशिष्ट दार्शनिक मतवादों की बारीकियाँ तो उनमें नहीं हैं, पर उपनिषदों में प्रतिपादित ब्रह्म, जीव, जगत और उनके परस्पर सम्बन्ध के विषय में अद्वैतपरक उक्तियाँ उनमें मिलती हैं। साथ ही योग-साधना के पारिभाषिक शब्दों एवं साधना के अंगों की झांकियाँ भी उनमें मिलती हैं। सूफ़ीमत को इन कवियों ने हिन्दू दर्शन से अविरोधी बनाकर, अपने काव्य के द्वारा प्रचारित करने का प्रयास किया है।'11 कन्हैया सिंह के इसी तथ्य को आगे ले जाते हुए प्रोफेसर नन्दकिशोर पाण्डेय लिखते हैं, 'सूफ़ी चिन्तन ने अल्लाह और ईश्वर के एकत्व को स्थापित किया। उनकी उदारता और सहिष्णुता के कारण ईश्वर और अल्लाह का झगड़ा कम हुआ । सूफियों के लिए तीर्थ-व्रत और रोज़ा-नमाज में कोई भेद नहीं था।12

निष्कर्षत: कहा जा सकता है कि कन्हैया सिंह का सूफ़ी प्रेम काव्यात्मक विवेचन भारतीयता को सतर्क सम्पुष्ट करता है। उनका चिन्तन भारतीय सांस्कृतिक परम्परा की अविच्छिन्न धारा में सूफ़ी परम्परा की अविरलता का पोषक है, जिसने इस्लामिक उदारता की कड़ी को सनातन परम्परा की विराटता से अविच्छिन्न करने का कार्य किया। पदुमावति के पाठ-सम्पादन में भी उनकी यही गहन दृष्टि सर्वत्र परिलक्षित हुई है।

सन्दर्भ ग्रन्थ

1 सिंह, कन्हैया, उदार इस्लाम का सूफ़ी चेहरा, लोकभारती प्रकाशन, इलाहाबाद, प्रथम संस्करण, 2016, पृष्ठ 15-17

2 सिंह, कन्हैया, उदार इस्लाम का सूफ़ी चेहरा, लोकभारती प्रकाशन, इलाहाबाद, प्रथम संस्करण, 2016, पृष्ठ 47

3 चतुर्वेदी, आचार्य परशुराम, उत्तरी भारत की सन्त परम्परा, भारती भण्डार, प्रयाग, प्रथम संस्करण, सं 2008 वि, पृष्ठ 78

4 चतुर्वेदी, आचार्य परशुराम, हिन्दी-साहित्य का बृहत् इतिहास (भक्तिकाल-निर्गुण साहित्य), चौथा भाग, प्रधान सम्पादक: डॉ सम्पूर्णानन्द, नागरी प्रचारिणी सभा, वाराणसी, प्रथम संस्करण, सं 2025 वि, पृष्ठ 400

5 निकल्सन, दि मिस्टिक्स ऑफ़ इस्लाम, अनु नर्मदेश्वर चतुर्वेदी, इस्लाम के सूफ़ी साधक, मित्र प्रकाशन प्राइवेट लिमिटेड, इलाहाबाद, प्रथम संस्करण, पृष्ठ 96-97

6 डॉ सरला शुक्ल, जायसी के परवर्ती सूफ़ी कवि और काव्य, लखनऊ विश्वविद्यालय, लखनऊ, प्रथम संस्करण, सं 2013 वि, पृष्ठ 2

7 डॉ सरला शुक्ल, जायसी के परवर्ती सूफ़ी कवि और काव्य, लखनऊ विश्वविद्यालय, लखनऊ, प्रथम संस्करण, सं 2013 वि, पृष्ठ च

8 डॉ सरला शुक्ल, जायसी के परवर्ती सूफ़ी कवि और काव्य, लखनऊ विश्वविद्यालय, लखनऊ, प्रथम संस्करण, सं 2013 वि, पृष्ठ 2

9 डॉ सरला शुक्ल, जायसी के परवर्ती सूफ़ी कवि और काव्य, लखनऊ विश्वविद्यालय, लखनऊ, प्रथम संस्करण, सं 2013 वि, पृष्ठ 2

10 डॉ सरला शुक्ल, जायसी के परवर्ती सूफ़ी कवि और काव्य, लखनऊ विश्वविद्यालय, लखनऊ, प्रथम संस्करण, सं 2013 वि, पृष्ठ 55

11 सिंह, कन्हैया, सूफ़ी काव्य : सांस्कृतिक अनुशीलन, शिवांक प्रकाशन, नयी दिल्ली, प्रथम संस्करण, 2011, पृष्ठ 37

12 पाण्डेय, प्रो नन्दकिशोर, सांप्रदायिक सौहार्द्र और सूफ़ी मत, ढाई आखर, पृष्ठ 128

अध्यक्ष - हिन्दी विभाग बुन्देलखण्ड विश्वविद्यालय, झाँसी,
उत्तर प्रदेश 284 128

प्रेरणा स्रोत : कन्हैया सिंह

गीता सिंह

बात उस समय की है, जब मेरा चयन उच्चत्तर शिक्षा सेवा आयोग, इलाहाबाद उ0प्र0 द्वारा कन्हैया सिंह से रिक्त पद पर डी0ए0वी0 पी0जी0 कालेज, आजमगढ़ में किया गया। मैंने दिनांक 17011997 को प्रवक्ता-हिन्दी का पदभार ग्रहण किया। डॉ सुरेशचन्द्र पाण्डेय वर्तमान हिन्दी विभागाध्यक्ष ने हिन्दी-विभाग की रजत जयन्ती मनायी। जिसमें मुख्य वक्ता डॉ जगदीश श्रीवास्तव और मुख्य अतिथि उत्तर प्रदेश के पूर्व मुख्यमंत्री माननीय राम नरेश यादव थे। इस कार्यक्रम में कन्हैया सिंह के विदाई समारोह का आयोजन भी हुआ। अपने कर्मस्थली के विदाई-समारोह में कन्हैया सिंह ने महाविद्यालय-परिसर में जो उद्बोधन दिया, वह प्रसंग अविस्मरणीय है और आज भी उनकी वह वाणी सम्प्रति कार्यरत प्राध्यापक और कर्मचारीगण में चर्चा का विषय रहती है। जिसका भाव-पक्ष भौतिकता एवं आध्यात्मिकता का समन्वय था, जो इस प्रकार है ''कन्हैया जा रहें हैं गीता देकर'' इस उद्बोधन को सभा में सभी ने करतल ध्वनि से स्वीकार किया।

दिन ढलता गया, रातें बीततीं गयीं, मैं भी महाविद्यालय और परिवार के दायित्वों में ऐसी उलझी कि समय का पता ही नहीं चला। एक दिन लोक मनीषा परिषद् के सचिव श्री जनमेजय पाठक मेरे आवास पर आये और कहा—हरिऔध कला भवन में एक गोष्ठी है, जिसका विषयप्रवर्तन आपको करना है और अध्यक्षता कन्हैया सिंह करेंगे। निश्चित तिथि और समय पर मैं अपनी बेटी निधि सिंह के साथ कला भवन पहुँची उस समय वह कक्षा 05

में पढ़ती थी। वहाँ मात्र संयोजक एवं अध्यक्ष को मैं जानती थी। कार्यक्रम भली-भाँति सम्पन्न हुआ। चाय पीने के पश्चात् हम लोग जब भवन से बाहर निकल रहे थे, तो एक शिक्षाविद् ने डॉ सिंह से पूछा—ये देवी जी कौन हैं? तब उन्होंने कहा ''मेरी उत्तराधिकारी''। उनका यह कथन आज भी मेरे मानस-पटल पर अंकित है इतना वात्सल्य आजमगढ़ में मुझे किसी से नहीं मिला। बाद में पूछने पर पता चला कि वह सज्जन शिक्षाविद् डॉ मातवर मिश्र थे। डॉ सिंह का कथन रह-रहकर मेरे मन को झकझोरने लगा और मेरे मन में सोया साहित्य-प्रेम जग गया, क्योंकि मेरे पिता स्व0 (डॉ) मुरलीधर सिंह जनपद मीरजापुर में नयी कविता के प्रतिष्ठित कवि थे, इसलिए मेरे घर पर प्राय: कवि गोष्ठियाँ और साहित्यिक चर्चाएँ हुआ करती थीं। फिर मं आजमगढ़ की साहित्यिक गोष्ठियों एवं साहित्यिक चर्चाओं में जाने-आने लगी, जिससे आजमगढ़ में साहित्यिक जान-पहचान बढ़ी।

समय का पहिया आगे चलता गया। 13 दिसम्बर, 2008 दिन रविवार को कन्हैया सिंह ने 'हिन्दी उपन्यास' नामक हिन्दी उपन्यास की प्रथम आलोचनात्मक कृति के लेखक एवं डी0ए0वी0पी0जी0 कालेज के पूर्व प्राचार्य डॉ श्यामनारायण लाल श्रीवास्तव पर एक साहित्यिक गोष्ठी एवं कवि सम्मेलन का आयोजन राहुल प्रेक्षागृह, आजमगढ़ में कराया। जिसके संयोजक विनम्रसेन सिंह थे। साहित्यिक गोष्ठी के संचालन का कार्य मुझे सौंपा गया। साहित्यिक गोष्ठी भली-भाँति सम्पन्न हुई और कवि सम्मेलन का संचालन श्री प्रभुनारायण प्रेमी ने किया, जिसमें बाहर से कई कवियों का आगमन हुआ था, मैंने भी काव्य, पाठ किया जिसके बोल थे, 'चन्दा की गोद में चाँदनी सरमा गयी' तारे भी छुप गये बीत गयी रात री, आया मध्य प्रात री।'' दूसरे दिन मैं कुंवर उदयसिंह पार्क में पति डॉ अखिलेश चन्द्र के साथ जब टहलकर निकल रही थी, तभी डॉ सिंह के दर्शन हुए। हम दोनों ने उनका चरण स्पर्श कर आशीर्वाद लिया। कुछ चर्चाएँ बीते कार्यक्रम की हुई फिर उन्होंने चलते हुए कहा—गीता सिंह ने कल ठीक ही काव्य पाठ किया। ऐसे ही मेरे पिता स्व0 डॉ मुरलीधर सिंह भी मेरे विषय में कहा करते थे। कभी मुँह पर खुलकर तारीफ नहीं की, न जाने किन ऊँचाइयों पर मुझे देखना चाहते थे।

तब से मैं कभी-कभी अपने पति के साथ उनके आवास पर जाने लगी। वहाँ बात-चीत के दौरान प्रसंगवश साहित्य के किसी विषय पर चर्चा हो जाती थी। इसलिए उनके सानिध्य में बैठना हम लोगों को अच्छा लगता था। कभी-कभी विनम्रसेन जी भी वहाँ उपस्थित रहते थे।

मैंने विवाहोपरान्त सास-श्वसुर को सदैव अपने साथ रखा। श्वसुर के अस्वस्थ रहने से पूरा परिवार उनकी सेवा में व्यस्त रहता था। सन् 2008 में जब उनका देहान्त हो गया तो मैंने सोचा 'पत्रिका' निकालने की जिस मंशा को मन में दबाये हुई थी, उसे सम्पादित करना चाहिए। फिर क्या था, एक दर्जन नाम सूचना प्रसारण मन्त्रालय भेज दिये। ईश्वर की कृपा से 45 दिन में एक नाम 'अखिल गीत शोध दृष्टि' चयनित होकर आ गया। तब मैंने भारत सरकार के सूचना एवं प्रसारण मंत्रालय से अपनी शोध पत्रिका 'अखिल गीत शोध दृष्टि' का आर एन आयी नम्बर नं 1203942-2010 से पंजीकरण कराया। इस निमित्त मैंने निधि शैक्षिक एवं शोध संस्थान, आजमगढ़ के नाम एक एन0जी0ओ0 भी पंजीकृत कराया। इस पत्रिका को प्रथम अंक से आयी0एस0एस0एन0 नम्बर 2229-7308 भी मिला। इस अन्तरराष्ट्रीय शोध अर्द्धवार्षिक जर्नल का अबतक 13 अंक प्रकाशित हो चुका है। जिसका लेखकीय प्रसार भारत के 23 राज्य तथा विश्व में पाँच देशों कनाडा, नेपाल, जापान, मारिशस और भारत तक है। इसके संरक्षक कन्हैया सिंह हैं। जब प्रथम अंक प्रकाशन हेतु मैंने लेख का आमंत्रण दिया, तो उस समय वे प्रसन्न हुए और कहा पत्रिका के लिए मैं तुम्हे बधाई देता हूँ और लेख भी लिखूँगा।

'अखिल गीत शोध दृष्टि' अन्तरराष्ट्रीय शोध अर्द्धवार्षिक जर्नल का प्रथम अंक 29 दिसम्बर, 2010 में मेरे सम्पादन तथा डॉ अखिलेश चन्द्र के प्रधान सम्पादन में 59 लेखों के साथ 268 पृष्ठों में प्रकाशित हुआ। जिसके विमोचन में कन्हैया सिंह जी संरक्षक एवं अभिभावक के रूप में उपस्थित थे। इस अंक का महत्त्व इसलिए और भी बढ़ गया था कि इसमें पृष्ठ संख्या 66-69 पर कन्हैया सिंह जी का गोरखनाथ पर एक सारगर्भित लेख 'उत्तरवर्ती बौद्ध साधना और गुरु गोरखनाथ' का प्रकाशन भी हुआ। इस लेख में गोरखनाथ महान् युगदृष्टा, युग प्रवर्तक महापुरुष थे, जिनकी सिद्धियों का गान (आसेतु)

हिमांचल प्रदेश के सर्व प्रदेशों में इतना प्रचलित था कि वे उन्हें हाड़-मांस के व्यक्ति नहीं एक अलौकिक शक्तिपुरुष लगते थे। किंवदन्ती है कि शंकराचार्य के बाद उनके समान कोई दूसरा लोक प्रसिद्ध महापुरुष नहीं हुआ। बुद्ध के बाद गोरखनाथ को ही लोकनायक की प्रतिष्ठा मिली। शंकराचार्य अभिजात वर्ग के नेता और शिक्षित समाज के पथ प्रदर्शक थे। अपने अद्वैत के अस्त्र से उन्होंने मूल सांस्कृतिक प्रवाह को सुव्यवस्थित किया, किन्तु बुद्ध की भाँति भूमिजात और दलित, शासक और शासित, सम्पन्न और विपन्न सबके वे नेता नहीं बन पाये, परन्तु गोरखनाथ बुद्ध की तरह सर्व समाज के नेता और पथ प्रदर्शक बने। नेपाल, राजस्थान गुजरात के राजवंशों से लेकर अछूत और अन्त्यज कहलानेवाले वर्ग की झोपड़ियों तक गोरखनाथ की पताका फहरी। उस समय शंकराचार्य, रामानुजाचार्य, मध्वाचार्य, रामानन्दाचार्य आदि कवियों की भक्ति धारा गोरखनाथ के योग के प्रकाश के सामने प्रभावहीन हो गयी थी। इसलिए तुलसीदास ने लिखा था-

बरन धरम गयो आश्रम निवास तज्यो,
त्रासन चकित सो परावनों परो सो है।
गोरख जगायो जो, भगति भगायो लोग,
निगम-नियोग ते सो कलि ही छरो सो है।
काय मन बचन सुभाय तुलसी है जाहि,
रामनाम को भरोसो, ताहि को भरोसो है।''

यहाँ पर तुलसीदास जी योग के नाम पर कलिकाल में छद्‌म वेशधारी योगियों द्वारा लोक को छलने की निन्दा कर रहे हैं न कि गोरखनाथ द्वारा प्रवर्तित योग-साधना की।

सूरदास के साथ सारे कृष्णभक्त कवियों को भी सबसे अधिक भक्ति को खतरा योग से ही मालूम हो रहा था। इसलिए उन्होंने भ्रमर गीत लिखा। जिसका आशय था कि उद्धव और गोपियों में बहस करायी जाय कि योग अच्छा है या भक्ति। उन्होंने योग को हराकर भक्ति की जीत दिखायी। यह 14वीं-15वीं शताब्दी की बात है जबकि गोरखनाथ का काल 9वीं-10वीं सदी से निश्चित पूर्व था। 500 वर्ष के बाद भी गोरखनाथ की पताका फहरा रही

थी और आज भी किसी-न-किसी रूप में फहरा रही है और फहराती रहेगी।

2017 में जब मुझे शिक्षा के क्षेत्र में सराहनीय योगदान के लिए उत्तर प्रदेश शासन द्वारा 'शिक्षक श्री सम्मान' मुख्यमंत्री योगी आदित्यनाथ के कर कमलों से लोक भवन, लखनऊ में मिला, तब मेरे कालेज के प्रबन्ध समिति-मंत्री डॉ श्रीनाथ सहाय ने मेरा सम्मान अपने आवास पर किया। जिसमें आजमगढ़ के वरिष्ठ सम्मानित साहित्यकारों को आमंत्रित किया। वहाँ न्यूज चैनल पर दिये गये अपने वक्तव्य में कन्हैया सिंह ने यह भी कहा—'इनकी उम्र ही कितनी है इन्हें अभी बहुत कुछ करना है।' तो महसूस हुआ कि सम्मान मिलने से जिम्मेदारी और बढ़ जाती है। फिर मैंने अपने अथक परिश्रम से कई केन्द्रीय एवं राज्यविश्वविद्यालयों के दूरस्थ और संस्थागत पाठ्यक्रम के लिए पुस्तकें लिखीं तथा सम्पादित की। जब हम अपनी पुस्तक उनको आदर सहित भेट करते हैं तब उनके चेहरे पर हल्का सन्तोष भाव दिखाई पड़ता है, जिससे मुझे साहित्यिक उर्जा मिलती है। डॉ सिंह हमारे प्रेरणा-स्त्रोत हैं। आज उम्र के इस पड़ाव पर भी विभिन्न साहित्यिक कार्यक्रमों में आपका दूर-दूर तक आना-जाना रहता है। जो आपके साहित्य के प्रति अनुराग और समर्पण को प्रकट करता है। आपकी अबतक दो दर्जन से अधिक पुस्तकें एवं सैकड़ों शोध-निबन्ध कई राष्ट्रीय एवं अन्तरराष्ट्रीय पत्रिकाओं में प्रकाशित हो चुके हैं। एक दर्जन से अधिक राष्ट्रीय स्तर के ग्रन्थों में सह लेखन किया है। आकाशवाणी एवं दूरदर्शन में अनेकों वार्ताएँ प्रसारित हुई हैं। साहित्य-क्षेत्र में उत्कृष्ट योगदान के लिए आपको भारत सरकार एवं उत्तर प्रदेश सरकार द्वारा अनेकों पुरस्कार मिले हैं। जिससे जनपद आजमगढ़ का मान सम्मान न केवल प्रदेश स्तर पर बढ़ा है, बल्कि भारत स्तर पर गौरवान्वित हुआ है। ईश्वर आपको स्वस्थ-सानन्द रखते हुए दीर्घायु प्रदान करें, इन्हीं शुभकामनाओं के साथ आपको सादर प्रणाम करती हूँ।

अध्यक्ष हिन्दी विभाग
डी0ए0वी0 पी0जी0 कॉलेज
आजमगढ़

पाठानुसन्धान के मूर्धन्य आलोचक : कन्हैया सिंह

शिवकुमार यादव

श्रद्धेय गुरुवर वरिष्ठ आलोचक कन्हैया सिंह जी समाज, राजनीति और साहित्य में समान रुचि रखनेवाले अनूठे व्यक्तित्व हैं। समाज और राजनीति में अधिक सक्रियता होने के कारण साहित्य में उनकी साहित्यिक छवि खुलकर सामने नहीं आ पायी। वैसे कन्हैया सिंह समाज, राजनीति और साहित्य को एक साथ साधनेवाले अलग तरह के विद्वान् हैं। जैसी लोकप्रियता इन्हें समाज में मिली है, वैसी कम लोगों को मिलती है। राजनीति में इनका कद किसी राजनेता से कम नहीं। साहित्य की बात करें, तो इन्होंने अनेक ऐसी महत्त्वपूर्ण कृतियों का सृजन किया है, जिससे हिन्दी-साहित्य बहुत समृद्ध हुआ है। 'पाठ-सम्पादन के सिद्धान्त' इसकी एक महत्त्वपूर्ण पुस्तक है, जिसे हर विद्यार्थी को अपने पास रखनी चाहिए। इसके अलावा भी इन्होंने कई ऐसी पुस्तकों की रचना की है, जिससे हिन्दी-साहित्य का बहुत उत्थान हुआ है।

वरिष्ठ आलोचक गुरुवर कन्हैया सिंह से मेरा पहला परिचय उनकी आलोचनात्मक पुस्तक 'पाठ-सम्पादन के सिद्धान्त' द्वारा छात्र-जीवन में ही हुआ था। जब मैं पीजी कर रहा था तभी मैंने इस किताब को काफी हद तक पढ़ लिया था; पर शोध में आकर यह किताब मेरे शोध का एक अंग बन गयी। मैंने इस पुस्तक से बहुत कुछ सीखा है। कहना न होगा कि पाठ-सम्पादन के क्षेत्र में जो काम कन्हैया सिंह ने किया है, वह दुर्लभ है। 'पाठ-सम्पादन के सिद्धान्त' इसका प्रमुख उदाहरण है। इसमें 'पाठालोचन की दिशा, विषय-विभाजन, सम्पादन-सामग्री, प्रतिलिपिकार और पाठ-विकृतियाँ,

पाठ-चयन, पाठ-सुधार, उच्चतर आलोचना, हस्तलिखित ग्रन्थों का उपयोग, भारतीय लिपियाँ और हिन्दी ग्रन्थ, लेखन - सामग्री, हिन्दी पाठ-सम्पादन का संक्षिप्त इतिहास विषय पर जितनी गम्भीरता और आलोचनात्मक विवेक के साथ आलोचक ने अपनी बात रखी है, वह एक शोधार्थी और खोजी पाठक के लिए बेहद महत्त्वपूर्ण और उपयोगी है।' इसमें पाठालोचन तथा साहित्यालोचन के अन्तर को स्पष्ट करते हुए वे लिखते हैं— 'इन दो शब्दों के नामों की समानता देखकर सामान्यत: ऐसा प्रतीत होता है कि ये दोनों ही समालोचना के अंग हैं। वास्तव में इन दोनों शब्दों के नाम के अतिरिक्त इनमें कोई भी साम्य नहीं है। पाठालोचक जहाँ प्राचीन लेखकों एवं कवियों के मूल पाठ के निर्धारण मात्र का प्रयास करते हैं, वहाँ साहित्यालोचक उस निर्धारित पाठ के आधार पर उस लेखक या कवि का मूल्याँकन करते हैं तथा उसकी विशेषताओं, उसके गुणों एवं दोषों का उद्घाटन करते हैं। इस प्रकार जहाँ पाठालोचन का कार्य समाप्त हो जाता है, वहाँ से साहित्यालोचन का कार्य प्रारम्भ होता है। पाठालोचन के पूर्व साहित्यालोचन का कार्य उस विशेष कवि या लेखक के सन्दर्भ में असम्भव होता है। जबतक कवि या लेखक की रचनाओं का मूल पाठ निर्धारित नहीं हो जायेगा, तब तक उसकी कृति के सम्बन्ध में किस आधार पर मत व्यक्त किये जायेंगे। सम्पादित ग्रन्थों की भूमिकाओं में जहाँ तक सम्पादक अपने सम्पादन-साधनों, सामग्रियों, सिद्धान्तों एवं विधियों आदि का विवरण देता है तथा तत्सम्बन्धी अन्य मतों आदि का विवेचन करता है, वहाँ तक तो वह पाठालोचना की परिधि में ही कार्य करता है। इसके आगे लेखक की भाषा, शैली,छन्द, महाकाव्यत्व आदि पर विचार करना साहित्यालोचन की परिसीमा में आता है। उदाहरणार्थ, डॉ माता प्रसाद गुप्त की 'जायसी ग्रन्थावली' की भूमिका पाठालोचन के अन्तर्गत है किन्तु शुक्ल जी की उक्त ग्रन्थ की भूमिका साहित्यालोचन के। 'पृथ्वीराज रासउ' की भूमिका में डॉ माताप्रसाद जहाँ तक अपने सम्पादन-विवरण प्रस्तुत करते हैं, वह पाठालोचन के अन्तर्गत पड़ता है और जहाँ से उन्होंने रासो की भाषा, छन्द आदि पर विचार करना प्रारम्भ किया है, वह साहित्यालोचन के अन्तर्गत आता है।'' इतना ही नहीं वैज्ञानिक पाठ-सम्पादन

की विधियों और विशेषताओं का अनुशीलन जितना वैज्ञानिक ढंग से प्रस्तुत किया गया है, वह पाठालोचन, पाठ-शोध, पाठानुसन्धान आदि के लिए मील का पत्थर है। पाठ-सम्पादन की विधि पर बातचीत करते हुए कन्हैया सिंह लिखते हैं—'पाठ-सम्पादन की विधि अत्यन्त महत्त्वपूर्ण है। इसमें कार्य-कारण सम्बन्ध की एक सुनिश्चितता के दर्शन हमें होते हैं। जैसे यदि दो हस्तलिखित प्रतियों में प्रथम हस्तलिखित प्रति की सम्पूर्ण निश्चेष्ट विकृतियाँ दूसरी प्रति में प्राप्त हों और दूसरी में कुछ और निश्चेष्ट विकृतियाँ हों जो प्रथम में न हों, तो पाठ-सम्पादन के नियम के अनुसार निश्चित ही दूसरी प्रति प्रथम प्रति की प्रतिलिपि होगी। इस प्रकार सम्पादन की इस विधि के अन्य नियमों में भी कार्यकारण सम्बन्ध सुनिश्चित होते हैं। इसलिए इस प्रक्रिया को हम वैज्ञानिक प्रक्रिया कहते हैं। वह वैज्ञानिक इसी अर्थ में कही जा सकती है कि इसमें निर्धारित नियमों के अनुगमन द्वारा निर्धारित निष्कर्षों पर पहुँचा जाता है। इस विज्ञान के नियमों की तुलना भौतिक विज्ञान आदि के नियमों से नहीं की जा सकती है। पाठ-विज्ञान के प्रत्येक निर्धारित नियम के साथ अपवाद लगे रहते हैं जो इसकी सार्वभौमिकता पर प्रश्नचिह्न लगा देते हैं। वैसे अन्य विज्ञानों की ही भाँति इसमें भी शोध-कार्य इसकी सीमा को विस्तृत करता रहता है। नवीन अनुभव इसके नवीन सिद्धान्तों की सृष्टि कर सकते हैं। यह आगमन शैली का न होकर निगमन शैली का शास्त्र है। तात्पर्य यह है कि विद्वानों ने भिन्न-भिन्न रचनाओं की पाठ-समस्याओं को देखा और सामान्य अनुभव सर्वत्र प्राप्त हुए। उनके आधार पर कुछ नियम प्रतिपादित किये गये, जो पाठालोचन या पाठ विज्ञान के नियम कहलाए।' इन तमाम नियमों को उद्घाटित करते हुए आलोचक ने पाठ-सम्पादन की समस्या, आवश्यकता एवं उद्देश्य पर बहुत शोधपरक निष्कर्ष प्रस्तुत किये हैं, जिसे हर पाठालोचक को पढ़ना चाहिए।

वरिष्ठ आलोचक कन्हैया सिंह शुद्ध पाठानुसन्धान के मूर्द्धन्य आलोचक हैं। शुद्ध पाठों की खोज एवं उसके सम्पादन के क्षेत्र में जितना अधिक कार्य कन्हैया सिंह जी ने किया है, उतना शायद ही किसी आलोचक ने किया हो। विभिन्न पाठों का तुलनात्मक अध्ययन प्रस्तुत कर शुद्ध पाठ की ओर पाठकों

का ध्यान आकर्षित करना उनके पाठ-सम्पादन-कला व पाठोत्खनन की महत्त्वपूर्ण विशेषता है।

'हिन्दी पाठानुसन्धान' कन्हैया सिंह की एक महत्त्वपूर्ण पुस्तक है। यह पुस्तक पाठ और अनुसन्धान के विविध आयामों को बहुत गहनता के साथ रेखांकित करती है। इसमें न केवल पाठानुसन्धान की सैद्धान्तिकी को व्यक्त किया गया है, बल्कि उसे कार्यक्षेत्र में उतारा भी गया है। कन्हैया सिंह की सबसे बड़ी विशेषता है कि वे जिन सिद्धान्तों की निर्मिति करते हैं। उसपर खुद स्वयं चलकर दिखाते भी हैं। ये हिन्दी आलोचना की व्यावहारिकता का सर्वश्रेष्ठ उदाहरण हैं। उनकी आलोचना-कर्म की आलोचना है।

यह पुस्तक इतिहास की दृष्टि से बेहद महत्त्वपूर्ण है, क्योंकि अमूमन साहित्य का विद्यार्थी जिन प्रश्नों को बहुत आसानी के साथ नजरअन्दाज कर देता है, कन्हैया सिंह जी उन्हीं प्रश्नों को बहुत गम्भीरता के साथ, एक मुकम्मल हल के साथ हमारे सामने प्रस्तुत करते हैं। उनका लेखन साहित्य के मूल पाठ की खोज है। इस खोज का दायरा इतना बड़ा और विस्तृत है कि लगभग पूरा मध्यकाल इसमें से झाँकता हुआ प्रतीत होता है।

पाठ अनुसन्धान किसे कहते हैं? इसका उत्तर देते हुए कन्हैया सिंह लिखते हैं—"प्राचीन हस्तलेखों के रूप में उपलब्ध रचनाओं के पाठों का सम्पादन ही पाठ-सम्पादन, पाठालोचना और पाठानुसन्धान नाम से जाना जाता है। पाठालोचन या पाठ-सम्पादन एक शास्त्रीय या वैज्ञानिक पद्धति तक ही सीमित माना जाता है। इसी कारण इस ग्रन्थ के नाम में 'पाठानुसन्धान' शब्द का प्रयोग करते हुए, हिन्दी में इस दिशा में हुए समस्त प्रयासों का ऐतिहासिक विकास और मूल्याँकन प्रस्तुत करने की चेष्टा की गयी है। हिन्दी-साहित्य के प्राचीन कवियों के पाठों के अनुसन्धान का बहुत सा कार्य हुआ है, पर अभी बहुत कुछ शेष है।" इस पुस्तक में हिन्दी पाठानुसन्धान के इतिहास को पाँच कालों में विभक्त किया गया है। 'मुद्रण पूर्व-काल' के अन्तर्गत मानस एवं रासो के आरम्भिक सम्पादन प्रयासों का तुलनात्मक अध्ययन प्रस्तुत किया गया है। 'प्रारम्भिक मुद्रण काल' के अन्तर्गत रामचरितमानस, पदुमावती (पद्मावत) के विभिन्न सम्पादित पाठों

का पाठान्तर विभिन्न उदाहरणों के माध्यम से प्रस्तुत किया गया है। साथ-ही-साथ पं रामजसन मिश्र को इस काल का सबसे मेधावी पठानुसंधाता के रूप में स्थापित किया गया है। 'ग्रियर्सन काल' के अन्तर्गत जार्जग्रियर्सन द्वारा सम्पादित विभिन्न ग्रन्थों के पाठों का मूल्याँकन बहुत गम्भीरता के साथ प्रस्तुत किया गया है। जिसमें बिहारी सतसई, रामचरितमानस और पदुमावती (पद्मावत) प्रमुख हैं। 'ग्रियर्सनोत्तर-काल' के अन्तर्गत पृथ्वीराजरासो, कबीर ग्रन्थावली और पदुमावती के विभिन्न पाठों की प्रमाणिकता की जाँच बहुत आलोचकीय विवेक के साथ प्रस्तुत है। 'आधुनिक काल' के अन्तर्गत पृथ्वीराज रासउ, वीसलदेव रास, कबीर ग्रन्थावली, दादू दयाल ग्रन्थावली, रामजन्म और दरिया ग्रन्थावली, सूरसागर, कवित्त रत्नाकर, नन्द दास ग्रन्थावली, केशव ग्रन्थावली, बिहारी रत्नाकर, गिरधर कविराय ग्रन्थावली, सुजान शतक, नागरीदास ग्रन्थावली, हरिचरण दास ग्रन्थावली, मण्डन कवि ग्रन्थावली सहित अनेक साहित्यिक कृतियों का पाठानुसन्धान बहुत तर्कशील वैज्ञानिक प्रामाणिकता के साथ प्रस्तुत किया गया है। इससे न केवल हम हिन्दी-साहित्य के महत्त्वपूर्ण ग्रन्थों के पाठ-सम्पादनों की प्रामाणिकता को परख सकते हैं, बल्कि शुद्ध पाठ का रसास्वादन भी कर सकते हैं।

पाठालोचक डॉ सिंह ने मूल पाठ या अभीष्ट पाठ के शोध के प्रसंग में पाठालोचन की सीमा को निर्धारित करते हुए कहते हैं—'लेखक के अभीष्ट पाठ को पाठ-शोध की वैज्ञानिक विधि से करना तथा प्रतिलिपियों के माध्यम से प्राप्त पाठ में किसी भी प्रकार का परिवर्तन, संशोधन या परिवर्धन न करना। प्रथम स्थिति से आगे बढ़कर लेखक द्वारा हुई निश्चेष्ट विकृतियों का परिहार भी कर देना। लेखक की रचना में प्राप्त व्याकरण, छन्द आदि की भूलों का परिहार अपनी ओर से कर देना साथ ही लेखक जो भाव प्रकट करना चाहता हो उसे प्रकट करने में उसके द्वारा प्रयुक्त शब्दावली यदि समर्थ न हो तो दूसरी शब्दावली स्थानापन्न कर देना। लेखक द्वारा प्रयुक्त उपयुक्त पाठ के स्थान पर उससे भी सुन्दर लगने वाले पाठ को अपनी ओर से प्रस्तुत कर देना। लेखक द्वारा प्रस्तुत पाठ यदि प्रबन्ध एवं प्रसंग आदि की दृष्टि

से अपूर्ण लगता हो तो उसी के छन्द एवं शैली आदि में कुछ पाठ अपनी ओर से बढ़ा देना।'' कहना न होगा कि कन्हैया सिंह इन सिद्धान्तों को न केवल अपनी 'पाठानुसन्धान की कठिन साधना' में लगभग साधते हैं (साकार करते हैं), बल्कि इसे और अधिक समृद्ध करते हुए आगे बढ़ते हैं। 'हिन्दी पाठानुसन्धान' शीर्षक पुस्तक इसका प्रतीक धर्मी रचाव है।

व्यक्तिगत तौर पर गुरुवर कन्हैया सिंह जी से मेरी मुलाकात पिछले वर्ष डायमंड जुबली हॉस्टल में हुई। जहाँ वे सन्त रैदास पर बोलने के लिए आये हुए थे। यहाँ उनसे मिलकर मैंने जाना की कन्हैया सिंह जी जितने बड़े साहित्यकार हैं, उतने ही बड़े वक्ता और चिन्तक भी। सन्त रैदास पर जितनी सहृदयता के साथ उन्होंने अपनी बात रखी वह नयी दृष्टिकोण से सम्पृक्त थी। रैदास पर बोलते हुए उन्होंने न केवल रैदास की कविताई को स्पष्ट किया, बल्कि पूरे मध्यकाल की ऐतिहासिक, राजनीतिक, सामाजिक और सांस्कृतिक चेतना को हमारे सामने खोलकर रख दिया। यहाँ मैंने उन्हें एक बेहतरीन वक्ता और सहृदय मनुष्य के रूप में देखा, जिसपर नाज करना मेरे जैसे विद्यार्थी के लिए स्वाभाविक है।

इस प्रसंग में एक बात का जिक्र अवश्य करना चाहूँगा। अभी हाल ही में गुरुवर कन्हैया सिंह जी ने एक पुस्तक का सम्पादन किया है। इस पुस्तक का नाम है 'रामचरित उपाध्याय ग्रन्थावली'। इस पुस्तक का लोकार्पण अभी हाल ही में उत्तर प्रदेश हिन्दी संस्थान, लखनऊ में सम्पन्न हुआ था, जिसमें उत्तर प्रदेश के मुख्यमन्त्री माननीय योगी आदित्यनाथ जी, केन्द्रीय मानव संसाधन विकास मन्त्री डॉ रमेश पोखरियाल 'निशंक' जी, डॉ सदानन्दप्रसाद गुप्ता जी इत्यादि लोग उपस्थित थे। इस पुस्तक के लोकार्पण की सूचना हम लोगों को बड़े भाई विनम्रसेन सिंह द्वारा हिन्दी-विभाग के शिक्षक समूह को व्हाट्सएप द्वारा दी गयी। इसपर सभी सम्मानित अध्यापकों ने बधाई दी। विभाग के उपाचार्य डॉ राकेश सिंह जी ने लिखा कि 'उम्र के इस पड़ाव पर पहुँच कर भी श्रद्धेय कन्हैया सिंह जी की युवा बौद्धिक जैसी सक्रियता का सादर अभिनन्दन। साथ ही, विनम्र को अनन्त शुभकामनाओं सहित कोटिश: बधाई।' बड़े भाई डॉ चित्तरंजन कुमार जी ने लिखा—''बहुत बहुत बधाई'',

डॉ सुजीत सिंह जी ने लिखा—''वाह! शानदार भाई।'', डॉ दिनेश कुमार जी ने लिखा—'बहुत-बहुत बधाई व शुभकामनाएँ', डॉ सुधा त्रिपाठी जी ने लिखा—'बहुत-बहुत बधाई', डॉ अमरेन्द्र त्रिपाठी भैया ने लिखा—''बधाई हो विनम्र जी' इस तरह सभी आचार्यों, उपाचार्यों एवं सहायक आचार्यों ने अपनी बधाई व शुभकामनाएँ प्रेषित की। इस शुभ अवसर पर मैंने भी लिखा—''आजमगढ़ जिन्दाबाद !

अशेष हार्दिक बधाई व शुभकामनाएँ।' इसपर हमारे विभाग के वरिष्ठ आचार्य एवं आलोचक प्रणय कृष्ण सर ने लिखा कि—'बधाई तो विनम्र को, लेकिन आज़मगढ़ ज़िन्दाबाद इस प्रसंग में? अब भैया विनम्र जी और शिव जी मुझे इस रहस्य को समझाना ज़रूर। वैसे आज़मगढ़ बहुत प्यारा जनपद है।' इसपर मैं थोड़ा चौंका। थोड़े समय बाद देखा तो बड़े भाई विनम्र जी ने लिखा- 'क्षमा प्रार्थी हूँ सर'। अब मैं क्या करता? बड़ी कसम-कस में पड़ा! कि मुझे इस रहस्य को समझाने के लिए कहा गया है। नहीं समझा पाया तो किस काम का आलोचक! यह तो मेरे लिए रहस्यवाद से भी कठिन लग रहा था। पर क्या करूँ! समझाना तो था ही! फिर मैंने लिखा! पर समझाने के लहजे में नहीं। बताने के लहजे में! 'सादर प्रणाम सर।

मेरे 'आज़मगढ़ जिंदाबाद' कहने का आशय सिर्फ इतना ही था कि जब कोई व्यक्ति बड़ा काम करता है तो उससे न केवल उस व्यक्ति का नाम होता है बल्कि उसके परिवार, गांव, जिला, प्रदेश, और देश का भी नाम रौशन हो जाता है। कई बार उस व्यक्ति के नाम से ही वह स्थान जाना जाने लगता है।

इस प्रसंग में आज़मगढ़ जिन्दाबाद कहने का दूसरा आशय यह भी है कि आजमगढ़ में ऐसी-ऐसी विभूतियाँ हैं,जो आज भी, उम्र के ऐसे पड़ाव पर भी, ऐसी कालजयी कृतियों का सृजन कर रही हैं, जिससे साहित्य समृद्ध हो रहा है और आजमगढ़ के 'प्यारेपन' में और अधिक 'चार-चाँद' लग रहा है।

बाकी,

यदि मेरा कथन किसी को अच्छा नहीं लगा हो तो इसके लिए मैं क्षमा प्रार्थी हूँ।

सादर अभिवादन।'

इसपर थोड़े समय के बाद, प्रणय सर ने लिखा—'भाई, क्षमाप्रार्थी होने जैसी कोई बात ही नहीं है इसमें। न किसी को बुरा लग सकता है, यह तो दोस्तों के बीच थोड़ा मज़ा और जीवन्त वार्तालाप की इच्छा है, बस। बाकी जो कुछ आपने लिखा है, वह सब सही है।'

'अब प्रणय सर ने जो कह दिया है उसे कौन काट सकता है?'

हिन्दी एवं आधुनिक भारतीय भाषा विभाग,
इलाहाबाद विश्वविद्यालय, इलाहाबाद- 211002

एक साहित्य साधक भी : समाज सेवी भी

अखिलेश चन्द्र

कन्हैया सिंह का जन्म 01 अगस्त, 1935 को ग्राम धरवारा, जिला आजमगढ़ उ0प्र0 में हुआ। शैक्षिक जगत् में डी लिट् की उपाधि किसी भी व्यक्तित्व के लिए सर्वोत्तम उपाधि है और इसे कन्हैया सिंह ने जौनपुर विश्वविद्यालय जो अब वीर बहादुर सिंह पूर्वांचल विश्वविद्यालय जौनपुर के नाम से जाना जाता है, से प्राप्त किया। आपने अधिवक्ता के रूप में अपना कैरियर (1960-61) प्रारम्भ किया, इसके बाद एक वर्ष प्रवक्ता विधि के पद पर टी0डी0 कालेज, जौनपुर में 1961-62 तक कार्य किया; परन्तु यह आपको अपने अन्तर्निहित साहित्य क्षमता के कारण कम पसन्द आया और आपका रुझान साहित्य की तरफ बढ़ा। आपकी साहित्य-साधना जो 1962 से शुरू हुयी वह अद्यतन 85 वर्ष के उम्र में भी सक्रियता के साथ जारी है।

राष्ट्रीय स्तर हो, राज्यकीय स्तर हो, जिले का स्तर हो, केन्द्र सरकार का कार्यक्रम हो, राज्य सरकार का कार्यक्रम हो या स्वयंसेवी संस्थाओं का कार्यक्रम हो, उसमें कन्हैया सिंह की उपस्थिति और अभिभाषण एक जरूरी अंग बना हुआ है। मुझे यह जानकर अतीव हर्ष हो रहा है कि केन्द्रीय हिन्दी संस्थान, आगरा 'कन्हैया सिंह अभिनन्दन ग्रन्थ' का प्रकाशन कर रहा है। यह साहित्य-समाज के लिए उनके द्वारा किये गये साहित्य में योगदान का लेखा-जोखा साबित होगा, ऐसा हमें पूर्ण विश्वास है। हम आभारी हैं कि उन्होंने 'कन्हैया सिंह अभिनन्दन ग्रन्थ' पर कार्य करने के बारे में सोचा। यह एक अनुकरणीय पहल है, जिसकी जितनी तारीफ की जाय कम है।

कन्हैया सिंह का साहित्य संसार बड़ा विस्तृत है। आपने सूफ़ी-साहित्य में—हिन्दी सूफ़ी काव्य में हिन्दू संस्कृति, सूफ़ीमत, युगद्रष्टा महाकवि मलिक मुहम्मद जायसी, सूफ़ी काव्य, उदार इस्लाम का सूफ़ी चेहरा पर पुस्तकें लिखी जो सूफ़ी-साहित्य को समझने और समझाने के लिए हिन्दी-साहित्य में उल्लेखनीय कार्य है। आप हिन्दी-साहित्य में पाठालोचन के भी राष्ट्रीय स्तर के विद्वान् है। पाठालोचन में आपकी चार पुस्तकें-पाठ-सम्पादन के सिद्धान्त, हिन्दी पाठानुसन्धान, पदुमावती, और रामचरित्र उपाध्याय ग्रन्थावली प्रकाशित है। पाठालोचन हिन्दी-साहित्य का गूढ़ साहित्य है और कन्हैया सिंह इस विद्या के शीर्षस्थ साहित्यकार हैं।

कन्हैया सिंह की भाषा और काव्यांग विद्या में भी चार पुस्तकें महत्त्वपूर्ण हैं उनमें हिन्दी भाषा, हिन्दी भाषा साहित्य और लिपि, मध्यकालीन अवधि का विकास और काव्यांग कौमुदी प्रमुख है। आपने आलोचना विद्या में भी 9 पुस्तकें लिखीं, जिनमें राहुल सांकृत्यायन, राहुल सांकृत्यायन-समग्र अनुशीलन, चन्द्रबली पाण्डेय-स्मृति ग्रन्थ, महाकवि अयोध्या सिंह उपाध्याय 'हरिऔध', साहित्य और संस्कृति, साहित्यिक निबन्ध, पूर्वी उत्तर प्रदेश के सन्तकवि, आधुनिक कविता सांस्कृतिक परिप्रेक्ष्य तथा आचार्य रामचन्द्र शुक्ल प्रमुख हैं।

कन्हैया सिंह ने सृजनात्मक साहित्य में भी 7 पुस्तकें लिखीं जिनमें अँधेरे के अध्याय (आपातकाली के संस्मरण), वेदना के संवाद (ललित निबन्ध), पत्थर की मुस्कान (कहानी संग्रह), दक्षिणांचल दर्शन (यात्रा वृन्त), उत्तर प्रदेश 1857 का स्वतंत्रता संग्राम, आलोकपुन्ज स्वामी स्वतंत्रानन्द, एवं महाकवि रामचरित उपाध्याय शामिल हैं। इन सब साहित्य की उपलब्धियों में कन्हैया सिंह के सैकड़ों शोध निबन्ध, एक दर्जन से अधिक राष्ट्रीय स्तर के ग्रन्थों में सह-लेखन, विभिन्न पत्रिकाओं, जैसे-हिन्दुस्तानी, सम्मेलन पत्रिका, परिषद पत्रिका, भारतीय साहित्य, विश्व भारती, मधुमति, साहित्य परिक्रमा, साक्षात्कार, अविरल गीत शोध दृष्टि में शोध पत्रों का प्रकाशन उनकी विविध साहित्यिक परिचय की सूचक हैं।

कन्हैया सिंह का साहित्यिक सम्मान भी उनकी ख्याति में चार चाँद लगाता

रहा है। इन्हें 9 सम्मान ऐसे मिले हैं जिनसे जनपद आजमगढ़ गौरवान्वित हो रहा है, जो क्रमश: साहित्य महोपाध्याय (हिन्दी-साहित्य सम्मेलन प्रयाग द्वारा), हिन्दी गरिमा सम्मान (गुजरात हिन्दी विद्यापीठ, अहमदाबाद द्वारा), भोजपुरी शिरोमणि (भोजपुरी साहित्य परिषद् लखनऊ द्वारा), गणपति सम्मान (उत्तर भारतीय संघ, मुम्बई द्वारा), हरिऔध सम्मान (आजमगढ़ महोत्सव समिति द्वारा), साहित्य भूषण (उत्तर प्रदेश हिन्दी संस्थान लखनऊ द्वारा), सुब्रह्मण्यम भारतीय सम्मान (केन्द्रीय हिन्दी संस्थान, आगरा, मानव संसाधन विकास मंत्रालय भारत सरकार द्वारा), हंस सम्मान (श्यामनारायण पाण्डेय स्मृति सम्मान नेफार्ड मऊ द्वारा), तथा पंडित दीनदयाल उपाध्याय साहित्य सम्मान (उ0प्र0 हिन्दी संस्थान लखनऊ द्वारा) उल्लेखनीय है।

साहित्य में दखल के साथ-ही-साथ आप राजनैतिक रूप से भी एक सफल व्यक्तित्व का निर्वहन कर रहे हैं। आप नगर पालिका आजमगढ़ के अध्यक्ष के पद को भी 1971-75 तक सुशोभित करने वाले एक मात्र साहित्यकार रहे हैं। आप विभिन्न राष्ट्रीय स्तर के साहित्यिक संस्थाओं के भी पदाधिकारी रहें हैं जिनमें मुख्यत: महामंत्री-अखिल भारतीय साहित्य परिषद, दिल्ली (1996-2000), कार्यकारिणी अध्यक्ष-अखिल भारतीय साहित्य परिषद दिल्ली (2000-2004), कार्यकारी अध्यक्ष-उ0प्र0 भाषा संस्थान, लखनऊ (1997-2001), तथा राष्ट्रीय संरक्षक-अखिल भारतीय साहित्य परिषद, दिल्ली, 2004 से अद्यतन कार्य कर रहे हैं।

आप द्वारा लिखा गया कुछ महत्त्वपूर्ण साहित्य अभी प्रकाश्य में भी है, जिनपर आपने बड़ा कार्य किया है। जो ग्रन्थ अभी प्रकाशनाधीन हैं, वे मुख्यत: आलोचना के नये प्रत्यय, इतिहास और विमर्श, वीर कुंवर सिंह और उनके साथी, महायोगी गोरखनाथ, संस्मरणों के आलोक में हैं।

कन्हैया सिंह का विपुल साहित्य 1962 से अद्यतन जारी है। इस दौरान उन्होंने विभिन्न शैक्षिक संस्थाओं में प्रवक्ता, रीडर - हिन्दी विभाग, डी0ए0वी0पी0जी0 कालेज, आजमगढ़ में 1962-67 तक, प्रवक्ता हिन्दी आगरा विश्वविद्यालय आगरा में 1967-68 तक, प्राचार्य महाविद्यालय भटवली बाजार, गोरखपुर में 1978-82 तक, पुनश्च रीडर एवं अध्यक्ष-हिन्दी

विभाग डी0ए0वी0पी0जी0 कालेज, आजमगढ़ में 1982-96 तक कार्यभार को बखूबी संभाला।

साहित्यिक गतिविधियों के मध्य आपको विभिन्न शैक्षिक सम्मान भी मिले, जिनमें चांसलर मेडल तथा रमैक्स्डर्न गोल्ड मेडल, रामा देवी गोल्ड मेडल, राय मोहन डे गोल्ड मेडल, सर हेनरी रिचर्ड गोल्ड मेडल शामिल है।

कन्हैया सिंह 30061996 में डी0ए0वी0 पी0जी0 कालेज, आजमगढ़ से सेवानिवृत्त हुए और हमारा उनसे जुड़ने का सौभाग्य 17011997 को हुआ। जब उनकी पोस्ट पर प्रवक्ता पद पर डॉ गीता सिंह ने पदभार ग्रहण किया। डॉ गीता सिंह उ0 प्र0 उच्चत्तर शिक्षा सेवा आयोग, इलाहाबाद अब प्रयागराज से चयनोपरान्त कन्हैया सिंह के पद पर उत्तराधिकारी के रूप में आयी। डी0ए0वी0 पी0जी0 कालेज, आजमगढ़ के प्रांगण में डॉ गीता सिंह के स्वागत और कन्हैया सिंह के विदायी कार्यक्रम में हम दोनों को आमांत्रित किया गया, उस कार्यक्रम में मुझे उन्हें सुनने का पहला अवसर मिला। इस कार्यक्रम के पहले हमने कन्हैया सिंह के बारे में बहुत कुछ अच्छा सुन रखा था। पर इस कार्यक्रम में जो उन्होंने अपना भाषण दिया वो एक सफल साहित्यकार ही दे सकता था उस भाषण का कुछ अंश हम यहाॅ उद्धत करना चाहेंगे। उन्होंने अपने विदायी समारोह और डॉ गीता सिंह के स्वागत समारोह में कहा—'भाइयों एवं बहनों! गीता ने मेरे पद पर आकर यह सिद्ध कर दिया है कि कन्हैया सास्वत नहीं है, सास्वत तो गीता है। कन्हैया जा रहा है और इस प्रांगण में गीता देकर जा रहा है। जहाँ-जहाँ गीता होगी वहाँ कन्हैया तो होगा ही और जहाँ-जहाँ कन्हैया होगा वहाँ-वहाँ गीता रहेगी क्योंकि गीता साश्वत है।'

कन्हैया सिंह के इस उद्बोधन का हमारे मन:स्थिति पर गहरा प्रभाव पड़ा और हम शाम को उनसे मिलने उनके घर गये। चरण स्पर्श करने के बाद मैंने कहा—मैं आपका मुरीद हूँ और आजीवन रहूँगा तो उन्होंने कहा—क्यों? तब मैंने पूरा वाकया एक बार दोहराया तो उन्होंने पुन: कहा देखो मुझे जो बोलना था मैंने बोल दिया और वही सही भी है गीता तो साश्वत है ही कन्हैया कहाँ साश्वत है। पर हाँ गीता को बड़ी पारी खेलनी होगी क्योंकि उनकी कुर्सी पर मैं विराजमान था और इन्हें उस जिम्मेदारी को निभाना है जिसे कभी मैंने निभाया

था। मैंने कन्हैया सिंह जी से कहा—आप बस राह दिखाते चलें हम दोनों आप के बताये गये रास्ते पर चलने का प्रयत्न करते रहेंगे। तब से शुरू हुआ यह सफर मेरे एवं गीता के द्वारा कुल 37 साहित्य के संग्रह प्रकाशित होने के साथ चल रहा है। डॉ गीता सिंह की ख्यातिलब्ध पुस्तक 'प्रसाद साहित्य में स्त्री-चेतना' पर उ0प्र0 हिन्दी संस्थान लखनऊ द्वारा रामविलास सर्जना पुरस्कार (2015) में मिल चुका है। इनकी साहित्यिक योगदान पर आदरणीय मुख्यमंत्री उ0प्र0 श्री आदित्यनाथ योगी जी द्वारा 'शिक्षक श्री' का पुरस्कार भी 2017 में मिला है। इन्होंने सात पुस्तकें केन्द्रीय विश्वविद्यालय में दूरस्थ शिक्षा पाठ्यक्रम हेतु भी लिखा। इनके शोध निर्देशन में कुल 17 शोध छात्र पी0एच0डी0 उपाधि हेतु पंजीकृत हुए जिसमें 10 छात्रों को पी0एच0डी0 की उपाधि मिल चुकी है। मेरे द्वारा अबतक 06 पुस्तकें प्रकाशित हुयी जिनमें पर्यावरण दशा एवं दिशा (2011), उच्च शिक्षा, दशा एवं दिशा (2014), सहचरमन कविता संग्रह (2010), पर्यावरण शिक्षा (2018), अनकही कहानी-संग्रह (2018) एवं ठनतदवनज - च्मतेवदंसपजल ंबिजवते; 2018' प्रमुख है। डॉ गीता सिंह एवं निधि सिंह के सम्पादन में साहित्य संस्कृति और मीडिया (2020) पुस्तक प्रकाशनाधीन है।

कन्हैया सिंह जी आजमगढ़ में वर्तमान में वरिष्ठ साहित्यकार हैं, बिना इनकी अध्यक्षता या आशीर्वाद के कोई भी साहित्यिक गोष्ठी पूरी नहीं होती। मेरे और डॉ गीता सिंह के संयुक्त संयोजन में अबतक एक अन्तरराष्ट्रीय और तीन राष्ट्रीय संगोष्ठी का सफल आयोजन आजमगढ़ में हो चुका है। इन सभी गोष्ठियों में कन्हैया सिंह जी का भाषण साहित्य की ऊर्जा रहा है।

जब मैं और डॉ गीता सिंह पर्यावरण शिक्षा दशा एवं दिशा (2011) पुस्तक का सम्पादन कर रहे थे तो इस पर्यावरण की अति महत्त्वपूर्ण पुस्तक की रूप रेखा उन्हीं के आशीर्वाद स्वरूप बनी।

इस पुस्तक के लिए उन्होंने मुझसे कहा—'तुम पर्यावरण पर काम करो तुम एमएससी, पी0एच-डी (प्राणि विज्ञान) में किये हो, एम0एड0 नेट पी0एच-डी (शिक्षा शास्त्र) में हो तुम इसपर अच्छा काम कर सकते हो और साथ में मैं और डॉ गीता सिंह साहित्य के पक्ष के लिए हैं ही! बहुत सुन्दर

होगा जब एक विज्ञान का विद्वान् तथा दो साहित्य के विद्वान् लोग रहेंगे, तो पुस्तक अच्छी बन जायेगी।

कन्हैया सिंह जी ने ही पुस्तक हेतु विद्वानें से लेख निबन्ध शोध पत्र का आमत्रंण पत्र बनवाया और मैंने सभी के पास कुछ उनके साहित्यकार मित्र और कुछ अपने तथा डॉ गीता सिंह के मित्रों के यहॉ निमत्रंण भेजा। निमत्रंण भेजने के बाद मैंने कन्हैया सिंह जी से कहा—'आपका एक महत्त्वपूर्ण लेख इस पुस्तक में होना चाहिए'! उन्होंने कहा—'हाँ अवश्य मैं इस पुस्तक के प्रोत्साहन में इसीलिए लगा हुआ हूँ। मैंने साहित्य पर बहुत लिखा है मेरे मन में पर्यावरण पर लिखने की इच्छा बहुत पहले से थी पर पर्यावरण पर मुझे कभी कोई लिखने के लिए प्रेरित नहीं कर पाया तुम लोग पहले सम्पादक हो जो मुझसे मेरे पर्यावरण प्रेम पर लिखने हेतु कह रहे हो मुझे थोड़ा समय दो मैं जरूर लिखूँगा।'

हम इस पुस्तक हेतु स्वयं लेख लिखने और सम्पादकीय लिखने में मसगूल हो गया तथा लेखकों से निवेदन के साथ आमत्रंण में लगा रहा। पुस्तक हेतु धीरे-धीरे लेख/निबन्ध/शोध पत्रों का आना शुरू हो गया। पुस्तक का काल्पनिक स्वरूप धीरे-धीरे यथार्थ रूप लेने लगा। इसी बीच एक माह बाद कन्हैया सिंह जी का फोन हमारे पास आया। फोन पर कम बात करने के व्यवहार वाले डॉ साहब ने बस इतना कहा—'तुम्हारे पुस्तक हेतु पर्यावरण का लेख मैंने तैयार कर दिया है घर आकर ले जाओ।' हमारे लिए खुशी का ठिकाना नहीं रहा। होता भी क्यूँ? नहीं हमारे सम्पादन की पहली पुस्तक और उसमें कन्हैया सिंह का लेख, हम शाम को उनके घर गये और हस्तलिखित अपना लेख उन्होंने मुझे दिया। लेख का शीर्षक था-'पर्यावरण-प्रसंग : जल, जीवन और जंगल'।

कन्हैया सिंह जी की सहृदयता लेख देते समय यह थी कि हम उनका लेख वहीं उनके सामने पढ़ लें और उन्हें यह भी बता दें कि यह लेख उस पुस्तक के लिए समीचीन है या इसमें कोई संशोधन की आवश्यकता है। मेरे हाथ में लेख देकर वो अन्दर चले गये जिससे मुझे पढ़ने का समय मिल जाय। मैं जब तक लेख पढ़ रहा था तब तक उन्होंने मुझे पढ़ने दिया जब मैं पढ़ कर

खाली हो गया तब आकर धीरे से मेरे पास बैठे और चाय के लिए आवाज देकर बोले-'बताओ तुम्हारे काम का है कि नहीं।' मैंने कहा—'सर आप इतने उच्च स्तर के साहित्यकार है मैं आपकी विनम्रता का कायल हूँ, लेख बहुत ही अच्छा है और प्रसंगवश पुस्तक के 100 प्रतिशत अनुकूल है।' उन्होंने कहा—'चलो मैं पर्यावरण के लेख में भी पास हो गया वो भी डिक्टेशन के साथ, वरना मैं घबड़ा रहा था कि पहली बार पर्यावरण पर कलम चलाई है पता नहीं तुम्हें पसन्द आयेगा या नहीं।' मैंने कहा 'सर आप इतना अच्छा पर्यावरण पर लिखते हैं आपको इसपर भी लिखते रहना चाहिए।' तो उन्होंने कहा—'साहित्यकार में संवेदना होती है वो समाज से संवेदना लेकर अपनी रचनाओं में उसे साहित्य के विभिन्न माध्यमों जैसे कविता, कहानी, नाटक, उपन्यास, गीत, व्यंग, क्षणिकाओं, मुक्तक, ग्रन्थ के माध्यम से अभिव्यक्त करता है। तुमने पर्यावरण पर लिखने के लिए प्रेरित किया तब मैंने उसपर भी लिखा। आगे कोई प्रोजेक्ट आयेगा तो फिर लिखूँगा। रचनाएँ रहती है उसी पर विमर्श होता है। कृति पर चर्चा होती है जिसकी कृति अच्छी होती है उसी का कीर्तन होता है और जिसका कीर्तन होने लगे समझो वह अच्छा इंसान है। इंसान की अच्छाई धीरे-धीरे फैलती है जैसे 'फूल की खुशबू' धीरे-धीरे अपने आस-पास एक खुशनुमा माहौल बना लेती है इसलिए निरन्तर काम करते रहो, दुनिया खुद ब खुद एक दिन अपना लेगी।'

कन्हैया सिंह का लिखा वह लेख पर्यावरण प्रसंग : जल, जीवन और जंगल मेरे और डॉ गीता सिंह के सम्पादन में प्रकाशित पुस्तक `पर्यावरण दशा एवं दिशा' (2010) में पृष्ठ संख्या 10-14 पर छपा जिसे संजय बुक सेन्टर वाराणसी ने छापा था। इस पुस्तक में कुल 42 विद्वानें के शोध आलेख 228 पृष्ठों में प्रकाशित हुए, परन्तु सबसे ज्यादा चर्चा इन्हीं के लेख की रही। आलोचक की नजर में भी वही लेख ज्यादा चर्चा में रहा क्योंकि कन्हैया सिंह ज्यादा तो हिन्दी-साहित्य में ही लेखन कर रहे थे उनका पर्यावरण प्रेम पहली बार उभर कर सामने आया।

कन्हैया सिंह के उस लेख का कुछ अंश यहाँ उद्धृत करना चाहूँगा। उसमें उन्होंने लिखा-'पर्यावरण प्रदूषित है। जल, जमीन, हवा, अन्न और जीवन भी

प्रदूषित है। किसने किया है यह सब। हमने और हमारी आधुनिक भोगवादी प्रवृत्ति ने। पहले हम वस्तु का उपयोग करते है-निर्बाध उपभोग' उक्त व्यक्त अभिव्यक्ति में वो पर्यावरण के प्रति मानव द्वारा किये जा रहे दोहन के प्रति कितना चिंतित है और उसी को दोषी ठहरा रहे हैं। यही यथार्थ भी है। आज पूरा विश्व पर्यावरण को सुधारने में लगा हुआ है। इसी की चिन्ता कन्हैया सिंह को भी है। उनकी चिन्ता का दूसरा उद्धरण यह है कि 'गॉव उजड़ रहें-शहर सुरसा के मुँह की तरह बढ़ रहे हैं। रोशनी-पानी-पंखा के लिए बिजली, बिजली उत्पादन के लिए पानी, पानी के लिए वर्षा, वर्षा के लिए प्राकृतिक जल स्रोत और जंगल जरूरी है। पिछले साठ वर्षों की आजादी में हमने जंगलों को काटा, कुओं-पोखरों को पाटा।'

कन्हैया सिंह जंगल के कटने से, कुओं के पाटने से चिंतित हैं। जल, जीवन और जंगल का अस्तित्व जब तक है तभी तक मानव जीवन का भी अस्तित्व रहेगा। कन्हैया सिंह जी के साथ जब आप बैठें तो लाखों प्रसंग उनके पास सुनाने के लिए मौजूद हैं। गवईं परिवेश का ज्ञान उनके पास भरपूर है। गाँव, खेत, खलिहान, बावली, कुआँ, नदी, सिवान, पोखर, पुरवट, रहट, गुल्ली डंडा से होते हुए पगडंडी की बातें करते वो कभी थकते नहीं हैं। साहित्य के साथ-साथ पर्यावरण और पर्यावरण के साथ-साथ एक कुशल व्यक्तित्व के धनी कन्हैया सिंह जी किसी को भी मदद करने के लिए हमेशा तैयार रहते हैं।

जल है तो जीवन है इसका उद्धरण भी वो बखूबी देते हैं उनके अनुसार-'जल का जीवन से गहरा नाता है। जल का एक अर्थ जीवन भी है। बिना भोजन के तो महीनों रह सकते हैं पर बिना पानी के दो-चार दिन भी जीना मुश्किल होगा। अत: जल की चिन्ता जीवन की चिन्ता है।

अपने लेख के आखिरी पैराग्राफ में वो सभी को आगाह करते हुए लिखते हैं-'आप अपनी सोच को बदलिए, माहौल को बदलिए, जीवन शैली को बदलिए। सबके सुख को सुख मानिये, उतना ही प्रकृति से लीजिए कि उसको उसका हिस्सा मिल सके। इसप्रकार के जीवन से ही हम प्रदूषण के राक्षस का मुकाबला कर सकते हैं और जल, जीवन और जंगल को बचाकर मानव

के साथ जीव सृष्टि की भी रक्षा कर सकते है।'

सारांशत हम यह कह सकते है कि कन्हैया सिंह न केवल एक सशक्त साहित्यकार हैं बल्कि एक बेहतर पर्यावरण प्रेमी इंसान भी है। पर्यावरण प्रेम के नाते ही उनसे हमारा जुड़ाव और गहरा भी है। हम उन्हें दिर्घायु होने की शुभकामना के साथ अपना यह लेख उन्हीं को समर्पित करते हैं।

श्री गांधी पी0जी0 कॉलेज
मालयरी, आजमगढ़

कन्हैया सिंह के साहित्य में सूफ़ी संस्कृति का भारतीय प्रतिबिम्ब

बिपिन यादव

कन्हैया सिंह जी के सम्पूर्ण साहित्य में वैसे तो विभिन्नता में एकता का रूप स्पष्टत: दिखाई देता है, परन्तु सूफ़ी संस्कृति को इस्लामी चश्में से देखने का कौशल जो उन्होंने प्राप्त की, वह अपने आप में उनका विशिष्ट गुण के रूप में हमारे सामने आता है। इस्लाम के प्रति उनका दृष्टिकोण सूफ़ी दर्शन के सम्मिलित हो जाने से धार्मिक एवं नैतिक हो जाता है। वे इस तरह के साहित्य में सूफ़ी की भावभूमि को जायसी के पवित्र विचार के साथ साँगोपांग करते हैं। अत: सूफ़ी संस्कृति पर विचार करते समय वे जायसी को-विश्वास में लेकर चलते हैं और जहाँ मलिक मुहम्मद जायसी नहीं पहुँच पाते हैं, वहाँ तक प्रो कन्हैया सिंह जी की विचार राशि अनायास ही पहुँच जाती है। उनकी जायसी, सूफ़ी विचारधारा और इस्लाम पर लिखी गयी पुस्तकें इन विषयों पर हमें पुनर्मूल्याँकन करने को विवश करती हैं।

कन्हैया सिंह सूफ़ी संस्कृति के प्रणयन के इतिहास के सम्बन्ध में लिखते हैं—"तेरहवीं शताब्दी के मध्य में हिन्दी में सूफ़ी-काव्य परम्परा का प्रारम्भ होता है। अमीर खुसरो (1255-1324 ई0) प्रथम भारतीय कवि हैं, जिन्होंने सूफ़ी काव्य का प्रणयन फारसी में किया। खुसरो के सूफ़ी काव्य और ईरान के कवियों के सूफ़ी काव्य में कई दृष्टियों से बड़ा अन्तर है। हिन्दी सूफ़ी काव्य खुसरों की रचनाओं से भी पर्याप्त भिन्न ढंग का है। अत: यह कहना कठिन है कि खुसरो ने हिन्दी के सूफ़ी कवियों को प्रभावित किया होगा।

सम्भव है खुसरो की पहेलियों और मुकरियों की भाँति सूफ़ी ढंग की स्फुट रचनाएँ भी अन्धकार में हों, जो आगे की खोजों में प्रकाश में आवें, पर अभी तो इने-गिने हिन्दी दोहे ही मिलते हैं। शेख सर्फुद्दीन एहिया मनेरी (जन्म 1260 ई) ने स्फुट दोहों के रूप में सूफ़ी काव्य का प्रणयन किया।''[1]

कन्हैया सिंह अपने इस कथन के माध्यम से सूफ़ी-काव्य की संस्कृति के प्रारम्भ को व्यक्त करते हैं और अमीर खुसरो और सर्फुद्दीन एहिया को सूफ़ी-संस्कृति को अपने काव्य में व्यक्त करनेवाले प्रारम्भिक प्रणेता के रूप में माना अर्थात् सूफ़ी-काव्य में निहित संस्कृति लोक से उत्पन्न होकर लोक में ही रच बस गयी।

सूफ़ी काव्य-धारा के ही समानान्तर प्रेमकथाओं को आधार बनाकर सूफ़ी प्रेमाख्यानों का भी प्रणयन प्रारम्भ हुआ जिससे सूफ़ी काव्य और प्रेमाख्यान दोनों एक-दूसरे में रच-बस गये या यूँ कहें कि प्रेमाख्यानों ने अपने दर्शन के रूप में सूफ़ी, संस्कृति को अपनाया जिसमें प्रेम के ऐतिहासिक एवं लौकिक वातावरण के साथ-ही-साथ पारलौकिक प्रेम के आदर्श स्वरूप को प्रस्तुत किया, जो कहानियों का रूप धारण करके काव्य के रूप में हमारे सामने आती रहीं।

सूफ़ी काव्य-परम्परा के नींव पर बात करते हुए वे लिखते हैं, जिसमें इस संस्कृति के साधन-भाषाओं पर भी विचार व्यक्त करते हैं—''एक ओर स्फुट सूफ़ी-काव्य की परम्परा चली और दूसरी ओर प्रचलित प्रेमकथाओं को आधार बनाकर सूफ़ी प्रेमाख्यानों का प्रणयन प्रारम्भ हुआ, जिनमें सम्पूर्ण लौकिक कथा और वर्णन के अवगुंठन में अलौकिक सौन्दर्य और प्रेम के रूप में सूफ़ी तत्त्व झलकते हैं। दाउद की चंदायन (रचनाकाल 1379 ई0) इस परम्परा की प्रथम ज्ञात रचना है। प्रेमाख्यानों और स्फुट रचनाओं की ये दानों ही परम्पराएँ दक्षिण की रियासतों में दक्कनी भाषा में भी मिलती हैं। इस प्रकार सूफ़ी काव्य की दो परम्पराएँ हिन्दी में प्राप्त हैं। (1) उत्तरी भारत की अवधी सूफ़ी परम्परा, (2) दक्षिणी भारत की दक्कनी सूफ़ी परम्परा।''[2]

इस मत के आधार पर उन्होंने सूफ़ी संस्कृति के विस्तार के आरम्भिक समय को व्यक्त किये हैं साथ ही इसमें इस्लाम का ऐसा रूप हमारे सामने

आता है, जिसमें मुस्लिम सन्तों की एक लम्बी परम्परा मिलती है।

सूफ़ी से मुक्त प्रेमाख्यानक परम्परा में मुल्ला दाउद (चंदायन), कुतुबन (मृगावती), शेख बुढ़न शवारी (अखमहल अखियार), मलिक मुहम्मद जायसी, मंझन, शेखनवी (ज्ञानदीप) सूरदास, शेख निसार, आदि का नाम विशेष रूप से सामने आता है। इन नामों में सभी ने सूफ़ी संस्कृति को अपनी-अपनी रचनाओं में प्रस्तुत की है; लेकिन मलिक मुहम्मद जायसी ने सूफ़ी-संस्कृति और प्रेमाख्यानक परम्परा को एक सेतु के रूप में जोड़ा है, जिससे सूफ़ी काव्य परम्परा एक इस्लामिक प्रतिबिम्ब के रूप में सामने आता है। ये अलग बात है कि 'पद्मावत' में उन्होंने शैली के रूप में तो सूफ़ी-परम्परा की मसनवी शैली का प्रयोग किया, लेकिन हिन्दू घरों की कहानी को चुना। पद्मावत के अलावा 'आखिरी कलाम' और 'अखरावत' सूफ़ी काव्य परम्परा के आधार पर सूफ़ी संस्कृति से युक्त इस्लामी प्रतिबिम्ब को हमारे सामने प्रस्तुत करता है। कन्हैया सिंह अपनी पुस्तक ''युगदृष्टा महाकवि मलिक मुहम्मद जायसी'' में जायसी के काव्य में सूफ़ी दर्शन की व्यापकता को प्रस्तुत किया है। कन्हैया सिंह ने इस पुस्तक में जायसी के जीवन वृत्त और कृतित्व पर विस्तृत विवरण प्रस्तुत करने के क्रम में ही उनकी सूफ़ी-संस्कृति को लोक से युक्त व्यक्त किया है। भले ही मुल्ला दाउद से या इससे पूर्व अमीर खुसरो से सूफ़ी विचार धारा का प्रारम्भ माना जाता है, लेकिन इस संस्कृति को जायसाr ने जो व्यापकता और सर्वग्राह्यता प्रदान की, वह कार्य सदा अनुकरणीय रहेगा।

उत्तरी भारत के सूफ़ी प्रेमाख्यानों के साथ ही स्फुट काव्य लिखकर सूफ़ी सिद्धान्तों का प्रतिपादन करनेवाले कवियों की भी एक परम्परा हमें प्राप्त होती है। इस परम्परा का प्रारम्भ अमीर खुसरों से ही माना जाता है। इनके गुरु निजामुद्दीन औलिया थे। फारसी में पाँच मसनवियों के रचयिता प्रसिद्ध कवि खुसरो की हिन्दी पहेलियों और मुकरियाँ तो मिलती ही हैं।

स्फुट सूफ़ी भावप्रधान हिन्दी दोहे भी मिले हैं, निजामुद्दीन औलिया की मृत्यु पर खिन्न होकर उन्होंने लिखा था।

''गोरी सोवे सेज पर मुख पर डारे केस।

चल खुसरो घर आपने रैन भई चहु देस।।''3

साथ ही उनके आध्यात्मिक भावों की अभिव्यक्त करनेवाला एक दोहा निम्नांकित है-

``खुसरु रैन सोहाग की जागी पी के संग।

तन मेरो मन पीउ को, दोउ भए एकरंग।''4

भारतीय धर्म और दर्शन का प्रभाव सूफ़ी-संस्कृति पर भी पड़ा है या दूसरे शब्दों में हम यह कह सकते हैं। कन्हैया सिंह जी ने भारतीय दर्शन एवं धर्म का प्रभाव सूफ़ी मत पर स्वीकार किया है। वे भारतीय दर्शन को व्यक्त करते हुए लिखते हैं कि दर्शन मनुष्य मे आध्यात्मिक चिन्तन का नाम है। यह शब्द 'दृश' धातु से बना है, जिसका अर्थ है- देखना। कारण-व्युत्पत्ति से उसका अर्थ है- जिसके द्वारा देखा जाय अर्थात् ज्ञान प्राप्त किया जाय। भाव व्युत्पत्ति से उसका अर्थ- ज्ञान।भारतीय दर्शन के मूल उत्स उपनिषद् हैं, जिनमें ब्रह्म-जीव, आदि के सम्बन्ध में अनेक अनुभूतिगम्य उक्तियाँ मिलती हैं। इन्हीं से आगे चलकर षड्दर्शनों—न्याय, वैशेषिक, सांख्य, योग, पूवमीमांसा और उत्तरमीमांसा का विकास हुआ है। ये दर्शन आस्तिक दर्शन कहलाते हैं, क्योंकि वेद को ये प्रमाण रूप में स्वीकार करते हैं। प्रत्येक दर्शन की जीवन-मरण के बंधन से छूटकर, मोक्ष प्राप्ति के मार्ग के प्रतिपादन की प्रणाली अलग-अलग है। हीनयान के वैभाषिक और सौत्रान्तिक तथा महायान के योगचार और माध्यामिक नाम के दर्शन अस्तित्व में आये। शून्यवाद ने भी सिद्ध, योगी तथा सन्त-सूफ़ी-साहित्यों को प्रभावित किया।

हिन्दी सूफ़ी काव्य में दर्शन की इस्लामिक मान्यताओं के अतिरिक्त हिन्दू दर्शनों का प्रभाव भी दिखाई पड़ता है। विशिष्ट दार्शनिक मतवादों की बारीकियाँ तो उनमें विषय में अद्धैत परक उक्तियों उनमें मिलती हैं। सूफ़ी मत को इन कवियों से हिन्दू दर्शन से अविरोधी बनाकर, अपने काव्य के द्बारा प्रचारित करने का प्रयास किया है।''5 कन्हैया जी का मानना है कि इस्लाम दर्शन में भी सगुण ब्रह्म का यह रूप हमें मिलता है। जैसे कुरान में इसे सृष्टि का निर्माता, चालक और संहारक कहा गया है। कुरान में कहा गया है कि

वह (ईश्वर) जिसने, भूमि में जो कुछ है (सबको) तुम्हारे लिए बनाया (कुरान 2, 4, 9)। वहाँ ब्रह्म के लिए कहा गया है कि वह आदि है, अन्त है, बाहर है, भीतर है, वह सब चीजों का जानकार है। माडूक्य उपनिषद् में कहा गया है कि ब्रह्म हमारे सामने, पीछे बाई और दाई ओर है। वही एक ब्रह्म ऊपर और नीचे है तथा वही श्रेष्ठातिश्रेष्ठ है (श्लोक 215) इस प्रकार सुगम ब्रह्म का यह रूप हिन्दू और इस्लाम दर्शन में अविरोधी रूप में मिलता है।

इस प्रकार हिन्दी सूफ़ी कवियों का ब्रह्म मूलत: इसलामी है, जिसने इस्लाम की मान्यता के अनुसार सर्वप्रथम 'नूरे मुहम्मद' का निर्माण किया। मंझन ने स्पष्ट रूप से कहा है कि जो गुप्त ब्रह्म है, वही प्रकट रूप में मोहम्म्द है:-

मूल मुहम्मद सभ जग साखा। विधि नौ लाख मटुक सिर राखा।
ओहि पटतर दोसर काउ नाहीं। वह शरीर यह सभ परछाहीं।
करता गुपुत सभै पहचानौ। प्रगट मुहम्मद काहु न जाना ।
अलख लखिय जेहि पार न कोई। रूप मुहम्मद काहे सोई।
रूप क नाऊं मुहम्मद गुपुत सा जानिय सोई।''6

इस प्रकार कन्हैया सिंह जी का यह मानना है कि सूफ़ी ब्रह्म और सगुण ब्रह्म के प्रकृति में कोई अन्तर नहीं है, अर्थात् धर्म के रूप में ब्रह्म और पैगम्बर में इसलिए कोई अन्तर नहीं है क्योंकि दोनों का स्वरूप एक ही है बस दृष्टिकोण का अन्तर है, नाम का अन्तर है इस प्रकार सूफ़ी संस्कृति ईरान से भले आयी हो लेकिन भारतीय वातावरण में आकर एक-दूसरे में रच-बस गयी। इनमें अन्तर केवल संकेतों का है, स्वरूप में कोई अन्तर नहीं है। इन वर्णनों में निश्चित ही सूफ़ी कवियों ने अपने इस्लामी ब्रह्म को निरूपित करने के लिए उपनिषदों की हिन्दू प्रणाली को आत्मसात किया।

हिन्दी सूफ़ी कवियों ने ब्रह्म का जो निरूपण किया है, उसमें इस्लाम धर्म, सूफ़ी दर्शन, एवं उपनिषदों में वर्णित ब्रह्म में रूपों की छाप दिखाई पड़ती है। इस्लाम और हिन्दू दर्शन में ब्रह्म के प्रतिपादन में जहाँ समानताएँ मिलती हैं, उन्हें विशेष रूप से इन कवियों ने ग्रहण किया है। हिन्दू दर्शन का प्रभाव अभारतीय सूफ़ी तत्वचिन्तकों पर भी पड़ा चुका है। वायाजीद

विस्लामी, मंजूर हल्लाज, इब्नुल अरबी आदि के विचारों में हिन्दू दर्शन की समानताएँ सहज ही देखी जा सकती हैं। हिन्दू सूफ़ी कवियों के ऊपर कुछ तो इन तत्व-चिन्तकों का प्रभाव पड़ा अपनी ग्रहणशील वृत्ति के कारण। उन्होंने भारतीय दार्शनिकों और साधकों से सीधे ग्रहण किया।''7

कन्हैया सिंह ने यह स्वीकार किया है कि सूफ़ी विचार और संस्कृति का हिन्दू विचारधारा और संस्कृति पर और हिन्दू विचार और संस्कृति का सूफ़ी विचार और संस्कृति पर प्रभाव पड़ा है। इसी प्रकार जीव के सम्बन्ध में भी सूफ़ी-संस्कृति हिन्दू दर्शन से पूरी तरफ प्रभावित है। जिस प्रकार हिन्दू विचार से जीव, ब्रह्म का ही अंश है, उसी प्रकार सूफ़ी-संस्कृति में जीव, ब्रह्म के प्रतिबिम्ब के रूप में अवस्थित है। जगत के सम्बन्ध में भी इसी तरह की एकता दिखाई देती है।

शिव और शक्ति शब्द का प्रयोग जायसी ने भी किया है। वे कहते हैं कि यह मन ही शिव है और मन ही शक्ति है। गोरक्ष शतक (श्लोक 24) में इसे बिन्दु और रजस कहा गया है-

बिन्दु: शिव रज: शक्ति बिन्दुम इन्दूरजो रवि:।
उभयो संगमादेव प्राप्यते परमं पद।।

अत: सृष्टि निर्माण-प्रक्रिया में इन शब्दों को परम्परा से ही लिया गया है तथा समरसता निर्माण के लिए इसका ग्रहण सूफ़ी कवियों ने किया है।

इसके साथ-ही-साथ उनके कुछ सूफ़ी कवि बायजीद विस्नामी के सम्बन्ध में जेनर का मत है कि उसका वह नूरी है(तकून अन्तजाक) छान्दोग्य उपनिषद् के ''तत् त्वम् असि'' का अनुवाद है। उन्होंने यह भी स्पष्ट किया है कि बिस्नामी की अनेक उक्तियों का स्रोत ''मुण्डक श्वेताश्वर आदि उपनिषदों में ढूंढा जा सकता है। विस्तानी ने एक स्थान पर यह भी कहा है कि ''मैं वही हूँ।'' इसका मूल वृहदारण्यक उपनिषद् में देखा जा सकता है। मंसूर हल्लाज के 'अनलहक' (अहं ब्रह्मास्मि) का स्रोत विस्तानी के अन्दर विद्यमान था दोनों के मूलस्रोत उपनिषद् ही है। इब्बल अरबी ने ब्रह्म और जगत् के सम्बन्धों को उपनिषदों की भांति बिम्ब प्रतिबिम्ब तथा अंशांशी भाव से निरूपित किया है।''8

ब्रह्म और जीव-जगत के सम्बन्ध को सूफ़ी कवियों ने बिम्ब-प्रतिबिम्ब तथा अशांशी भाव से भी अभिव्यक्त किया है। जायसी के अनुसार यह जगत् असत् के दर्पण में प्रतिबिम्बित होने वाला उस परम सत्ता का प्रतिबिम्ब है। जिस प्रकार सूर्य का प्रकाश जल में पड़ता है और उसका प्रतिबिम्ब दिखाई पड़ता है, उसी प्रकार परमात्मा, सूर्य के समान असत् में प्रतिबिम्बित होता है। जल में पड़नेवाले सूर्य के प्रतिबिम्ब से सूर्य को देखा जा सकता है, उसी प्रकार असत् के दर्पण में पड़नेवाले परमात्मा के प्रतिबिम्ब के द्वारा परमात्मा को देखा जा सकता है कि सूर्य के समान परमात्मा है जल के समान असत् का दर्पण है और प्रतिबिम्ब के समान दृश्यमान जगत् है। इस भाव का निरूपण करते हुए जायसी ने संकेत किया है कि मनुष्य के हृदय रूपी दर्पण में परमात्मा का दर्शन होता है। मनुष्य तो उसी ब्रह्म की छाया है। कवि ने प्रतिबिम्ब वाद की इस भावना को अच्छा विस्तार दिया है। पद्मिनी परमात्मा के रूप में चित्रित की गयी है और उसके सम्बन्ध में कहा गया है कि उसी एक ज्योति से सारे संसार में ज्योति मिलती है। जहाँ-जहाँ वह स्वाभाविक रूप से हँसी वहाँ ही उसकी ज्योति छिटक कर प्रकाशित हो गयी।''9

हिन्दी के सूफ़ी कवियों ने फारसी काव्य परम्परा से प्रेम तत्त्व को ग्रहण किया और उसी को सांसारिक कल्याण का साधन माना। फारसी के सूफ़ी कवियों ने संसार की नश्वरता पर दृष्टिपात किया है। लौकिक सौन्दर्य को विद्रूपता, यौवन को वृद्धत्व एवं जीवन को मृत्यु से परिवर्तित होते हुए उन्होंने देखा। हर पीढ़ी मृत्यु और नश्वरता से मुक्ति पाने का मार्ग ग्रहण नहीं करती।10

उमर खय्याम का कहना है कि 'मृत्यु का भय और विनाश का डर केवल मुझी को है, वरन् निशान की वस्तु है, जिससे अमरत्व का अंकुर फूटता है। ईसा की कृपा से मेरे प्राणों को वह शक्ति प्राप्त हो गयी है कि मृत्यु आकार और जीवन से निराश होकर लौट गयी। मेरा सांसारिक अस्तित्व मिट गया है और मृत्यु अब मेरे निकट आकर ले ही क्या सकती है।''11 उमर खय्याम के इस विचार को यदि हिन्दू धर्म और दर्शन से जोड़ा जाए तो यह स्पष्ट हो जाता है कि गीता में वणर्ाित जीवन और मृत्यु के सम्बन्ध

की शिक्षा का एकाकार हो जाता है। इस प्रकार सूफ़ी संस्कृति भले ही इरान से भारत में आयी हो लेकिन भारतीय संस्कृति में रच बस गयी जहाँ हिन्दू और सूफ़ी संस्कृतियों में एक ऐसा समन्वय स्थापित हुआ जो दोनों मार्गों के अनुयायियों को एक ही सूत्र में जोड़कर पारस्परिक सौहार्द को सूफ़ी, कवियों एवं दार्शनिकों ने जीवन के सच्चे सुख के रूप में प्रस्तुत किया। सूफ़ी कवि शब्सतरी ने लिखा है

जब 'मैं' और 'तू' तेरे बीच में न रह जाएँगे,

उस समय मंदिर, मस्जिद और गिरजा सब तेरे लिए समान हो जाएँगे। तेरे मन में केवल यही भ्रम 'मैं' और 'तू' घुला हुआ है जिस समय यह भ्रम मिट जायेगा तू निर्मज्ञ हो जायेगा।''12

प्रेमी साधक की इसी अवस्था के सम्बन्ध में जामी का कहना है कि "हे ईश्वर! मेरी सहायता कर, जिससे मेरा अहंकार मिट जाय। तू इतनी कृपा करें ऊपर दिखला दे कि जिससे अपनत्व को भूलकर मैं मतवाला हो जाऊँ एवं खुदी और मस्ती में किसी प्रकार का अन्तर न ज्ञात कर सकूँ। जब मनुष्य इस अवस्था में पहुँच जाता है, वह पूर्ण उदास हो जाता है और उसका बाह्य धर्म इत्यादि से कोई सम्बन्ध नहीं रह जाता। ऐसे मनुष्य में स्वयं किसी प्रकार का अस्तित्व और किसी प्रकार की भावना नहीं रहती।''13

इस प्रकार ईरान के सूफ़ी कवियों उमर खय्याम, शब्सतरी और जामी ने अपने-अपने विचारों से सूफ़ी-संस्कृति की ऐसी झाँकी प्रस्तुत की है जो मानवता और आध्यात्मिकता की भावभूमि को सार्थक बनाती है, पर इस्लाम का संरचनात्मक एवं समन्वय युक्त मानवीय प्रतिबिम्ब देखने को मिलता है। विन्ध्वंस में विश्वास रखने वाले आततायी मुसलमानों को इनकी शिक्षाओं से प्रेरणा लेनी चाहिए, क्योंकि ये सूफ़ी दार्शनिक एवं कवि शरीर और भौतिकता के स्थान पर रूह और आध्यात्म पर विशेष बल देते हैं, जो हिन्दू धर्म और दर्शन से पूरी तरह से मेल खाता है।

डॉ कन्हैया सिंह इस्लाम के उदय के इतिहास पर जब विचार करते हैं तो एक ऐसे समय और व्यक्तियों की परिकल्पना करते हैं, जहाँ आतंक और पद लोलुपता का वातावरण उस समुदाय में खुलकर सामने आता है। ``हजरत

मुहम्मद की मृत्यु के बाद उनके उत्तराधिकारी चार खलीफाओं—अबू बकेर (मृ सं 691), उमर (मृसं 700) उसमान (मृसं 712) एवं अली (मृसं 717), ने अपने युग में इस्लाम धर्म का पूर्ण प्रचार एवं प्रसार किया। धीरे-धीरे यह धर्म शाम, फिलिस्तीन, मिस्र, ईरान, स्पेन एवं तुर्किस्तान तक फैल गया। प्रसार के साथ इस धर्म में उत्तराधिकारी एवं राजनीतिक नियमों आदि के प्रश्नों को लेकर मतभेद प्रारम्भ हो गये। रसूल हजरत मुहम्मद के देहावसन के थोड़े ही समय बाद, उनके जीवन एवं तर्कों से प्रभावित होकर इस धर्म के विभिन्न सम्प्रदाय प्रकट हुए। इसका प्रथम विभाजन राजनीतिक आधार पर हुआ। सर्वप्रथम खारिजी, मुरील, शीआ और कादिरी सम्प्रदाय दृष्टिगोचर हुए।''14

``इस काल में उद्भूत सम्प्रदायों में सर्वप्रथम शीया सम्प्रदाय है। इस सम्प्रदाय वाले हजरत मुहम्मद के चौथे उत्तराधिकारी और दामाद अली के समर्थक थे। ईरान के मुसलमानों तथा कुछ अरबों ने वंशपरम्परा से खलीफा पद के निर्णय को उचित माना। उनकी दृष्टि में खलीफा ईश्वरीय विभूति-सम्पन्न होते हैं। चूँकि अली, हजरत मुहम्मद के दामाद थे और उनके सर्वाधिक के रक्त सम्बन्धी थे, अत: यही इस सम्प्रदाय वालों की दृष्टि से खलीफा हो सकते थे।''15 इब्न खब्दून के अनुसार ‘`एक लौकिक सम्राट केवल मानव-निर्मित आदेशों का प्रतिपादन करवाता है, किन्त दैवी भाव-सम्पन्न विधि निर्माता द्वारा बनाये हुए नियमों की दो दिशाएँ हैं, मानव का नैतिक तथा सामाजिक कल्याण करना। खलीफा पैगम्बर का पुरोहित और सेनानायक होता है। वह एक लौकिक शासन से बढ़कर होता है तथा आध्यात्मिक गुरु भी होता हैं खलीफा को इसलिए ‘इमाम’ कहा जाता है।''16

कन्हैया सिंह इस्लाम के शीआ सम्प्रदाय के फैलाव को इस रूप में देखते हैं कि ''शीआ सम्प्रदायों का मूल इस्लाम धर्म से इतना अन्तर बढ़ता गया कि उसका एक उग्र ‘गुलात’ हिन्दू धर्म से मिलते-जुलते सिद्धातों में विश्वास करने लगा।''17 वे ‘गुलुब’ और ‘तकसीर’ में विश्वास करते थे। गुलुब का तात्पर्य है कि मनुष्य ईश्वरत्व तक पहुँच सकता है और तकसीर का तात्पर्य यह है कि ईश्वर मानव के धरातल पर उत्तर सकता है। इस प्रकार वे अपने इमाम में ईश्वरत्व की स्थापना करने लगे। आगे चलकर उनका विश्वास

'हुलूत', अर्थात् ईश्वर के मानव रूप में प्राप्त होने, तसबोह, अर्थात् शरीरधारी ब्रह्म रजा, अर्थात् इमाम के पुनर्जन्म तक पहुँच गया।''18

सूफ़ी शब्द की व्युत्पति के सम्बन्ध में अथक मत प्रकट किये जाते हैं। एक मत के अनुसार पैगम्बर हजरत मुहम्मद के द्वारा निर्मित करायी गयी मदीना की मस्जिद के सामने एक चबूतरा था, जिसे 'सुफ्फा'' कहते थे। इसपर आकर बैठनेवाले कुछ पवित्र जीवन बाले तथा खुदा की इबादत में लीन रहने वाले मुहम्मद के समसामयिक व्यक्तियों का ''अह-अल-सुफ्फाह'' कहा जाता था। इसी सुफ्फा या 'सुफ्फाह'' शब्द से सूफ़ी शब्द बना। इनके अतिरिक्त कुछ अन्य लोग ग्रीक शब्द सोफिया या सफ्फाह या सोफी से इस शब्द का निसपन्न होना मानते हैं। कुछ ''बन् सुफा'' नामक अकल की एक भ्रमणशील जाति से इसका शाब्दिक सम्बन्ध जोड़ते हैं करफुल महजुब के योग्य लेखक अलहुज्वेरी ने सूफ़ी शब्द को सफा से ही बना हुआ माना है। सफा शब्दा का अर्थ पवित्रता है। इस मत के अनुसार पवित्र जीवन व्यतीत करनेवाले महात्मक आधार पर सूफ़ी संज्ञा हुई। इस्लामी विचारकों के अतिरिक्त निकोलसन आदि कुछ यूरोपीय लेखकों ने भी इस मत का समर्थन किया है।''19

इस्लाम का प्रवेश 711 ई में मुहम्मद बिन कासिम के सिन्ध पर आक्रमण के साथ ही भारत में हो गया था, पर क्रमबद्ध रूप से सूफ़ी चिन्तकों का भारत आगमन ग्यारहवीं शताब्दी से प्रारम्भ होता है। कहा जाता है कि इस्माइल, जो 1005 ई में लाहौर आया था, प्रथम इस्लाम धर्म प्रचारक था।''20 भारत में चिश्ती सम्प्रदाय का सम्बन्ध सूफ़ी सम्प्रदाय से सर्वाधिक स्थापित हुआ। इसके अतिरिक्त मेहदवी शत्रारी, उवैसी, मदारी, कलदरी और मालामती सम्प्रदाय, भारत में, इस्लामी सम्प्रदाय को प्रचार-प्रसार करने में अपना विशेष योगदान दिया, लेकिन हिन्दू संस्कृति को अपनी जीवनप्रणाली में सम्मिलित करने वाला सम्प्रदाय चिश्ती ही था। चिश्ती सन्तों ने अपनी साधना में हिन्दू तत्त्वों का पर्याप्त मिश्रण किया। माला का प्रयोग तो हिन्दू प्रभाव के कारण ईरान के सूफ़ी ग्रहण कर चुके थे। गुरु के सम्मुख साष्टांग प्रणाम और हिन्दुओं की अनेक कठिन साधनाओं को भी चिश्ती सन्तों ने उनसे ग्रहण

किया। डॉ यूसुफ हुसैन के अनुसार भारत में चिश्ती सम्प्रदाय की असाधारण सफलता का मुख्य कारण यह था कि इस सम्प्रदाय के सन्त भारत के लोक प्रयासों और कीरियों को आत्मसात् करने की कला जानने थे।''21

कन्हैया सिंह के सूफ़ी संस्कृति और उदार इस्लाम का सूफ़ी चेहरा के पारस्परिक सम्प्रदाय पर विचार करने के उपरान्त हमें यह स्वीकार करना होगा कि केवल इस्लाम की बात करेंगे, तो एक आक्रामक और विखण्डन का वातावरण देखने को मिलेगा, लेकिन जब हम उसे सूफ़ी धर्म दर्शन और संस्कृति से जोड़कर देखते हैं तो समाज में एक ऐसे इस्लाम का प्रतिबिम्ब बनता है तो मनुष्यता को शीर्ष पर रखनेवाले प्रणेताओं की संख्या बढ़ती नजर आती है क्योंकि सूफ़ी संस्कृति और हिन्दू संस्कृति में अधिकांशत: समानताएँ मिलेंगी जो किसी भी स्तर पर एक-दूसरे का सहयोग और स्वीकार्य की मनोवृत्ति से युक्त है। कन्हैया सिंह ने इस्लाम के बर्बर स्वरूप के स्थान पर एक ऐसे इस्लाम के चेहरे को देखने की चेष्टा की है, जो पवित्र जीवन दर्शन 'सूफ़ी' से पूर्ण रूपेण प्रभावित है, साथ ही उनकी शिक्षाओं को पूरे मनोयोग से अपनी संस्कृति में सम्मिलित करती है।

अन्त में यह कहने से परहेज नहीं कर सकता हूँ कि कन्हैया सिंह जी का यह प्रयास इस्लाम को एक निर्माणकारी ताकत के रूप में स्थापित करने में महत्त्वपूर्ण भूमिका का निर्वहन करेगा, जिससे इस्लाम को लेकर जो गलत धारणा हमारे मन में अवस्थित है, उनमें आवश्यक संधोधन युक्त स्वीकृति निर्मित हो सकेगी।

सहायक आचार्य
हिन्दी-विभाग
जवाहरलाल नेहरू स्मारक पीजी कालेज, महाराजगंज,
सिद्धार्थ विश्वविद्यालय, कपिलवस्तु सिद्धार्थनगर उप्र

सन्दर्भ

1 सूफ़ी काव्य : सांस्कृतिक अनुशीलन: कन्हैया सिंह, पृ 3
2 वही।
3 वही : पृ संख्या 23
4 वही

5 वही : पृ 37
6 वही
7 वही : पृ 37
8 'हिस्ट्री ऑफ मुस्लिम फिलास्फी, एम एस शरीर, पृ 37
9 सूफ़ी काव्य : सांस्कृतिक अनुशीलन: कन्हैया सिंह, पृ 45
10 वही पृ 47
11 ईरान के कवि, शब्सतरी, पृ 241-242
12 ईरान के कवि, शब्सतरी, पृ 241-242
13 ईरान के सूफ़ी कवि, जामी, पृ 393
14 इन्फ्लुएन्स आफ इस्लाम आन इण्डियन कल्चर, ताराचन्द, पृ 51
15 डोजी का मत : ए लिटरेरी हिस्ट्री ऑफ दि अरब्स, पृ 214
16 दि स्पिरिट ऑफ इस्लाम, अमीर अली, पृ 319
17 इन्फ्लुएन्स ऑफ इस्लाम आन इण्डियन कल्चर, ताराचन्द, पृ 57
18 वही, पृ 52
19 उदार इस्लाम का सूफ़ी चेहरा, कन्हैया सिंह, पृ 31-32
20 प्रीचिंग्स आफ इस्लाम, आर्नाल्ड, पृ 280
21 ग्लिसम्पसेज ऑफ मेडिवल इण्डियन कल्चर, यूसूफ हुसैन पृ 36

सूफ़ी वाद : इस्लामिक उदारता का परिष्कृत दृष्टिकोण

अनुपम आनन्द

सूफ़ीवाद इस्लाम के अन्तर्गत एक उपविचारधारा है, जिसमें प्रेमतत्त्व को सर्वाधिक महत्त्व दिया जाता है। यह प्रेममार्गी धारा इस्लाम का एक उदार संस्करण प्रस्तुत करती है। यहाँ पर बन्दा और खुदा का सम्बन्ध दास्य भाव से इतर प्रेमभाव पर आधारित है। यह जीव और ब्रह्म के एकाकार होने को प्रेम अथवा भक्ति का अंतिम लक्ष्य मानता है। सूफ़ीवाद में भक्ति अथवा प्रेम का साधन बुद्धि (अक्ल) न होकर हृदय (कल्ब) होता है। यह विचारधारा इस्लाम के आधारभूत सिद्धान्तों की अनुचित व्याख्या से उपजे रूढ़िवाद के परिणामस्वरूप विकसित हुई। उदार इस्लाम के प्रभाव के कारण अरब क्षेत्र में उपस्थित विलासिता के स्थान पर सच्चे साधकों की प्रेमात्मक एवं त्यागपूर्ण विचारों ने सूफ़ी मतवाद को उत्पन्न किया। ईरान की संस्कृति में ८वीं व ९वीं शताब्दी में इसे विकसित होने का अनुकूल अवसर प्राप्त हुआ। इसने सूफ़ी दर्शन एवं सूफ़ीमत के विकास में अग्रणी भूमिका ईश्वर के कठोरतम स्वरूप की रचना की। अत: इस इस्लाम की विचारधारा का सरलीकरण ही सूफ़ीवाद है।

हिन्दी के कवि रामधारी सिंह दिनकर ने संस्कृति के चार अध्याय में स्पष्ट लिखा है—इस्लाम ने, मूल रूप से, जिस ईश्वर की कल्पना की थी, वह प्रतापी और स्वेच्छाचारी प्रभु की कल्पना थी। — अल्लाह शब्द का अर्थ ही शक्तिसम्पन्न पुरुष होता है। इस्लाम ने ईश्वर के उन गुणों को प्रधानता दी,

जिनसे प्रेम कम, भय अधिक हो सकता था। —परमात्मा की दया के सामने झुके रहने का भाव इस्लाम की सबसे बड़ी विशेषता है। समय के साथ मनुष्य और अल्लाह (ईश्वर) के मध्य यह सम्बन्ध ढीला पड़ने लगा। मनुष्य अपने स्वभाव के अनुरूप ईश्वर से भय के स्थान पर प्रेम करने लगा। सूफ़ीवाद के विकास में यह भावना भी सक्रिय भूमिका निभा रही थी।

सूफ़ी शब्द की उत्पतिमूलक अर्थ पर विद्वानें में मतैक्य नहीं है। इस शब्द की व्याख्या विभिन्न दृष्टिकोणों से की गयी है। सबसे प्रचलित मान्यता के अनुसार 'सूफ़ी' शब्द का विकास 'सफ' शब्द से हुआ है, जिसका अभिप्राय ऊन या ऊनी कपड़ा होता है। सूफ़ी साधक आरम्भिक समय में ऊन से बने कपड़े पहनते थे। इस मान्यता के अनुसार सम्भवत: इसीलिए इनको सूफ़ी कहा गया। दूसरे मत के अनुसार सूफ़ी शब्द की उत्पति 'सफा' शब्द से हुई है, जिसका अर्थ है पवित्रता या शुद्धि की अवस्था। आचरण की पवित्रता व शुद्धता के कारण इनको सूफ़ी कहा गया है। यद्यपि सूफ़ी शब्द की व्याख्या में अन्य मत भी प्रचलित हैं परन्तु सामान्य दृष्टिकोण से 'तवस्सुफ' को माननेवाले साधकों को सूफ़ी कहा जाता है।

सूफियों ने मनुष्य की चेतना को चार भागों में विभक्त किया है, नफस, अक्ल, कल्ब और रूह, जिनके अर्थ क्रमश: इन्द्रियाँ, बुद्धि, हृदय और आत्मा है। इन चारों में इन्होंने कल्ब को सबसे महत्त्वपूर्ण माना है। कल्ब के द्वारा ही खुदा की प्राप्ति सम्भव है, क्योंकि कल्ब में ही खुदा का प्रतिबिम्ब व्यक्त होता है। यह कल्ब रूपी दर्पण जितना स्वच्छ होगा, ईश्वर का उतना ही स्पष्ट स्वरूप इसमें दिखाई देगा। ऐसी इनकी मान्यता है। इसे स्पष्ट करते हुए कन्हैया सिंह ने अपनी पुस्तक 'उदार इस्लाम का सूफ़ी चेहरा' में लिखते हैं सूफ़ी जो अपने को कुरान से ऊपर स्वयं को पूज्य तथा 'हक' कहते हैं, तो इसका तात्पर्य यह होता है कि अल्लाह की रूह मनुष्य के अन्दर है और जो अपनी रूह को जान लेता है, वह खुदा को जानता है। इस प्रकार ईश्वर और जीव का अंशांशी सम्बन्ध है।

यद्यपि सूफ़ीवाद की मौलिक उत्पत्ति इस्लाम से हुई है, परन्तु इस भक्ति-पद्धति पर उपनिषदों में विद्यमान अद्वैतवाद और प्लाटिनस के 'नव्य

प्लेटोवाद' का समान प्रभाव है। इस्लाम की मान्यता के अनुसार खुदा, जगत् और जीव तीनों की लौकिक एवं भिन्न सत्ताएँ हैं। खुदा इतना पवित्र है कि उसे संसार और जीव से अभिन्न नहीं माना जा सकता है। खुदा और बन्दे में राजा और प्रजा या स्वामी और दास का सम्बन्ध है, प्रेम का नहीं। इस मान्यता को खारिज करना सूफियों के लिए महत्त्वपूर्ण था, इसीलिए उन्होंने नव्य प्लेटोवाद और भारतीय उपनिषद् दर्शन में दिखनेवाले अद्वैतवाद की भावभूमि पर अपनी मान्यताएँ प्रस्तुत की। नयी विकसित धारणा में बन्दा अपनी साधना से खुदा से 'एक' हो सकता है। अद्वैतवाद का 'अहं ब्रह्मास्मि' या सोऽह्म् का भाव यहाँ 'अनलहक' कहलाता है। जिसका अर्थ बन्दे और खुदा की एकता है। यह विचार इस्लाम-विरुद्ध तथा अद्वैतवाद से प्रभावित है। सूफ़ीवाद के अन्तर्गत बन्दा खुदा की प्राप्ति प्रेम के माध्यम से करता है। यह प्रेम 'इश्क मिजाजी', अर्थात् लौकिक प्रेम से प्रारम्भ होता है और 'इश्कहकीकी', अर्थात् ईश्वरीय प्रेम के रूप में चरम अवस्था में पहुँचता है। लौकिक प्रेम के प्रतीक को सफल बनाने के लिए सूफियों ने खुदा को नारी के रूप में तथा बन्दे को पुरुष के रूप में अभिव्यक्त किया है। कन्हैया सिंह पुन: लिखते हैं - परम्परित इस्लाम भावना के अन्तर्गत 'मैं ब्रह्म हूँ' की भावना को स्थान नहीं था, क्योंकि वहाँ ईश्वर और जीव दोनों अलग-अलग सत्ताएँ मानी गयी हैं। सूफियों ने अपने चिन्तन में ब्रह्मवादी विचार का समावेश किया है। —— मंसूर हल्लाम की प्रसिद्ध उक्ति 'अनहलक' , 'मैं ही सत्य ब्रह्म हूँ' हिन्दू दर्शन के 'अहम् ब्रह्मास्मि' का अनुवाद प्रतीत होता है।

भारतीय सामाजिक ताने-बाने के सन्दर्भ में सूफ़ी-सन्तों एवं कवियों का सर्वप्रथम योगदान सांस्कृतिक समन्वय और साम्प्रदायिक सौहार्द स्थापित करने में रहा। इस्लाम को औपनिषदिक चिन्तन से मिलाकर इस्लाम की संकल्पना से परे जाकर 'अनहलक' का उद्घोष करना इन सूफियों का साहसिक कार्य रहा है। तत्कालीन समय में हिन्दू-मुस्लिम साम्प्रदायिकता भारतीय समाज के समक्ष एक बड़ी चुनौती थी। सूफियों के समानान्तर कबीर, जैसे सन्त मुल्लों और पण्डों को साम्प्रदायिक वैमनस्य फैलाने पर लगातार आक्रामक प्रहार करते रहे; वहीं दूसरी ओर सूफियों ने अपने प्रेमाख्यानक

संगीत के माध्यम से समाज में समरसता स्थापित करने में बड़ा योगदान दिया।

सूफ़ी विचारधारा की सबसे सशक्त अभिव्यक्ति प्रेमाख्यानक काव्यों में दृष्टिगत होती है। इस काव्य की एक प्रमुख विशेषता यह थी कि यह फारसी की 'मसनवी' शैली में लिखे जाते थे, परन्तु इनकी विषयवस्तु के अन्तर्गत हिन्दू-परम्परा के पौराणिक एवं मिथकीय कथानकों को सम्मिलित किया जाता रहा है। साम्प्रदायिक समन्वय स्थापित करने के लिए इन प्रेमाख्यानकारों ने अपने काव्य में हिन्दू देवी-देवताओं को भी पर्याप्त सम्मान दिया। प्रेमाख्यानक काव्य का आरम्भ 1370 में मुल्ला दाउद द्वारा रचित 'चन्दायन' या 'लोरिकहा' से हुई, और इस परम्परा की चरम अभिव्यक्ति मलिक मोहम्मद जायसी के प्रसिद्ध महाकाव्य 'पद्मावत' में हुई।

प्रेमाख्यानक काव्य में मानवीय प्रेम को जीवन के आधारभूत मूल्य के रूप में प्रतिस्थापित किया गया। इश्कमजाजी से इश्कहकीकी की यात्रा का प्रथम चरण मानवीय प्रेम की स्थापना है, जो इश्वरीय प्रेम से पहले आता है। इनके आध्यात्म का सार मानव प्रेम है।

सांस्कृतिक एवं धार्मिक संक्रमण के दौर में सूफ़ी सन्तों ने भारतीय समाज में सामंजस्य स्थापित करने में महत्त्वपूर्ण भूमिका का निर्वहन किया। इस्लाम को भारतीय दर्शन से जोड़कर जहाँ एक ओर उन्होंने इस्लाम का भारतीयकरण किया, वहीं दूसरी ओर मानव-प्रेम को मूल्य के रूप में स्थापित करके सामाजिक समरसता को बढ़ाया। भारत की सामाजिक संस्कृति के निर्माण में सूफ़ी सन्त-परम्परा का अप्रतिम योगदान है, क्योंकि इस परम्परा के माध्यम से हिन्दू और मुसलमानों में साहचर्य व प्रेम से रहने की विचारधारा का विकास हुआ।

शिक्षक (हिन्दी)

राजकीय हाईस्कूल, असदामऊ, बेलहरी,

बाराबंकी

कन्हैया सिंह का सन्तीय अन्वेषण

शुभांकर सिंह

सूफ़ी-साहित्य के काव्य में कन्हैया सिंह समीक्षा, पाठालोचन, भाषा और काव्याँग, आलोचना के विविध विषय व इसके अतिरिक्त सृजनात्मक साहित्य रचा है। सूफ़ी समीक्षा के अन्तर्गत कन्हैया सिंह का जोर सूक्तियों पर भारतीय सांस्कृतिक पक्षों एवं हिन्दू संस्कृति के विषयों के प्रभाव परिलक्षित करने पर है।

पाठ-सम्पादन के सिद्धान्तों तथा पाठानुसन्धान पर आपके कार्य प्रमाणित व प्रतिष्ठित हैं। भाषा और काव्यों पर आपके सैद्धान्तिक कार्य है। राहुल सांस्कृत्यायन, चन्द्रबली पाण्डेय, हरिऔध पर आपने स्मृति ग्रन्थ एवं आलोचनात्मक ग्रन्थ लिखें है। अंधेरे के अध्याय आपके आपातकालीन दौर का रोचक आवश्यक संस्मरण है, जो आपातकालीन रहस्यों कारणों और परिणामों से पाठकों को रसास्वाद कराती है। पत्थर की मुस्कान आपकी कहानी संग्रह है तथा दक्षिणांचल दर्शन यात्रा वृत्त जिसके वृत्तान्त पढ़ते वक्त आंखों में उतरते रहते हैं।

'पूर्वी उत्तर प्रदेश के सन्त कवि' नामक आलोचनात्मक कृति आपके मध्यकालीन विषयों के आलोचना का केन्द्रीय बिन्दु है। यह कृति विश्वविद्यालय अनुदान योजना के वृहद शोध-परियोजना एवं आपके परिश्रम का श्रेष्ठ प्रतिफल है। कृति का ध्येय पूर्वी उत्तर प्रदेश के सन्तों द्वारा सृजित सामाजिक जागरण के क्रान्तिकारी पृष्ठभूमि का अनावरण करना है। साथ ही उनके दार्शनिक विचारों की परत-दर-परत व्याख्या की गयी है। सन्तों की भाषा कैसे जनमानस की भाषा थी इसे भी स्पष्ट किया गया है। चूँकि भाषा

ही वह माध्यम है जो सन्त-विचारों को जनमानस का सहयात्रा बनाता है। ऐसे में कन्हैया जी ने सन्तों की भाषा पर शोधपरक टिप्पणियाँ की हैं। सन्तों की एक महनीय परम्परा रही है जिसमें मात्र भक्ति काल के ही सन्त कवि नहीं आते अपितु यह परम्परा वर्तमान तक विद्यमान है। इस पुस्तक में पूर्वी उत्तर प्रदेश के 13 महनीय कवियों का विवरण व विश्लेषण हुआ है। जिनमें कबीर, रैदास, गुलाब साहब, भीखा साहब, बला साहब, गोविन्द साहब, सन्त शिव नारायण, देवकीनन्दन साहब, पृथ्वीशाह, सन्त सदाफल देव, सन्त मंगरू साहब सम्मिलित हैं। इसके अतिरिक्त भुड़कुड़ा की सन्त परम्परा के दोनों शाखाओं (चित बड़ागाँव शाखा व अहरौली शाखा) पर भी विमर्श किया गया है। पुस्तक में सन्तों के चयन का आधार एक विशेष काल नहीं बल्कि सामाजिक-क्षेत्रीय समरूपता है, क्योंकि भले ही सन्त परम्परा तेरहवीं शताब्दी में दिखायी पड़ती है परन्तु इसकी झलक अनादि काल से विद्यमान थी। सन्तों पर वेद, उपनिषद, नाथ, सिद्ध, जैन, सूफियों के प्रभाव परिलक्षित होते हैं। स्पष्ट है कि सन्त साहित्य किसी वर्ष या दशक की उत्पत्ति नहीं है बल्कि यह काल-क्रम की महीन रेखा के बीच हैं जीवन व परिदृश्य के क्रमिक बुनावट का परिणाम है जो परिदृश्यों के बदलाव के साथ-साथ आगे बढ़ती रहती है, उदाहरण के तौर पर-कबीर चौदहवीं शताब्दी के सन्त हैं, वहीं मंगरू साहब उन्नीसवीं शताब्दी के सन्त। पुस्तक में वर्णित सन्त कवियों में आधार भूमिका में कबीर-रैदास हैं। विदित है कि सन्त परम्परा की प्रवाहमयी धारा का प्रादुर्भाव कबीर से ही होता है। हिन्दी आलोचना में कबीर पर पर्याप्त विमर्श हुआ है जिसका निष्कर्ष है कि सन्त साहित्य में विचार-दर्शन तथा समस्त सामाजिक परिवर्तनों के उत्पाद से निर्मित भवन की नींव कबीर के विचारों पर टिकी हुयी है। रैदास कबीर के समकालीन ही थे। समकालीन होने पर धार्मिक, सामाजिक एवं भाषायी समरूपता नजर आती है। परन्तु अन्तर इनके कहने के तौर में है, कबीर धार्मिक कुरीतियों पर भीषण प्रहार करते हैं जबकि रैदास की शैली सरस थी। डा कन्हैया सिंह का ध्येय कबीर, रैदास पर विस्तृत विमर्श करना नहीं है। उनका ध्येय इन महनीय सन्तों को आधार बनाकर अल्पख्यात व उपयोगी पूर्वी उत्तर प्रदेश के सन्त कवियों पर विमर्श करना है

जिन पर आलोचनात्मक व शोधपरक आयामों पर काफी कम विमर्श हुआ है।

पूर्वी उत्तर प्रदेश में एक जनपद है— गाजीपुर , गाजीपुर में एक ग्राम है भुड़कुड़ा। यही से बूला साहब के अधीन भुड़कुड़ा की सन्त परम्परा प्रारम्भ होती है जिसमें बूला साहब, गुलाल साहब व भीखा साहब पर डा कन्हैया सिंह ने आलोचनात्मक विमर्श प्रस्तुत किया है। 'भीखा साहब' पर आपके निर्देशन में शोध भी हुआ है।

इन कवियों ने कबीर की दार्शनिक -सामाजिक विचारों का अनुसरण किया है, जो उस दौर के परिस्थितियों के समीचीन थी। यही कारण है कि भीखा साहब, पलटू साहब, गुलाल साहब अपने क्षेत्रों में लोकप्रियता के चरम पर थे। भाषायी सरसता के कारण लोकोन्मुख गीतों व छंदों का प्रचार गाँव-गाँव में थे जो भजन और गायन का माध्यम बन गये थे। खासकर दलित उपेक्षित ग्रामीण निर्धन वर्ग में। भीखा साहब ने रचा कम है परन्तु जो भी रचा है वह वैचारिक रूप से पुष्ट एवं काव्यगत रूप से विशिष्ट है। बूला साहब के शिष्य हैं—गुलाल साहब उन्होंने काफी लिखा है। ये चार वर्णों को व्यर्थ मानते हुये ब्रह्म-साधना, इन्द्रिय निग्रह, सन्त स्वभाव को श्रेष्ठ मानते हैं। गुलाल साहब ने अलग-अलग जातियों का नाम लेकर अलग-अलग छन्द रचे हैं और उनकी कमियाँ उजागर की है। भीखा साहब अद्वैत वेदान्त के पक्षधर थे साथ ही उनपर रामावत सम्प्रदाय का भी प्राभाव है। योग (हठ योग, ध्यान योग, सहज योग) मार्गों पर वे विस्तृत विवेचन की है। वे सामाजिक रूप से समरसता और सामंजस्य के हिमायती थे। पुस्तक में कन्हैया सिंह ने भीखा साहब के दर्शन विशेषकर योग-दर्शन पर पड़ताल की है वे लिखते हैं—"व्यावहारिक दृष्टि से एक व्यक्ति का इन तीनों मार्गों का अनुगामी। (हठयोग, सहसयोग भाव भक्ति का मार्ग) होना कठिन प्रतीत होता है, अत: भीखा साहब हठयोग को सहज साधना की स्थिति प्राप्त करने का साधन मानते है।" इन कथन को डॉ साहब उदाहरणों और तथ्यों से सिद्ध भी कर देते हैं।

कन्हैया सिंह द्वारा गोविन्द साहब, शिव नारायण साहब, देवकीनन्दन पृथ्वीशाह सदाफल देव एवं उन्नीसवी सदी के सन्त मंगरू साहब को अध्यायवार वर्णित करते हुये एक जिल्द में स्वरूप देकर इन अल्पख्यात

कवियों की उपयोगिता एवं ख्यातिलब्धता में वृद्धि की है उसके लिये हिन्दी आलोचना उनका आभारी है। डॉ साहब के अन्वेषण से स्पष्ट है कि इन सन्तों की परम्परा में दो नयी प्रवृत्ति देखी गयी—एक, सन्त पिछड़ी जातियों की अपेक्षा उच्च जातियों के होने लगे थे। दूसरा यह कि इनमें जांति-पाति की व्यर्थता का कहीं भी प्रसंग नहीं मिलता। (मंगरू साहब को छोड़कर —वे मुस्लिम समुदाय के प्रतिनिधि थे) इससे एक तथ्य स्पष्ट हुआ कि अब सन्तों की सामाजिक पकड़ समय के साथ-साथ कमजोर होती गयी। साथ ही अब उनकी वैचारिकी में भी कमी होती गयी। साथ ही अब उनकी वैचारिकी में भी वो पैनापन नहीं था जो प्रारम्भिक दौर में मिलता है। हालांकि कुछ नयी बातें निकल कर आयी जैसे—सन्त सदाफल देव का विहंगम योग, जो कठोर योगों से भिन्न सत्संग और संस्कार के आत्मबोध का योग है।

समेकित रूप से पूर्वी उत्तर प्रदेश के सन्त कवियों पर विचार करते हुये कन्हैया सिंह जी के दृष्टि का मूल्याँकन करें तो पाते हैं कि—उन्होंने प्रथम चरण में इन क्षेत्र के कवियों के जीवन वृत्त व रचनाओं पर प्रकाश डाला है। दूसरे चरण में सन्तों के वैचारिकी व भाषायी-शिल्प का विश्लेषण किया है। पूर्वी उत्तर प्रदेश के कवियों ने युग की मांग को ध्यान रखकर अपनी विचारधारा का गठन किया है जिसमें दो संस्कृतियाँ व दो भिन्न धर्म की प्रवृत्तियाँ भी परिलक्षित होती हैं। सन्तों ने दोनों धर्मों के मिथ्याचारों व रूढ़ियों, बाह्याडंबरों के विरुद्ध उंगली उठायी है। सन्तों की दार्शनिक विचारधारा अद्वैत वेदान्त, निर्गुण, एकात्मवाद योग साधना, ब्रह्म, सहज भाव, नाम-महिमा, गुरु महिमा, रहस्य साधना, सन्त-असन्त आदि के समीवर्ती है। इन पर नाथ, शैव, वैष्णव, सन्त मत, दक्षिण भारत के प्रचारकों, सूफ़ी आदि के प्रभाव को डॉ सिंह ने उदाहरणसहित स्पष्ट किया है। साथ ही उन्हें इस बात को स्पष्ट करने में सफलता मिली है कि कैसे-सन्तों की प्रवृत्ति लोक दृष्टि एवं नितान्त भारतीय मार्ग है जो धर्म से ऊपर की वस्तु है तथा समाज के लिये ग्रहणीय-अनुकरणीय भी।

पाठ-सम्पादन एवं भाषा के मर्मज्ञ होने के कारण कन्हैया सिंह कि भाषिक दृष्टि सूक्ष्म एवं तत्वपरक है। सन्तों की भाषा की जमीन कबीर ने तैयार की थी जिसे सन्तों ने अपनाया। वे लिखते हैं—''उनकी हिन्दी न

संस्कृति थी और न फारसी बहुल। वह न अवधी थी न ब्रज न भोजपुरी न ही खड़ी बोली। वह यह सब कुछ है पर इनमें से कोई नहीं''। यह कथन उनकी भाषायी पकड़ को स्पष्ट कर देता है साथ ही सन्त साहित्य की भाषा को भी स्पष्ट कर देता है। पूरे पुस्तक में आप की आलोचनात्मक भाषा व विचार इतनी सरस व प्रवाहमयी है कि कहीं भी बहते आलोचनात्मक नीर में दूषित मैटेरियल व पूर्वाग्रही आइडियोलाजी जगह नहीं बना पाते।

इस प्रकार कन्हैया सिंह जी ने निर्धारित क्षेत्र के भीतर कालक्रम के लकीर के ऊपर ख्याति प्राप्त व अल्पख्याति के महनीय सन्त कवियों के वैचारिकी, जीवन वृत्त को तथा उनके नैतिक मार्गों को एक सूत्र में पिरोने का जो प्रयास किया है वह हिन्दी जन हेतु व हिन्दी-साहित्य के आलोचनात्मक आयामों हेतु अल्पख्यात सन्तों को साहित्यिक पटल पर प्रस्तुत करना उनकी सार्थक उपलब्धि है। यह उपलब्धि आपके साथ-साथ हिन्दी-साहित्य में कम स्थान घेरे इन सन्तों की भी उपलब्धि है। जीवन के अंतिम दौर में भी आपके साहित्यिक प्रयास, लेखनी जारी रखने की प्रवृत्ति, नयी पीढ़ी के लिये प्रशंसनीय, अनुकरणीय महनीय है।

शोध छात्र-हिन्दी विभाग
इलाहाबाद विश्वविद्यालय
प्रयागराज—211002